いちばんカンタン!

FXの超入門書

安恒理

高橋書店

巻頭1

外貨で運用するFXには魅力がいっぱい!

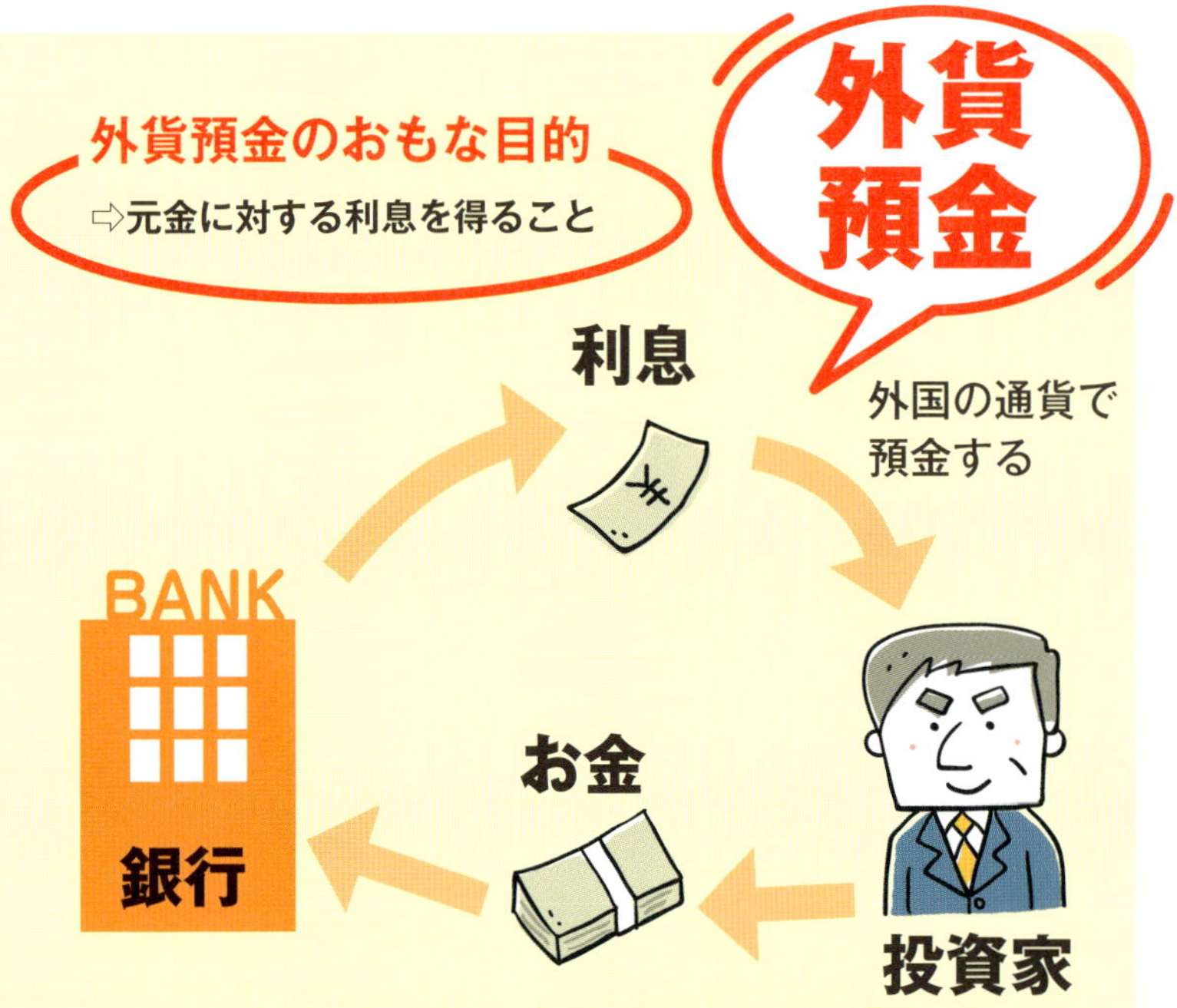

- ・リターン(利息を得る)まで半年〜1年かかる
- ・多額の資金(元金)が必要
- ・手数料が高い

金融ビッグバンで身近になった

個人が行なう投資では、株式投資がポピュラーですが、最近ではFXが個人投資家に浸透してきました。

FXとは外国為替証拠金取引(Foreign Exchange)の略で、通貨の売買によって、その差益を得る取引です。

1996年から日本で金融制度改革(金融ビッグバン)が始まり、これを機にFX取引業者が雨後のたけのこのように誕生し、個人の外国為替取引が一般的になりました。

さらに、年金もあてにできない

外貨預金とFXの違い

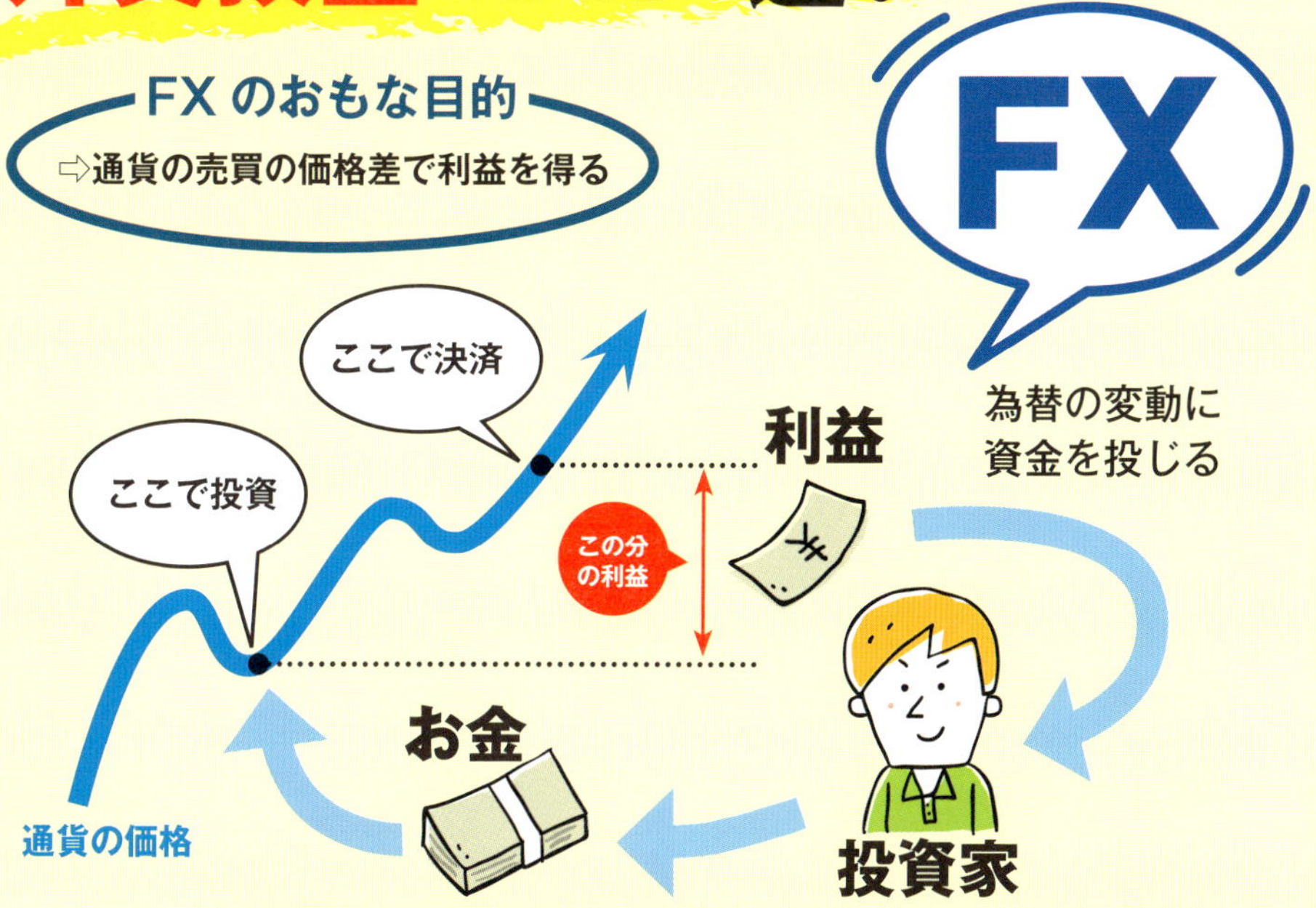

- 短期間（1日、もしくは数時間、数秒）で利益が出る
- 少ない資金でも始められる
- 手数料が安い

ような状況となり、自分の資産は自分で守り、老後の蓄えも自分で築かなければならない時代背景もあって、投資熱が高まるなか、このＦＸも親しみやすい投資法となっています。

外貨預金より大きな魅力

以前は外国為替取引といえば、外貨預金が一般的でした。

外貨預金は、金利の高い国にその国の通貨で預金する投資法で、利息をおもなターゲットにします。高金利の国になると年利５％以上という国も珍しくないからです。

しかし、ＦＸはそれ以上のリターンが期待できる投資法として、注目されています。

巻頭2

ＦＸは大きなリターンが期待できる

少額でも大金を動かせる

外貨預金は、実際に買い付けた分の資金がそのまま元本となり、預金となります。そのため、ある程度まとまった投資資金が必要となります。

ＦＸは、取引業者に「証拠金《しょうこきん》」と呼ばれる、担保となる資金を預けます。そしてこの証拠金の何倍もの外貨を買い付けることが可能なのです。

このしくみを「レバレッジ」といいます。「レバレッジ」を使うことで、たとえば10万円の証拠金でも、１００万円、２００万円といった多額の金額をやりとりできるのです。

証拠金の10倍、20倍の外貨を動かせる

50万円の投資資金があったとします。外貨預金なら、この50万円を外貨に替えて利息を受け取るか、決済売りしたときの為替差益をねらうことになります。

一方、ＦＸならレバレッジを利かせて、同じ資金でも２００万円分、３００万円分（最大で１２５０万円）の外貨を動かせます。損益分だけのやりとりをしているからです。このように、ＦＸでは少額の資金でも大きなリターンが期待できるのです。

レバレッジ
＝
「てこ」

「てこ」の原理のように、小さな資金で大きな投資額を動かせる

レバレッジ20倍なら
10万円の資金で
200万円分の
投資額になる

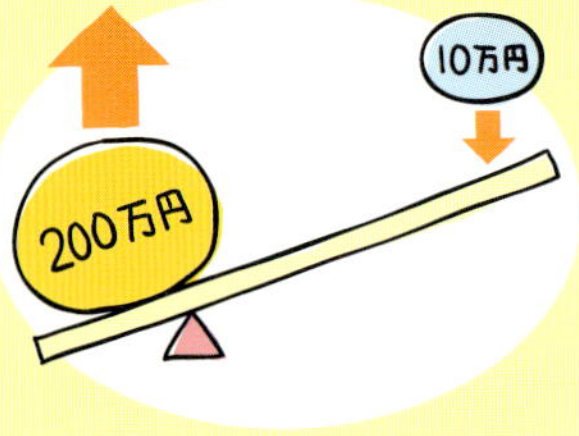

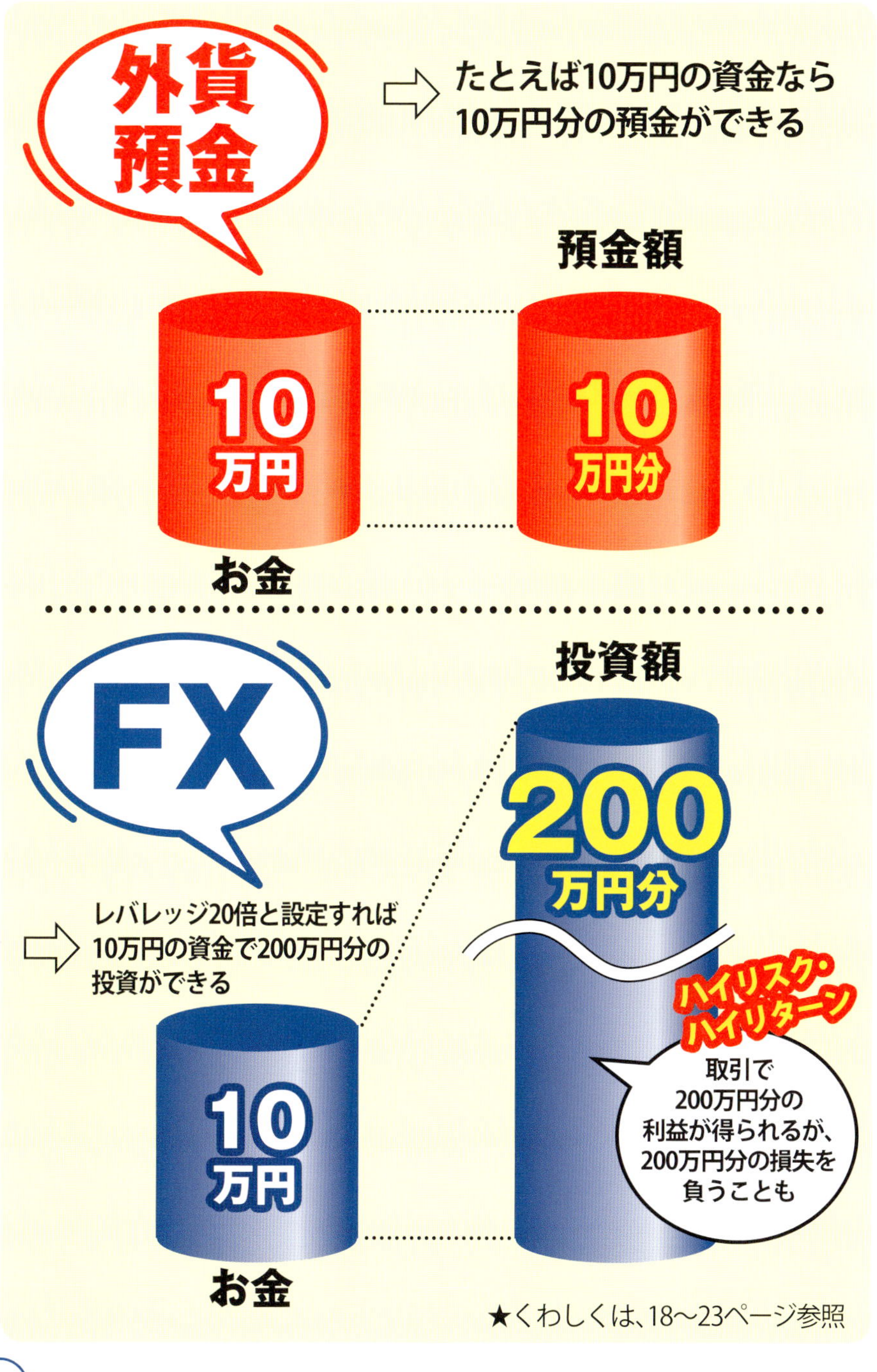
外貨預金
たとえば10万円の資金なら
10万円分の預金ができる
預金額
10万円
10万円分
お金
FX
投資額
200万円分
レバレッジ20倍と設定すれば
10万円の資金で200万円分の
投資ができる
ハイリスク・ハイリターン
取引で
200万円分の
利益が得られるが、
200万円分の損失を
負うことも
10万円
お金
★くわしくは、18〜23ページ参照

巻頭3

取引を始めるのにハードルが低い

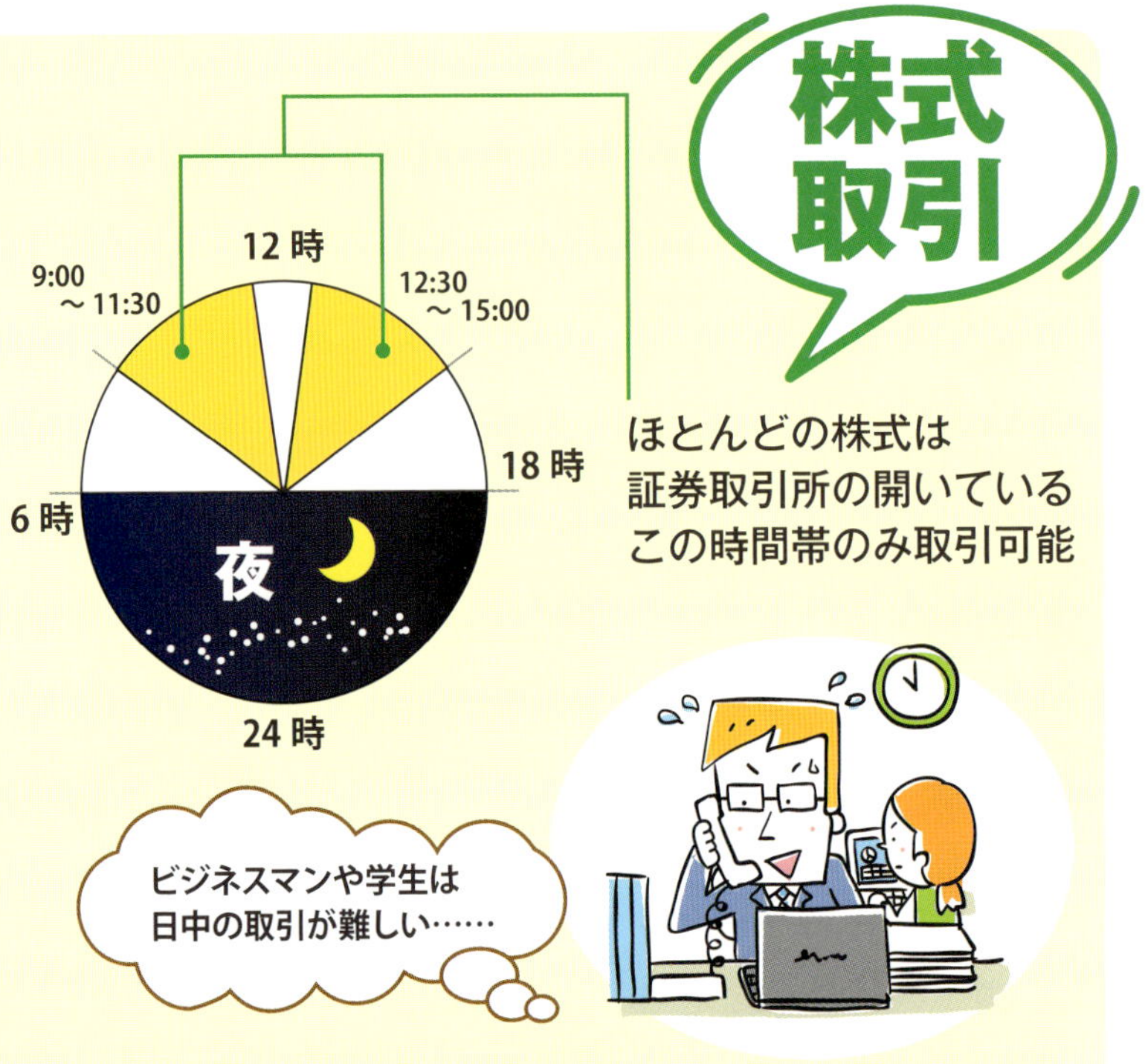
株式取引
12時
9:00
～11:30
12:30
～15:00
18時
6時
夜
24時
ほとんどの株式は
証券取引所の開いている
この時間帯のみ取引可能
ビジネスマンや学生は
日中の取引が難しい……

→ ・取引時間が限られる（9:00～11:30、12:30～15:00 <東京証券取引所の場合>）

→ ・約4000種類の銘柄から取引するものを選ぶ

24時間いつでも取引可能

ＦＸはよく株式投資と比較されます。

その大きな違いはなんでしょうか。株式投資であれば日本株だけでも４０００銘柄近くあります。一方、ＦＸで取り扱える通貨はせいぜい数十種類。ただし、円と外貨という組み合わせだけでなく、円以外の外貨同士の取引も可能です。

また、株式投資であれば、投資にはある程度まとまった資金が必要ですが、ＦＸは株式よりも少額で投資できます。

株式取引とFXの違い

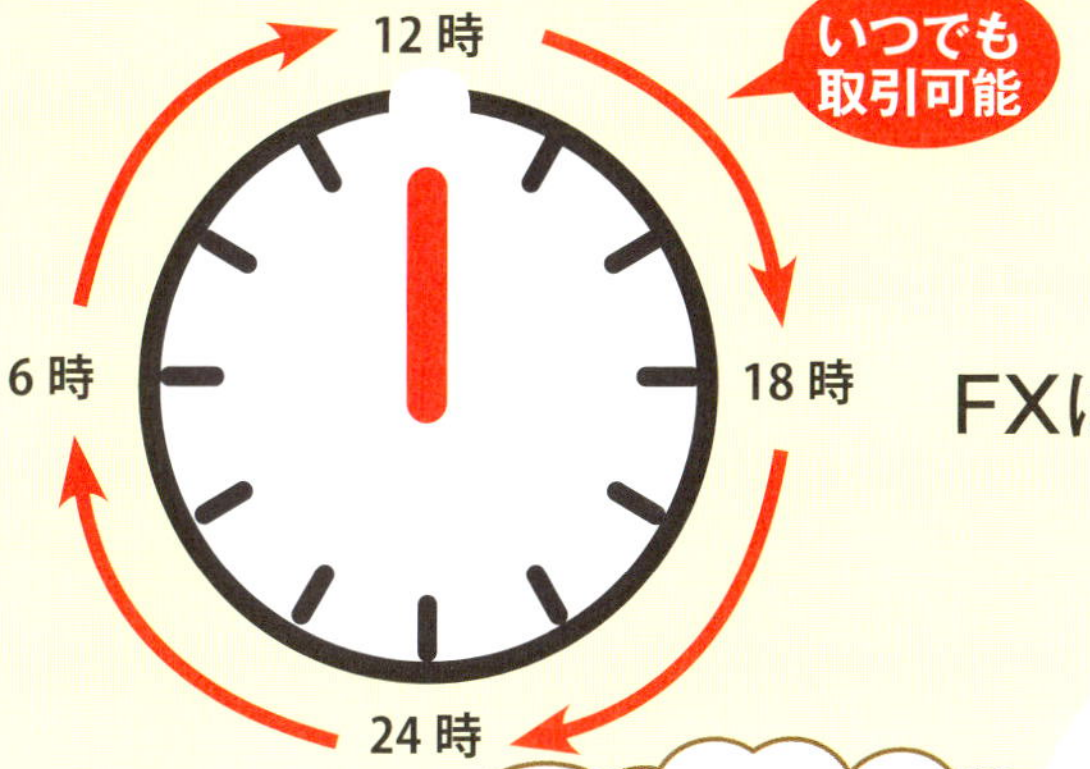

FXは24時間取引可能

- **24時間取引できる**(くわしくは28～29ページ参照)
- **約20種類の通貨ペアから取引するものを選ぶ**(くわしくは30～31ページ参照)

さらに、株式投資は平日の日中に取引が行なわれるのが原則なので、ビジネスマンやOLなど、日中にパソコンなどで株価をチェックしにくい投資家には大きなハンディキャップになります。

情報が入手しやすい

FXは平日であれば24時間取引できます。しかも大きな存在感を示す基軸通貨ドルがおもに取引されるニューヨーク市場の開いている時間帯は、日本の夜10～11時以降。日中は値動きをチェックできない投資家でも、この時間帯なら可能です。

さらに取引に有益な情報も、FXであれば一般の個人投資家でも簡単に入手しやすいものが多くなっています。

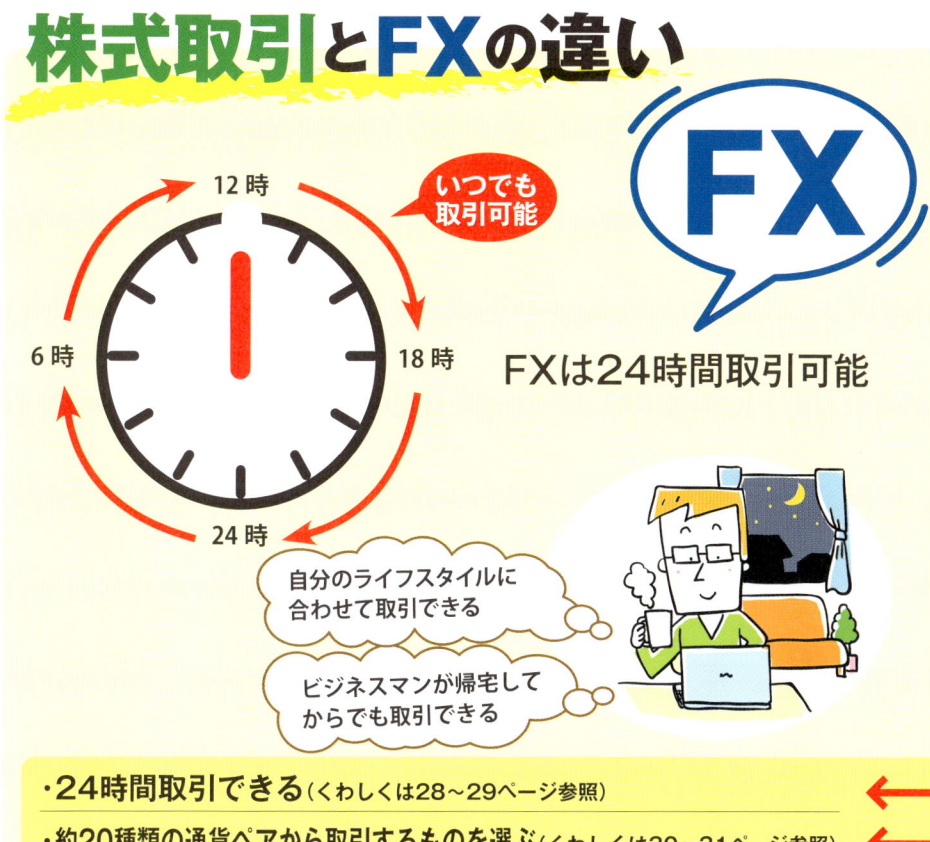

もくじ

Contents

巻頭トピックス

巻頭① 外貨で運用するＦＸには魅力がいっぱい！……2

巻頭② ＦＸは大きなリターンが期待できる……4

巻頭③ 取引を始めるのにハードルが低い……6

Part 1 ＦＸのしくみを知ろう

まずはここからスタートだ！

01 ＦＸのきほん
ＦＸのしくみはどうなっているの？……14

02 通貨の変動について
「円高」「円安」ってなに？……16

03 ＦＸの特徴①
ＦＸは少額の資金でも儲けられる……18

04 レバレッジのメリット
レバレッジで利益が膨らむ……20

05 レバレッジのデメリット
レバレッジで損失も大きくなる……22

06 ＦＸの特徴②
スワップ金利でも儲けられる！……24

07 お金が足りなくなったとき
損失が拡大したらどうなる？……26

08 取引できる時間
24時間いつでも取引できる……28

Contents

09 どんな通貨が取引できるか

約20の通貨を取引できる …… 30

■Column

リスクを軽減させる分散投資 …… 32

Part 2

FXを注文してみよう

取引するための準備を整えよう！

10 取引のしかた

自分に合ったトレードのしかたを決めよう …… 34

11 取引業者の選び方

自分に合った取引業者を選ぼう …… 36

12 口座の作り方

まずは口座を開設しよう …… 38

・入金のしかた …… 40

・ロスカット率を設定する …… 41

13 取引画面について

通貨には売値と買値がある …… 42

・画面の見方―その① …… 44

・画面の見方―その②〈取引画面〉 …… 46

14 注文のしかた①

「指値注文」と「成行注文」 …… 48

15 注文のしかた②

「逆指値注文」も有効に使おう …… 50

・成行注文の手順 …… 52

・指値注文の手順 …… 54

・決済注文の手順 …… 56

16 便利な注文方法①

「買い」と「売り」が同時に出せる「IFD注文」 …… 58

・IFD注文の手順 …… 60

17 便利な注文方法②

一度に二つの注文を出す「OCO注文」 …… 62

・OCO注文の手順 …… 64

18 便利な注文方法③

IFDとOCOを合わせた「IFO注文」 …… 66

・IFO注文の手順 …… 68

■Column

設定しておきたい〝損切り〟 …… 70

Part 3

こんなとき通貨は動く

経済状況からトレンドをつかもう

19 為替が動くとき①
ファンダメンタルズ分析とは……72

20 為替が動くとき②
なぜ通貨の価値は変わるのか……74

21 為替が動くとき③
金利が上がれば通貨は上昇傾向……76

22 為替が動く指標（日本）
円の動きを左右する経済指標……78

23 為替が動く出来事（日本）
円の強いときと弱いとき……82

24 為替が動く指標（アメリカ）
米ドルの動きを左右する経済指標……84

25 為替が動く出来事（アメリカ）
米ドルの強いときと弱いとき……88

・各国の通貨の特徴その①——メジャー通貨……90

・各国の通貨の特徴その②——マイナー通貨……92

■Column
ユーロに大きな影響を与える経済指標……94

Contents

Part 4

チャートを知って売買しよう

売買のタイミングがわかる！

26 値動きを見る

テクニカル分析ってなに？……96

27 チャートのきほん

「ローソク足」の読み方……98

28 ローソク足のきほん

陽線と陰線について知っておこう……100

・ローソク足の型があらわすシグナル……102

29 上昇・下落のシグナル

ローソク足の組み合わせをチェック……104

・上昇のシグナル　①三手大陰線…106　②たくり線…107

③やぐら底…108　④逆襲線…109　⑤上放れタスキ…110

⑥カブセを上抜く線…111

⑦上伸途上の極線・寄せ線…112　⑧マド埋め…113

・上昇のパターン　①逆ヘッド・アンド・ショルダー…114

②ダブル・ボトム…115　③ソーサー・ボトム…116

④V字形…117

・下落のシグナル　①三羽ガラス…118　②カブセ線…119

③はらみ寄せ線…120　④上位での陰の寄り切り線…121

⑤下げ足の寄せ線…122　⑥行き詰まり線…123

⑦上位の上放れ陰線…124　⑧上放れ十字線…125

・下落のパターン　①ヘッド・アンド・ショルダー…126

②ダブル・トップ…127　③ソーサー・トップ…128

④逆V字形…129

30 チャートの流れを読む①

トレンドラインで動く方向を探る……130

31 チャートの転換期を読む①

トレンドが変わる「ブレイク」……132

32 チャートの流れを読む②

移動平均線を使えばより確実になる……134

33 チャートの転換期を読む②

「ゴールデンクロス」「デッドクロス」を生かそう……136

■Column

ほかにもあるテクニカル分析……138

Part 5 初心者の陥るワナ

FXのリスクを学ぼう

34 リスクを防ぐ① まずは取引に慣れよう……140

35 リスクを防ぐ② FXで失敗する人の特徴……142

36 失敗から学ぶ① パソコンから目を離していた間に……144

37 失敗から学ぶ② スワップポイントより為替差損が大きい！……146

38 成功から学ぶ① 重要な指標発表だけをチェック……148

39 成功から学ぶ② 「得意なパターン」が来るまで待つ……150

FXによく出てくる！ 用語解説……152

Index……158

※投資は、あくまでご自分の判断で行なってください。本書掲載の情報にしたがったことによる損害については、いかなる場合も著者および発行元はその責任を負いません。

※本文中に出てくる「ドル」という表記は、とくに注釈がない場合「米ドル」をあらわします。

編集 アート・サプライ（丸山美紀）

デザイン・DTP スタイルワークス（遠藤秀之）

イラスト 森のくじら

画像提供 SBI証券

Part 1

FXの しくみを知ろう

まずはここから
スタートだ!

Basic

01

ＦＸのきほん

ＦＸのしくみはどうなっているの？

▼通貨はつねに変動する

日本円をドルなど外国の通貨（外貨）に交換したり、あるいは外貨を（日本円を含む）別の外貨に交換したりする取引を、「外国為替取引」といいます。

たとえば、日本円をドルに替えたとしましょう。これを「ドル買い」「円売り」といいます。売買によって、**通貨の価格は刻一刻と変化しています。**

テレビのニュースなどでも、「今日の東京市場は、１ドルあたり１２０円10銭で取引されています」。などとアナウンスされますが、これが通貨の価格です。これを日本円とドルの「交換レート」といいます。

もし、**１ドルを１１０円で買ったとします。その後、１ドルが１２０円になったところで日本円に交換（ドル売り）したら、10円の利益が出ます。**これを為替差益といいます。

▼ＦＸは為替差益をねらうもの

ＦＸ（外国為替証拠金取引＝Foreign Exchange）は、**おもにこの為替差益（キャピタルゲイン）をねらって行なう取引です。**

一方、外国の通貨に投資する方法としてはほかに「外貨預金」があります。これは、高金利の外国の通貨に投資することによって**インカムゲイン**（利息）を利益として得るのがメインの目的です。

ワンポイント インカムゲインとキャピタルゲイン、どちらが優勢？

ＦＸで大きく利益を得るには、キャピタルゲイン(差益)をおもにするべき。ただ、ちりも積もれば山となるためインカムゲイン(利息)も無視できない。高金利通貨を売って低金利通貨を買えば、逆に利子を払うことになるからだ。

FXはこうやって利益を上げる

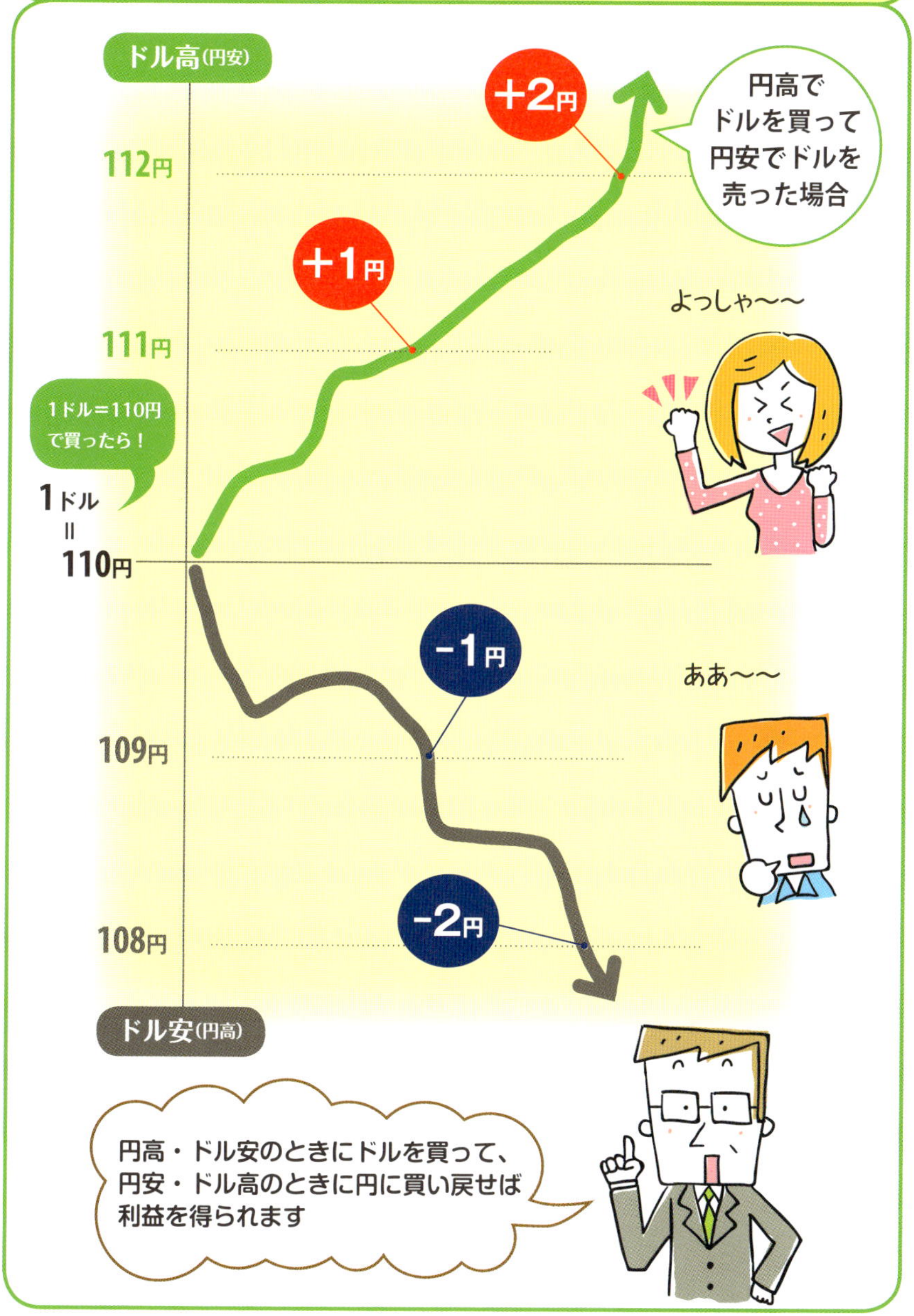
ドル高(円安)
+2円
円高でドルを買って円安でドルを売った場合
112円
+1円
よっしゃ〜〜
111円
1ドル=110円で買ったら！
1ドル=110円
−1円
ああ〜〜
109円
−2円
108円
ドル安(円高)
円高・ドル安のときにドルを買って、
円安・ドル高のときに円に買い戻せば
利益を得られます

02

「円高」「円安」ってなに?

通貨の変動について

為替レートは経済状況によって動く

ＦＸは、異なる二国間の通貨を交換します。交換する比率（為替レート）はたいてい、「変動相場制」となっており、絶えず変化しています。たとえば1ドルが１１０円のときもあれば、１２０円のときもあります。これは各国の経済状況によって、変動します。

一般に、**その国の経済状況がよくなればその国の通貨は高くなり、悪くなれば安くなる傾向にあります。**

日本は１９７３年に、それまでの「固定相場制」から「変動相場制」に移行しました。それ以降、円の価格・ドルの価格はつねに変動しています。日本円の価値が下がれば「円安」、価値が上がれば「円高」ということになります。

「円高」「円安」のしくみ

1ドルが１１０円から１２０円になったとします。円の数値が大きくなったから「円高」と思われるかもしれませんが、これは「円安」です。1ドルが１１０円から１２０円に値上がりしたわけです（ドル高）。ドルの価値が上がったことにより、相対的に日本円の価値が下がっているのです。

1ドル＝１１０円のとき、アメリカで1ドルの商品を購入したければ、１１０円で買うことができます。しかし、1ドル＝１２０円になったら、同じ1ドルの商品でも、１２０円払わなければ買えないわけです。

ワンポイント 円高・円安が暮らしに与える影響は?

2013～14年にかけてのアベノミクスによる「円安・ドル高」は、輸入品の価格高につながった。輸入に多くを頼る乳製品やワインなどは相ついで値上がりした。逆に円高になれば、輸入品の価格は安くなる。

「円高」「円安」ってどういうこと？

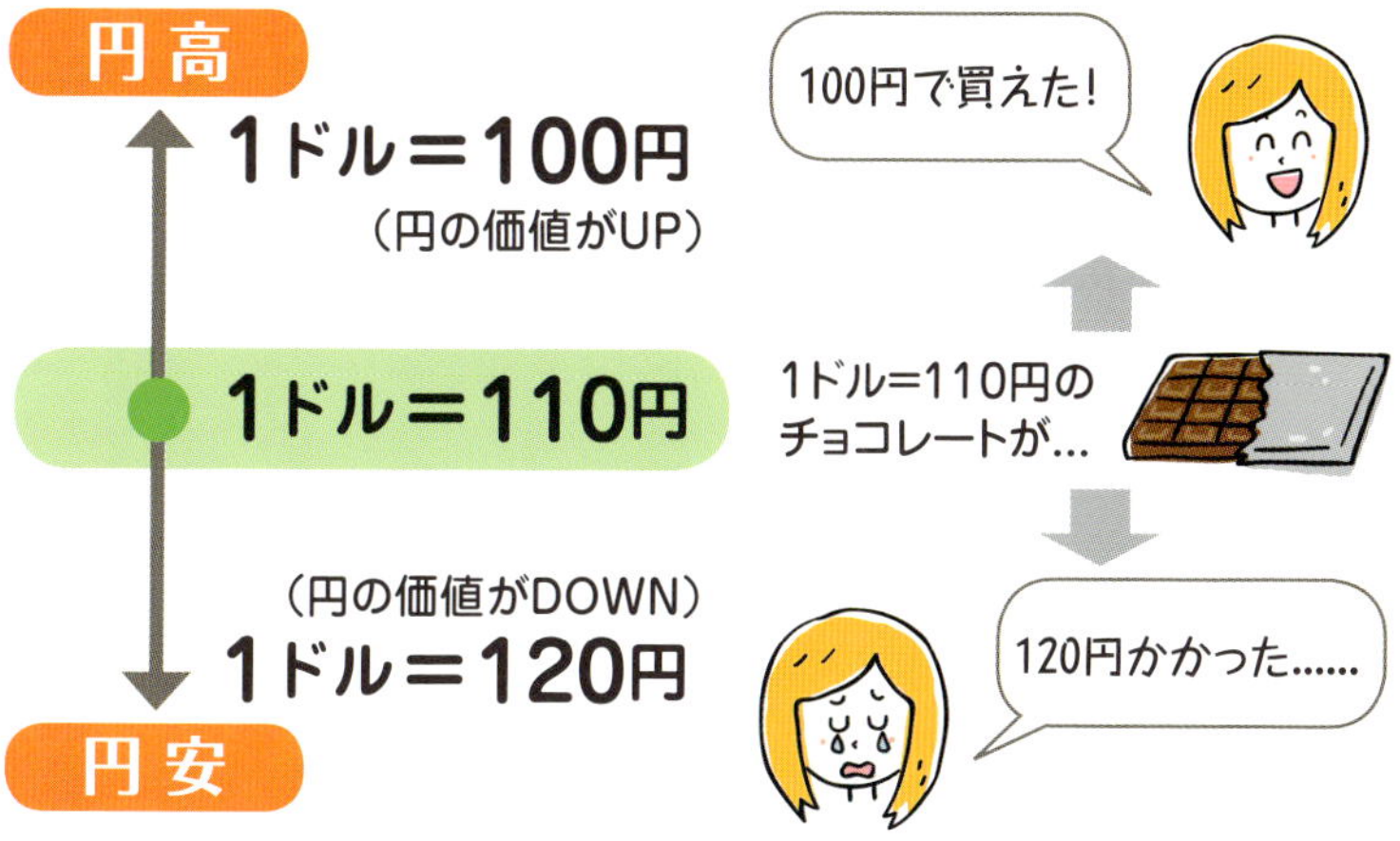

為替変動の影響は

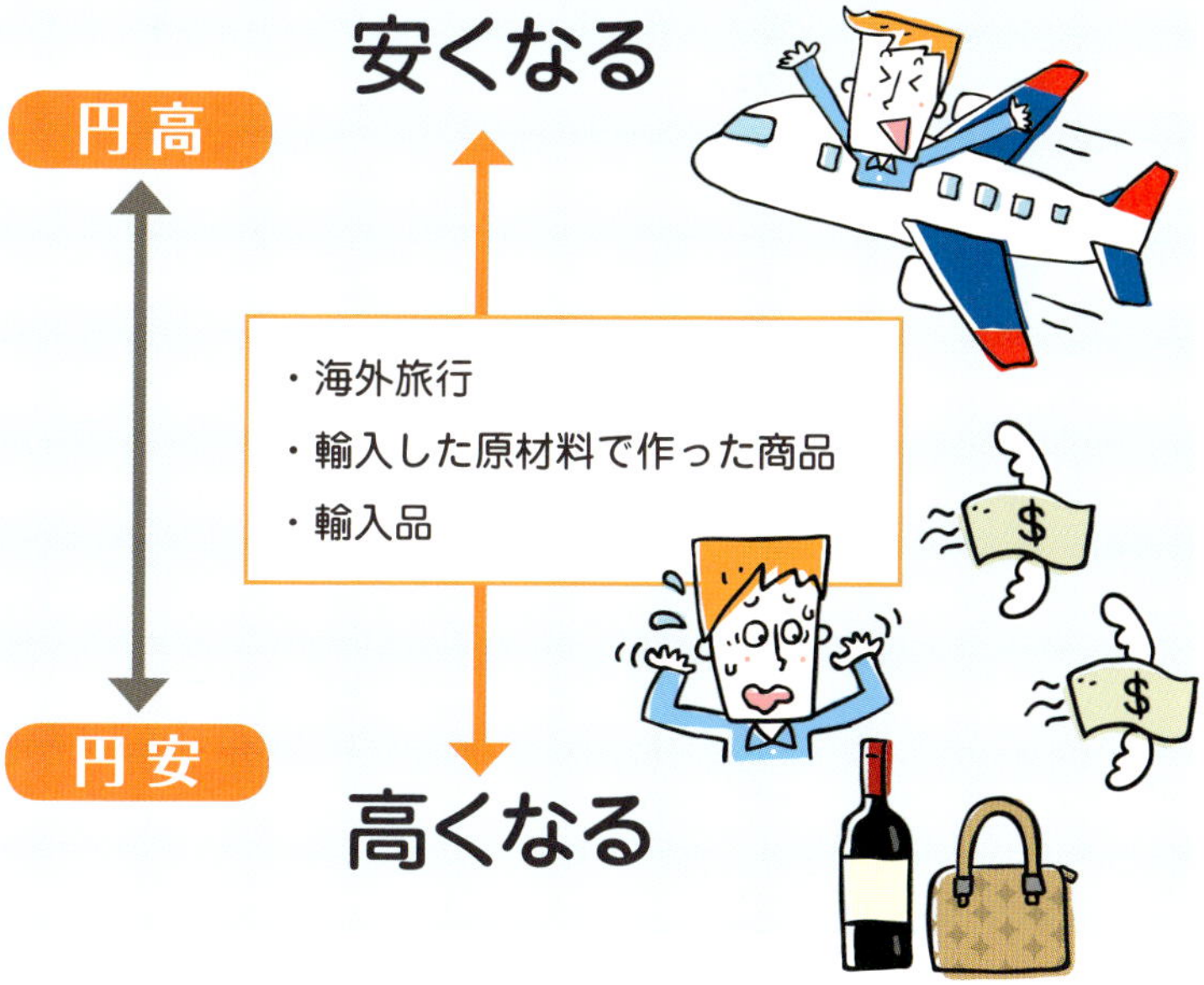

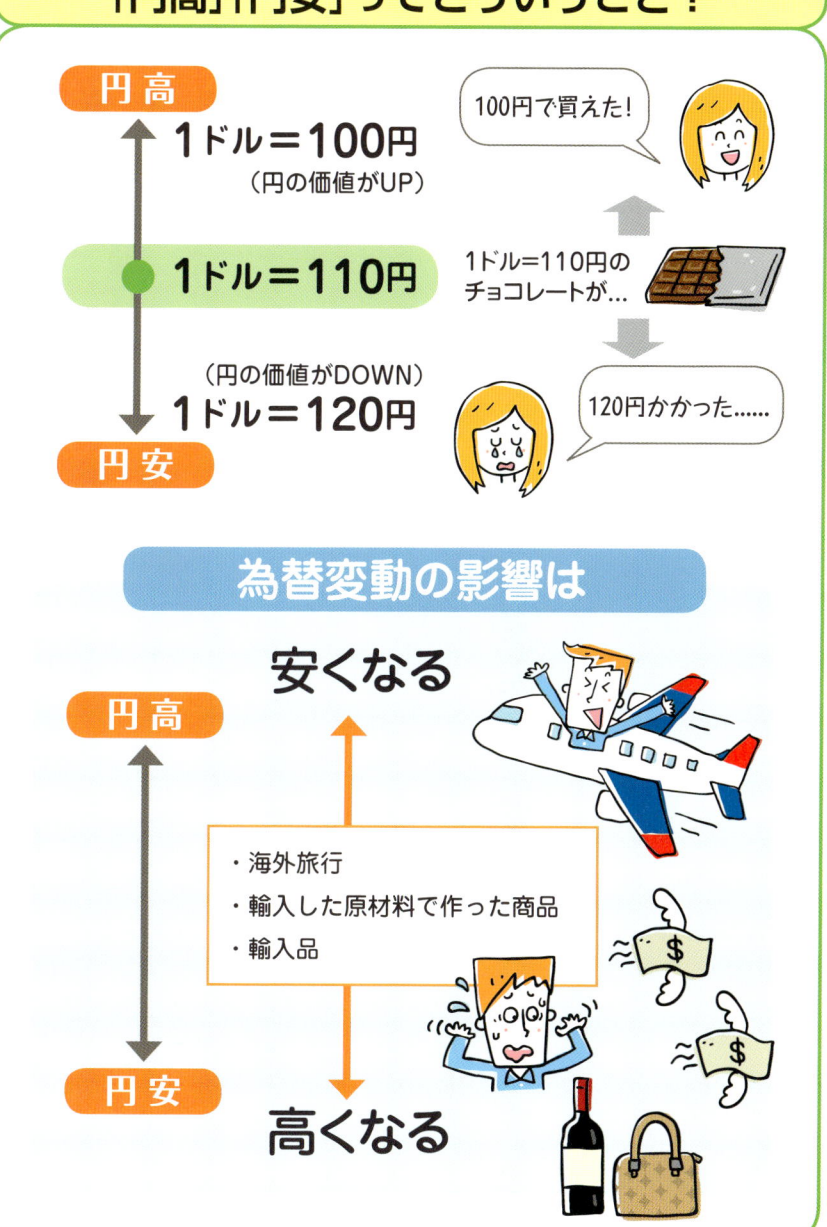

ＦＸは少額の資金でも儲《もう》けられる

預けたお金の何倍もの取引ができる

ＦＸ取引を行なうには取引業者（36～37ページ参照）に口座を開設し、そこにお金を担保金として預けなければなりません。**この担保金は「証拠金」とも呼ばれます。**

外貨預金とＦＸの違いは、前者は買い付ける金額だけを預けますが、**ＦＸは預けた額の何倍もの外貨を買い付けられる点です。**

たとえば、1万ドルの「外貨預金」を行なおうとすれば1万ドルが必要になります。ところが「ＦＸ」で1万ドルの取引を行ないたいとき、1万ドルを預け入れる必要はありません。

ＦＸでは、たとえば１０００ドルを証拠金として預ければ、1万ドルの取引ができます。

ＦＸは取引額すべてのお金をやりとりすることはありません。**取引で生じた損益分のお金のやりとりを行なうのです。**これを「差金決済」といいます。

よくいわれる「レバレッジ」とは？

預け入れた証拠金の何倍もの金額を取引できるのがＦＸの特徴です。このシステムを「**レバレッジ**」といいます。レバレッジとは「てこ」を意味します。「てこ」を使って大きな物を小さな力で動かすイメージから、少額で大金を動かすという意味合いなのです。

たとえば、**30万円の証拠金で３００万円のＦＸ取引を行なう場合、「レバレッジが10倍」となります。**

ワンポイント なぜ「証拠金」というのか？

証拠金とは、もともとは金融先物取引の用語。ＦＸ取引を行なうための担保金を指す。保証金ともいう。FXでは預けたお金そのもので取引するのではなく、それを担保に、レバレッジを利かせて取引を行なうからこういう。

レバレッジで「大きな投資」を！

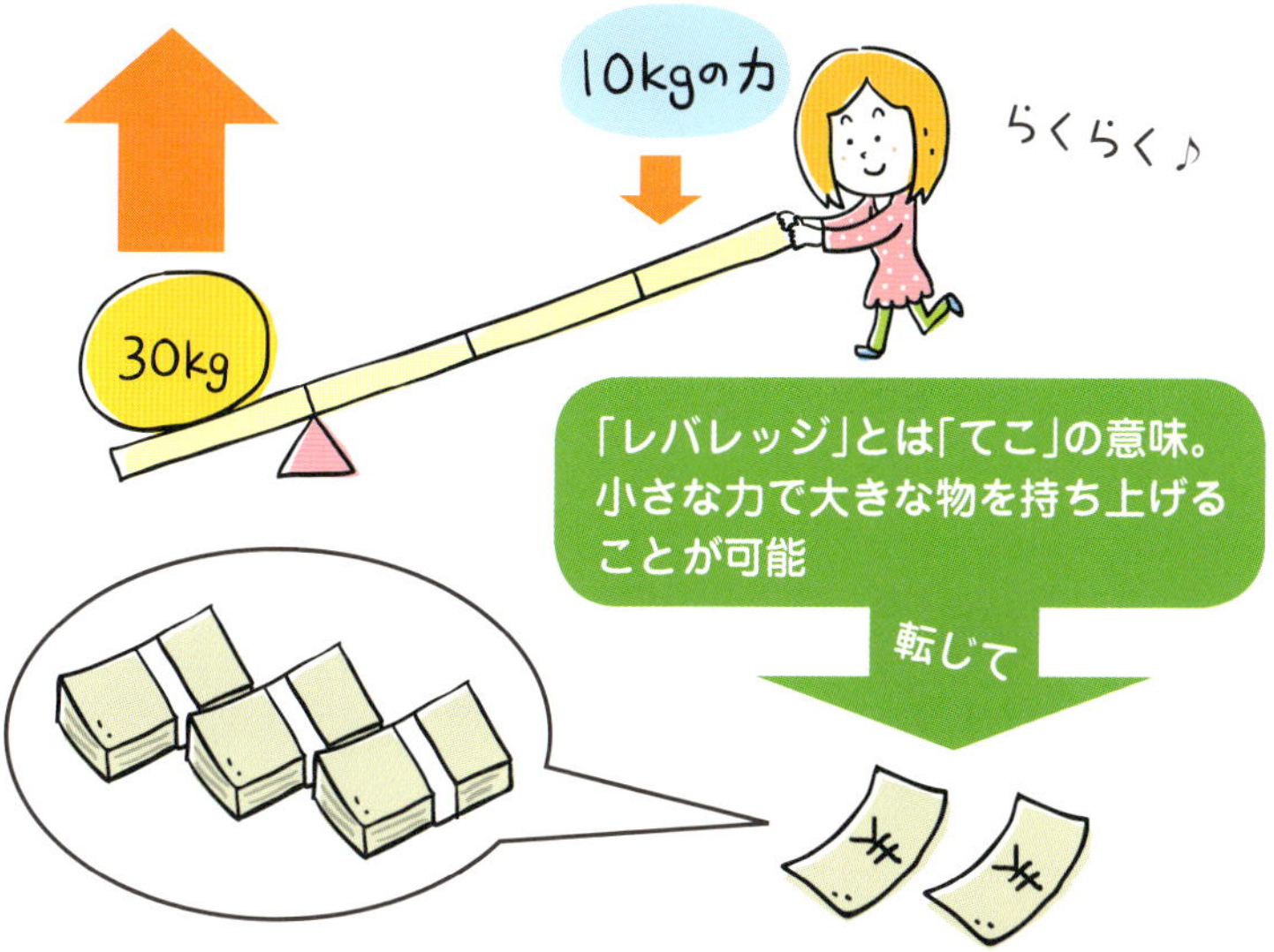
10kgの力
らくらく♪
30kg
「レバレッジ」とは「てこ」の意味。
小さな力で大きな物を持ち上げる
ことが可能
転じて

「小さな資金」で「大きなお金」を動かす

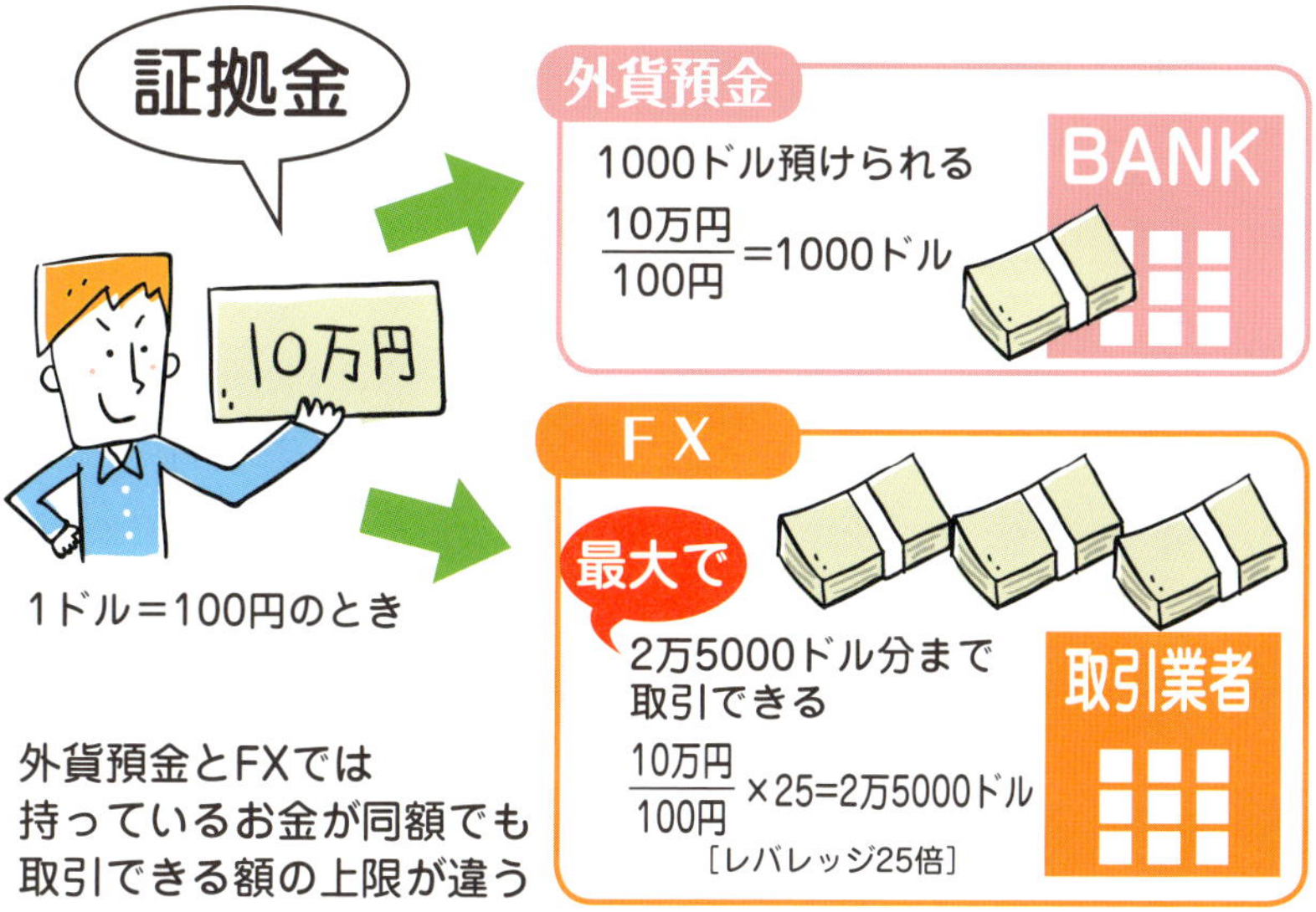
証拠金
10万円
1ドル＝100円のとき
外貨預金
1000ドル預けられる
10万円/100円＝1000ドル
BANK
FX
最大で
2万5000ドル分まで
取引できる
10万円/100円×25=2万5000ドル
［レバレッジ25倍］
取引業者
外貨預金とFXでは
持っているお金が同額でも
取引できる額の上限が違う

レバレッジで利益が膨らむ

利益を何倍にも増やせる

レバレッジで証拠金の何倍もの取引を行なえば、得られる利益も大きくなります。シミュレーションで見てみましょう。

１ドル＝１００円のとき、１万ドル買い付けたとします。１００万円の買い付けになります。なお、このときの証拠金は１０００ドル＝10万円です（レバレッジ10倍の場合）。

１ドル＝１０１円とドル高（円安）に振れました。そこで１万ドルを円換算したら、１０１万円（１０１円×１万ドル）になります。すなわち**１万円の利益が得られたわけです。**

もし、同じ10万円で外貨預金をしたとしましょう。10万円＝１０００ドルで、１ドルが１００円から１０１円になっても、10万１０００円です（１０００円の利益）。

レバレッジ２倍で利益も２倍に

外貨預金なら、元本に対する利益率は１パーセントです。しかし、ＦＸならレバレッジ10倍のとき、利益率は10パーセントと10倍に膨らみます。**レバレッジは投資家自身の判断で変えられます。**

もしレバレッジを20倍、すなわち２万ドルを買い付けたとしたら、利益も20倍に膨らみます。１０００ドルの証拠金で２万ドルを買い付け（10万円で２００万円を買い付け）、１ドルが１００円から１０１円になれば２万円の利益（利益率20パーセント）になるわけです。

ワンポイント　慣れないうちは低めのレバレッジで

かつてはレバレッジを50倍、100倍と高くできた。今では規制がかかり25倍が上限。これは投機的投資を抑制するために金融庁が導入したもの。何倍が適正かは一概にはいえないが、慣れないうちは低めに設定しよう。

レバレッジで利益が大きくなる

シミュレーション

証拠金 10万円
1ドル＝100円のときにFX投資
（10万円＝1000ドル）

$\frac{10万円}{100円}$ ＝1000ドル

《ケース① 1ドル＝101円になった》

	1000ドル投資（10万円）	1万ドル投資（100万円）	2万ドル投資（200万円）
レバレッジ	**1倍**	**10倍**	**20倍**
価格変動	10万円→10万1000円	100万円→101万円	200万円→202万円
為替損益	**＋1000円**	**＋1万円**	**＋2万円**
証拠金※	10万1000円	11万円	12万円

この金額が利益になる

※利益が証拠金に加えられる

思惑どおりに動けば、レバレッジが大きいほど利益は大きくなる

レバレッジ１倍は外貨預金と同じ

05

レバレッジのデメリット

レバレッジで損失も大きくなる

▼レバレッジが大きいとリスクも大きい

レバレッジを利かせて思惑どおりに為替が動けば利益は膨らみます。

しかし、**思惑とは逆の方向に為替が動けば、損失が大きくなります。**

シミュレーションで見てみます。

1ドル＝１００円で1万ドルを買い付けたとします。レバレッジ10倍の場合、10万円の証拠金で１００万円の取引です。ドル高（円安）に振れるという思惑でしたが、見込みとは逆にドル安（円高）に動いてしまいました。

すなわち1ドル＝99円になってしまったのです。１００万円の投資額が99万円になってしまいました。１万円の損失です。

同じ10万円の資金でも、１０００ドルの外貨預金なら１０００円の損失（10万円→９万９０００円）、すなわち1パーセントの損失でしたが、レバレッジ10倍のＦＸなら10パーセントの損失（マイナス1万円）になります。

▼慣れないうちはレバレッジを低く！

レバレッジを大きくすると、損失は膨らみます。

ＦＸ取引に慣れないうちは、レバレッジを小さく抑え、慣れてくるにしたがって大きくしていきましょう。

また、より思惑どおりに動く確率が高いといえる状況になった場合、レバレッジを大きくするというやり方もあります。

ワンポイント 変動しやすい通貨は低めのレバレッジで

慣れないうちは低レバレッジが賢明だが、その目安は？　資金にどれだけ余裕があり、リスクを取れるかなどでも状況は異なる。一律ではなく変動幅の大きい通貨は低レバレッジにするなど慎重に。

レバレッジが大きいと損失も大きい

シミュレーション

証拠金 10万円
1ドル＝100円のときにFX投資
（10万円＝1000ドル）

$$\frac{10\text{万円}}{100\text{円}} = 1000\text{ドル}$$

《ケース② 1ドル＝99円になった》

	1000ドル投資（10万円）	1万ドル投資（100万円）	2万ドル投資（200万円）
レバレッジ	**1倍**	**10倍**	**20倍**
価格変動	10万円→9万9000円	100万円→99万円	200万円→198万円
為替損益	**－1000円**	**－1万円**	**－2万円**
証拠金※	9万9000円	9万円	8万円

この金額が損失になる

※損失が証拠金から引かれる

思惑とは逆に為替が動けば、レバレッジが大きいほど損失は膨らむ

このケースでは
ドルを売っていれば、利益が出ましたね。
持っていない外貨を売れるのもFXの特徴

06

FXの特徴②

スワップ金利でも儲けられる！

▼高金利の通貨を買えば「利息」がもらえる

外貨預金の魅力は、より金利の高い外貨で預金してインカムゲインが得られることです。FXにもこのインカムゲインがあります。

これは**金利の低い通貨を売って、金利の高い通貨を買ったときのみ得られるものです。**「**スワップ金利**」といいます。

2015年現在、日本は史上まれに見る低金利の状態にあります。**日本円を売って、より高い金利の通貨を買えば、その金利差分だけの利息を受け取れるのです。**

たとえば、A国の通貨（金利1パーセント）を売却してB国の通貨（金利3パーセント）を買ったら、A国の金利分を支払い、B国の金利分を受け取ることになります。A国の金利が1パーセントなので、差し引き2パーセント分のインカムゲイン（利息）が得られます。

▼逆に金利差分を支払うケースも

レバレッジを利かせれば、スワップ金利にも反映されます。この金利差を**スワップポイント**といいます。**少ない資金でもレバレッジを利かせれば、毎日たまるスワップポイントもそれなりにあてにできます。**

注意しなければならないのが、逆に金利差分を支払わなければならないケースが出てくることです。**高金利の通貨を売って、低金利の通貨を買った場合、金利差分の利息を支払うことになります。**

ワンポイント スワップ金利ねらいでも儲かるのか？

低金利通貨を売って、高金利通貨を買えばスワップポイントが発生。為替差益と合わせればダブルの利益が得られる。ただしスワップポイントは小さな利益を積み重ねるので、為替が大きく変動したときは、その利益を失いかねない。

FX特有の「スワップ金利」とは

取引業者のホームページで、スワップポイントを確認

南アフリカの通貨・ランドと日本の円の取引を例にすると…

1万通貨あたり

通貨ペア（30ページ参照）	スワップポイント（売り）	スワップポイント（買い）
米ドル － 円	－5	2
ユーロ － 円	－10	5
南ア・ランド － 円	－140	110

※スワップポイントの額は毎日変わります。

南ア・ランドを売って円を買えば1日140円支払わなければならない

円を売って南ア・ランドを買えば、1日110円もらえる

南ア・ランドを売ったとき

南アの金利分を払い
日本の金利分をもらう

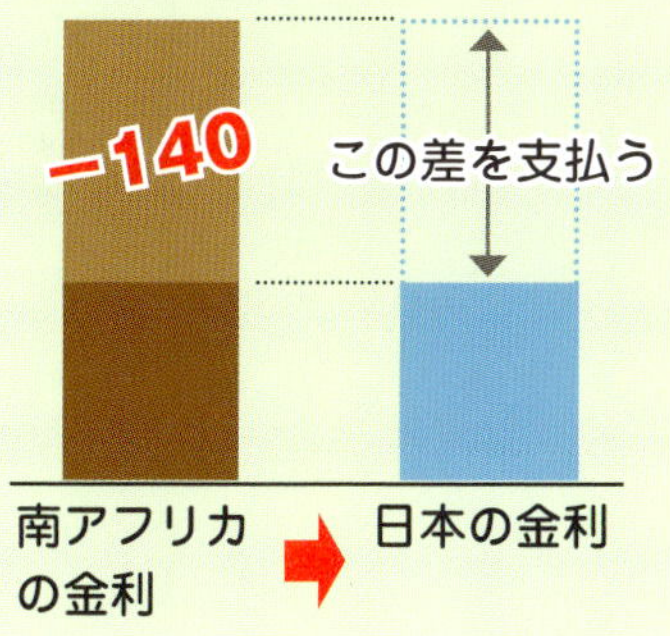

南ア・ランドを買ったとき

南アの金利分をもらい
日本の金利分を払う

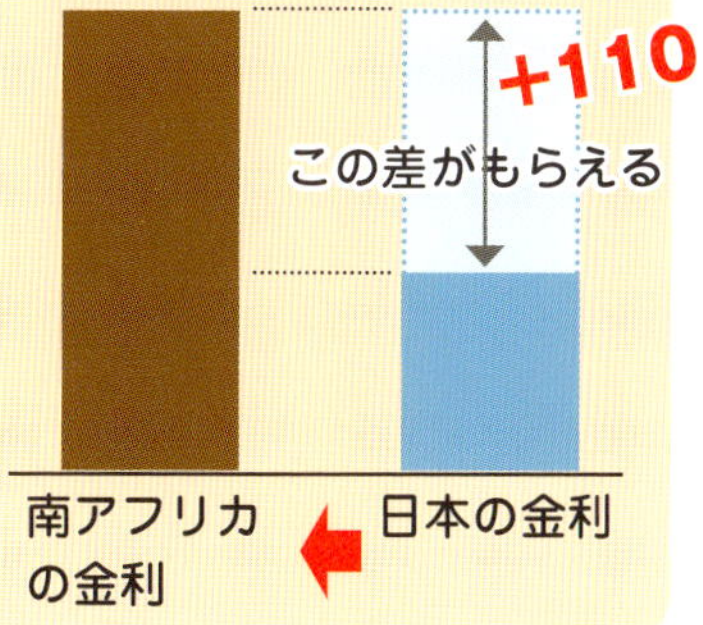

※スワップ金利は1日ごとに計算されるので持ち続けた期間の分かかります。

07

お金が足りなくなったとき
損失が拡大したらどうなる？

▼追加で証拠金を入れなければならない

ＦＸは必ず儲けられるとは限りません。損失をこうむるケースも想定しなければならないのです。為替が予想とは逆の動きをしてしまったとき、「いずれ元に戻る」としばらくガマンする手法もあります。

しかし、損失が増えて、損失額が証拠金を上回ってしまったらどうなるでしょうか。

このケースでは、損失が証拠金を上回る前に、**一定の基準を上回ったところで、多くの取引業者が「マージンコール」という警告を発します。**

このとき、投資家は追加の証拠金（**追証**《おいしょう》）を差し入れます。それができなければ取引が自動的に決済され、損失が確定してしまいます。このシステムは「**ロスカット**（強制決済）」と呼ばれ、損失が証拠金を上回らないように取られた措置です。

▼損失を証拠金以上に広げない

「ロスカット」は、**レバレッジを大きくすればするほど、作動しやすくなります。**わずかな値動きで損益の振れ幅が大きくなるからです。ここまで損失が大きくならないような取引を行ないたいものです。そのためにも、損切りする基準を決めておきましょう。

慣れないうちは、レバレッジを小さくし、Ｐａｒｔ２で紹介する「自動売買」などの手法を使うのも手です。

ワンポイント　マージンコール、ロスカットになる目安とは？

マージンコールの基準は、取引業者によってまちまちだが、だいたい証拠金維持率（46ページ参照）が50〜70％を下回った場合に多く発せられる。投資家は追加の証拠金（追証）を差し入れなければ、ロスカットとなる。

損失が拡大すると「警告」「強制決済」

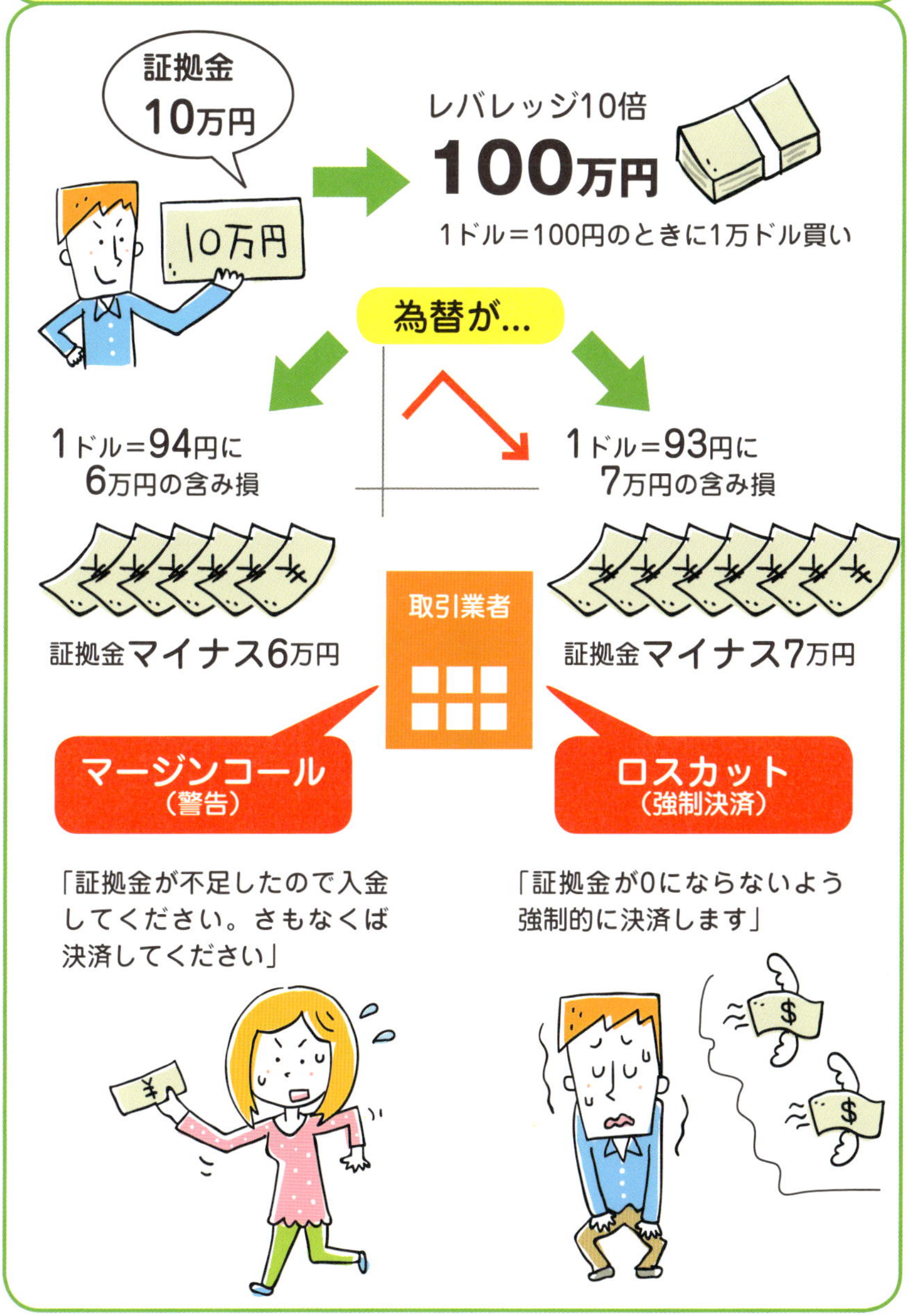

24時間いつでも取引できる

▼帰宅後・出社前でも十分取引できる

外国為替には、たとえば株式市場のような取引所はありません。世界の各都市にある銀行間で、電話やインターネットを用いて取引されています。

「**インターバンク市場**」とも呼ばれ、これが取引所にあたるわけです。

そのため**ＦＸは平日なら24時間、取引できるしくみになっています。**銀行が閉まる金曜日夕方から銀行が開く月曜日朝までを除いて、いつでも取引できるのです。

日本の銀行は夕方にクローズしますが、時差があるので、日本が夜になったら、ヨーロッパやアメリカの銀行は営業を開始します。

▼日本の夜にドル、ユーロが盛んに取引

日本の株式市場も一部で夜間取引が始まりましたが、基本的には朝9時から午後3時までです。これでは昼間働いているサラリーマンやＯＬは、なかなか取引しにくいものです。

一方、ＦＸなら会社が引けたあとでも自由に取引できます。

通貨によって取引が活発になる時間帯があります。欧米の日中は、日本では深夜。たとえばニューヨークの銀行が開くのは、**おおむね日本時間で夜11時。ドルの取引が活発になるのは、その時間からです。**

同じようにユーロの取引も、日本の夕方から活発になります。

用語解説 **インターバンク市場**

インターネットでつながっている銀行間の外国為替市場。外国為替には株式のような取引所はなく、銀行間の相対取引で構成されている。個人投資家は、このインターバンク市場に取引業者を通して参加する。

外国為替市場は24時間開いている

●世界各国の為替取引が行なわれている時間帯

□冬時間の場合（日本の11月〜3月）：夏時間ではサマータイム導入国はオープンとクローズが1時間早くなります。

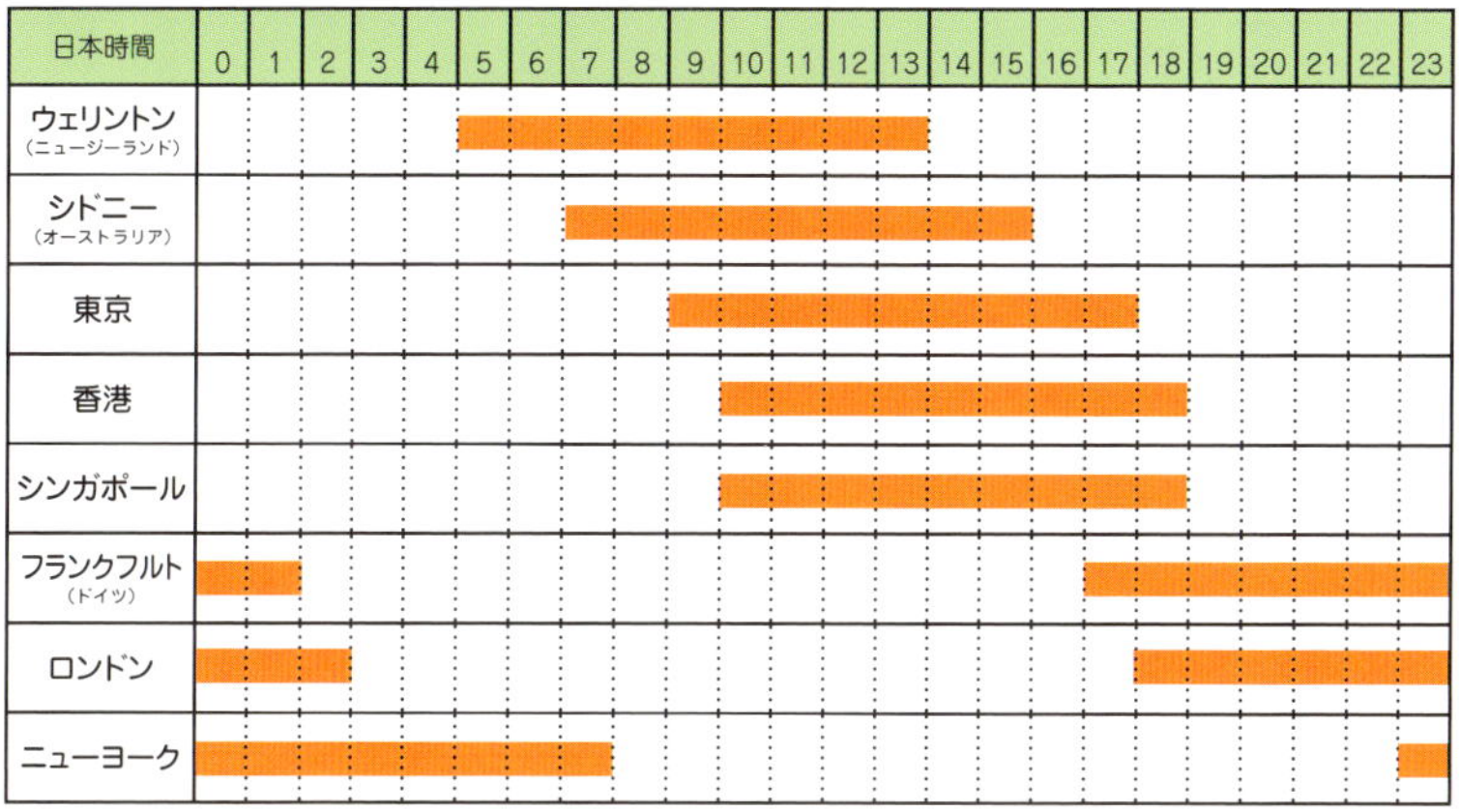

※世界でも取引が多いのは、ロンドン、ニューヨーク、東京市場

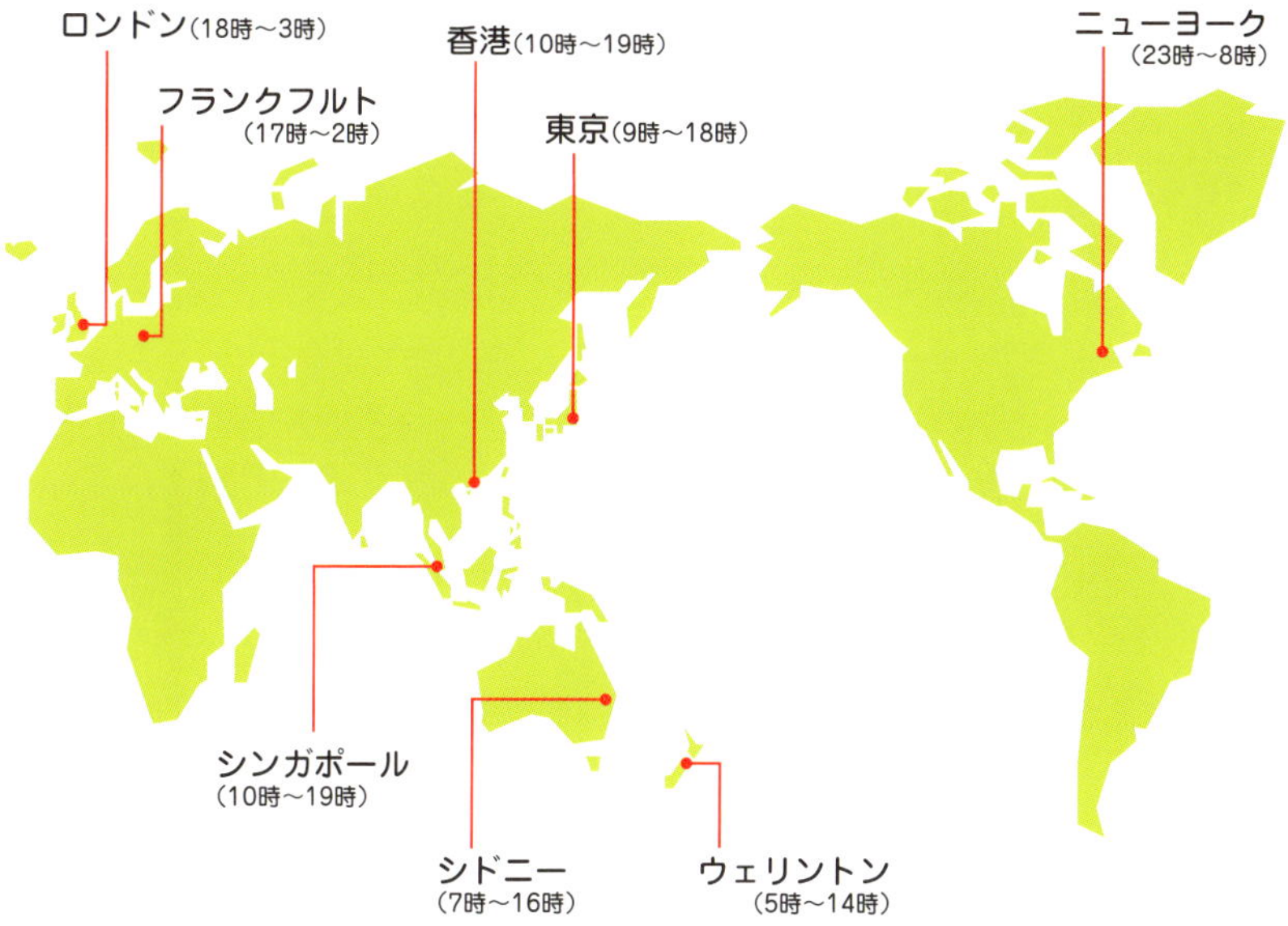

どんな通貨が取引できるか

約20の通貨を取引できる

通貨の特徴を知ったうえで取引する

世界には約200の国がありますが、**すべての国の通貨が取引対象になるわけではありません。**

アメリカ（米ドル）、ユーロ、イギリス（ポンド）など主要国から、トルコ（トルコリラ）、南アフリカ（ランド）など新興国まで、およそ20の通貨が投資対象になります（取引業者によって扱っている通貨数は異なります）。

それぞれの通貨の特徴を知ったうえで投資してください。たとえば国によって金利も異なるので、スワップポイントねらいの投資なら、金利の低い通貨（売り）と金利の高い通貨（買い）の通貨ペアを選ぶ、などです。

日本円を絡めなくても投資できる

FXは、一つの通貨を買う代わりに一つの通貨を売ることになります。

日本から行なう外貨投資なら、ドルを買うときは、日本円を売ることになります。

ところがFXでは、必ずしも日本円を絡めなくてもかまいません。**米ドルとユーロ、というように外貨同士の売り買いもできます。**

これを「通貨ペア」といいます。「スワップポイント」をねらうなら、低金利（売り）と高金利（買い）の通貨の組み合わせを選びます。「為替差益」をねらうなら、レートの安い国（売り）と高い国（買い）の通貨の組み合わせなどがあります。

ワンポイント **初心者はどんな通貨から始めたらいいか**

投資先としては、慣れないうちはドルやユーロといった、メジャーな通貨から始めたほうが無難。国の状況や為替動向など、ニュースでよく伝えられている通貨のほうが状況をつかみやすい。

おもな通貨の特徴も知っておこう！

●資源国通貨の特徴

・原油や鉄鉱石といった鉱物資源、あるいは農産物が経済を支えている国の通貨。
・コモディティ通貨とも呼ばれ、原油価格や金価格に大きく左右される。
すなわち、原油価格が上昇すれば産油国の通貨は上昇し、金価格が上昇すれば産金国の通貨は上昇しやすくなる。

【主な資源国】

オーストラリア(豪ドル)……鉄鉱石　石炭　ウラン　小麦などの農産物
ニュージーランド(ニュージーランドドル)……農産物　畜産物
南アフリカ(ランド)……金　ダイヤモンド
カナダ(カナダドル)……石油　天然ガス　金　ウラン

●基軸通貨の特徴

・国際通貨のなかでも、流通量が多く、貿易の決済で扱われやすい通貨。
・国際金融取引で基準通貨として使われる。経済的なイニシアチブを取る国家の通貨が、基軸通貨となりやすい。
・基軸通貨は時代とともに移り変わっている。1900年代前半まではイギリスのポンドが基軸通貨であった。第二次世界大戦後、米ドルが基軸通貨としての地位を占めているが、将来は人民元が基軸通貨になるとの見方が強い。

まずは円とドル、ユーロなど
情報の入りやすい通貨を取引しよう

慣れないうちは、
あまり状況のわからない、情報が入りにくい、
身近でない国の通貨は取引しないほうが
無難です

※通貨の特徴については90～93ページも参照

Column

リスクを軽減させる分散投資

　一つの通貨ペア、一つの投資法に資金を集中させる手法が集中投資です。これに対し、複数の通貨ペア、手法に分けて投資するやり方を分散投資といいます。

　この分散投資はリスクを軽減させるのに有効です。集中投資の場合、思惑どおりに相場が動けばいいのですが、思惑と逆に動いたときは、損失が膨らみます。そこで**リスクを軽減させるため、複数の投資先、投資法に分ける**のです。

　たとえば、円ードルの通貨ペアで、ドルを買い、円を売ったとします。同時に、円ーユーロの通貨ペアでユーロを売り、円を買う。これは円が円安、円高のいずれか一方に大きく動いても損失を限定的にする効果があります。あるいはスキャルピングとスイングトレード（34ページ参照）、スワップねらいとキャピタルゲインねらいの投資という組み合わせもあります。

　集中投資がハイリスク・ハイリターンなら、分散投資はローリスク・ローリターンといえるでしょう。

分散投資でリスクを低減させる

〈分散投資〉

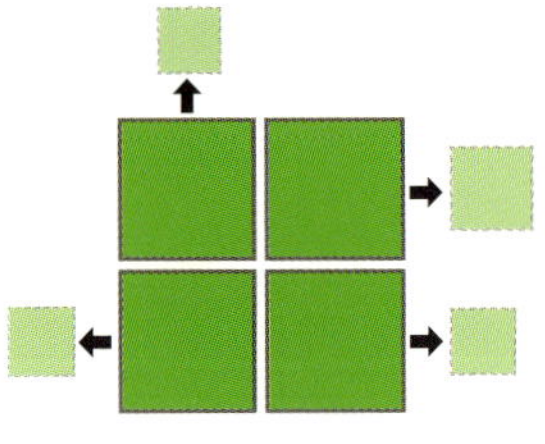

分散投資していれば、トータルすればば損失も限定されやすい

〈集中投資〉

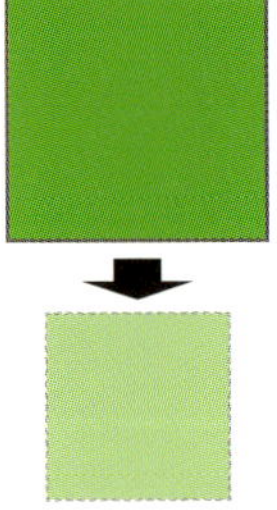

集中投資だと損失が大きくなるケースが多い

Part 2

ＦＸを注文してみよう

取引するための準備を整えよう!

First Order

10

取引のしかた

自分に合ったトレードのしかたを決めよう

▼自分の投資スタイルを決めよう

トレードには、いくつかのやり方があります。取引開始から決済までの期間によって、呼び名から手法、使用するツールまで異なってきますので、自分の投資スタイルを確立させることが重要です。

投資スタイルはおおまかに、**取引期間の短い順に「スキャルピング」「デイトレード」「スイングトレード」に分けられます。**

なお、これら投資手法によって、使うチャート（Part4参照）の種類も異なってます。

「**スキャルピング**」は超短期売買のこと。取引開始から決済まで長くて数分、短ければ数秒という期間の取引です。わずかな利益を積み重ねていくスタンスです。円に換算すれば1回あたり1銭～数銭の利益をねらいます。

「**デイトレード**」は、10分程度から長くても1日のうちに決済を終わらせるトレードです。その日のうちに手じまいするトレードで、10銭から1円近くの利益をねらいます。

▼ビジネスマン向きのスイングトレード

一日中パソコンの前に張り付いていなければならないスキャルピングやデイトレードは、ビジネスマンには不向きかもしれません。

これらに比べ、「**スイングトレード**」と呼ばれる手法は、2日から1週間ほど保有します。ねらう利幅も大きめで、スワップポイントも期待できます。

ワンポイント **初心者が始めるときに負担を少なくするコツは？**

まずはレバレッジを低く抑えて「慣らし運転」からスタート。高金利通貨は、「売り」から入るより「買い」から入りたい。キャピタルゲイン（差益）ねらいの投資でも、マイナスのスワップポイントだと、精神的負担になる。

トレードのスタイルを決めよう

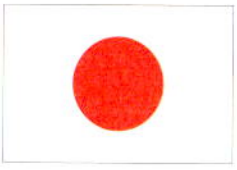

スワップポイントは日をまたいで保有する取引でないと発生しない

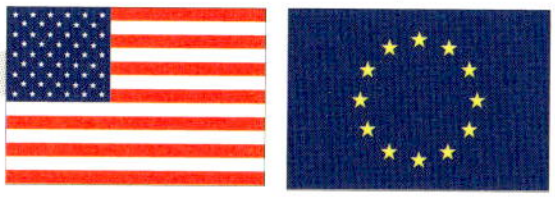

●投資スタイルによる違い

	スキャルピング（超短期売買）	デイトレード（短期売買）	スイングトレード（短～中期売買）
期 間	数秒～数分程度	10分～1日程度	2日～1週間程度
ねらう利益	1銭～数銭	10銭～1円	できれば50銭以上
使うチャート（Part4参照）	ティック・チャート 1分足 5分足 など	10分足 60分足 日足 など	日足 週足 など
スワップポイント	なし	なし	あり
その他	日中働いている人には不向き	日中働いている人には不向き	日中働いている人でも可能

詳しいチャートの
説明はPart4参照

自分に合った取引業者を選ぼう

▼ＦＸ取引業者とは

１９９８年に新外為法が施行され、それまで銀行だけに認められていた外国為替取引が一般に開放され、数多くの取引業者が参入してきました。

業者にはおよそ①証券会社系列②商社系列③商品先物系列④独立系の４タイプがあります。このなかで**自分の投資スタイルにふさわしい業者を選びたいものです。**

選ぶポイントには、

- **手数料はどれくらいか**
- **注文のしかたにはどんな種類があるか**
- **通貨ペア数はどれくらいあるか**
- **スワップポイントの扱いは**

などがあります。レバレッジも重要ですが、今は金融庁の規制で、個人取引では最大25倍に制限されています。

▼まずは複数の業者で試す

選択するポイントをチェックし、自分にふさわしい業者を選ぶことが重要です。とはいえ「注文のしかた」（48ページ以降参照）に関しては、自分の投資スタイルが固まらないと判断できません。

そこで、**初めてＦＸを行なうなら、二つ以上の取引業者で口座を開設することをおすすめします**（口座の開設はおおむね無料）。

いくつか試したなかから自分に合ったところを選べばよいでしょう。

ワンポイント 「悪徳業者」に気をつけよう

ＦＸ取引業者は、今では金融庁の監視下に入ったので、FX業界は以前より健全になった。だが、かつては証拠金を持ち逃げするなど「悪徳業者」も存在した。取引業者も、ネットで比較検討するべきだ。

おもな取引業者の概容

最低取引量
※通貨によって異なる場合もある

実質的な取引コスト
（42ページ参照）

取引業者	取引手数料	初回入金額	取引単位	通貨ペア	スプレッド（米ドル-円）
GMOクリック証券	無料	なし	10000通貨	19種類	0.3銭
DMM.com証券	無料	なし	10000通貨	20種類	0.3銭
外為オンライン	無料	5,000円	1000通貨	24種類	1.0銭
外為どっとコム	無料	なし	1000通貨	20種類	0.3銭
FXブロードネット	無料	なし	1000通貨	24種類	0.3銭
みんなのFX	無料	なし	1000通貨	16種類	0.3銭
LIONFX	無料	10,000円	1000通貨	50種類	0.3銭
FXプライム by GMO	無料	なし	1000通貨	18種類	0.6銭
SBI証券	無料	なし	1000通貨	20種類	0.5銭

※内容は変更される場合があるので各社ホームページで確認してください。
（2017年8月現在）

ここにあるスプレッドは取引単位が1通貨の場合。例えばGMOクリック証券で最低取引単位である10000通貨で取引する場合、0.3銭＝0.003円であるから、1回の取引で30円のスプレッドとなる。

12

口座の作り方

まずは口座を開設しよう

▼取引はインターネットで行なう

ＦＸを始めるにはまず、取引業者に口座を開設しなければなりません。**口座開設の申込みは、おおむねインターネットを使って行なわれます。**

そもそもＦＸ取引はインターネットを通じて行なうものなので、ここではインターネットでの口座開設について説明します。

どの業者もほぼ同じやり方ですが、細かい点で若干の違いがあります。これらは各取引業者のホームページ（以下、ＨＰ）で確認してください。

取引したい業者のＨＰを開いたら、資料請求や口座開設のフォームがあります。クリックして確認しましょう。申込みフォームには、住所・氏名など必要事項を記し、送信します。

およそ1週間後に申込み用紙や資料などが郵送されてきます。**取引約款やリスク確認書なども送られてくるので、必ず目を通しておきましょう。**

申込み用紙に必要事項を書き込み、運転免許証、パスポートなど身分証明書のコピーを同封して返送します。

▼証拠金を振り込んで取引開始

取引業者の審査にパスすれば指定銀行の通知、取引に必要なパスワードが送られてきます。指定された銀行口座に証拠金を振り込めば、取引を始められます。

ワンポイント　証拠金はどれくらい必要？

ＦＸを始めるにあたって、どのくらい資金が必要なのか？　取引業者によって異なるが、なかには4000〜5000円でスタートできるところもある。最低どれだけの通貨単位（47ページ参照）で取引できるかがポイント。

口座開設までの一例

① 取引業者を選定する

↓

② HPなどから口座開設を申し込む

↓

③ 取引業者から関係書類が郵送される

↓

④ 書類に必要事項を記入して返送

↓

⑤ 取引業者で審査

↓

⑥ 口座の開設が完了

↓ ※パスワードなどの入手

⑦ 証拠金（担保金）を振り込む

↓

⑧ 取引開始！

取引業者によって審査や口座開設にかかる時間、方法は異なりますが、ほとんどがインターネットを通じて口座を開設できます

入金のしかた（SBI証券の場合）

開設した取引口座に投資資金を入金します。インターネットからならFX取引業者が提携している金融機関から入金できます。

証券総合口座であれば、まず総合口座に入金し、そこからFX専用口座に振り替えます。

ここでは、銀行口座から総合口座に振り替えて、そこからFX口座に入金する方法を紹介します。

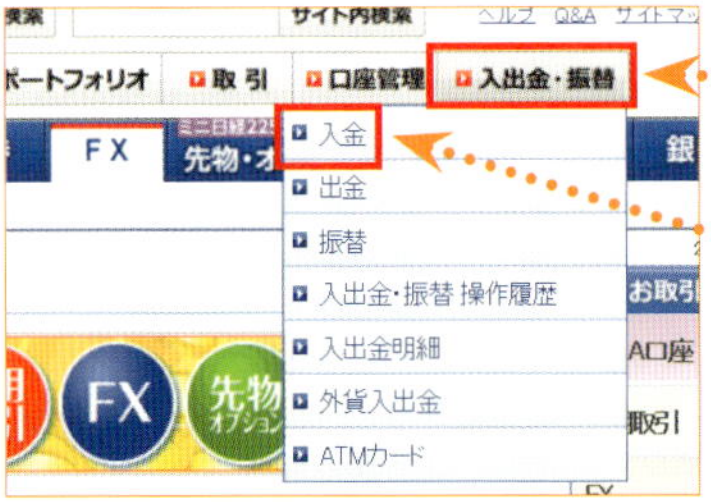

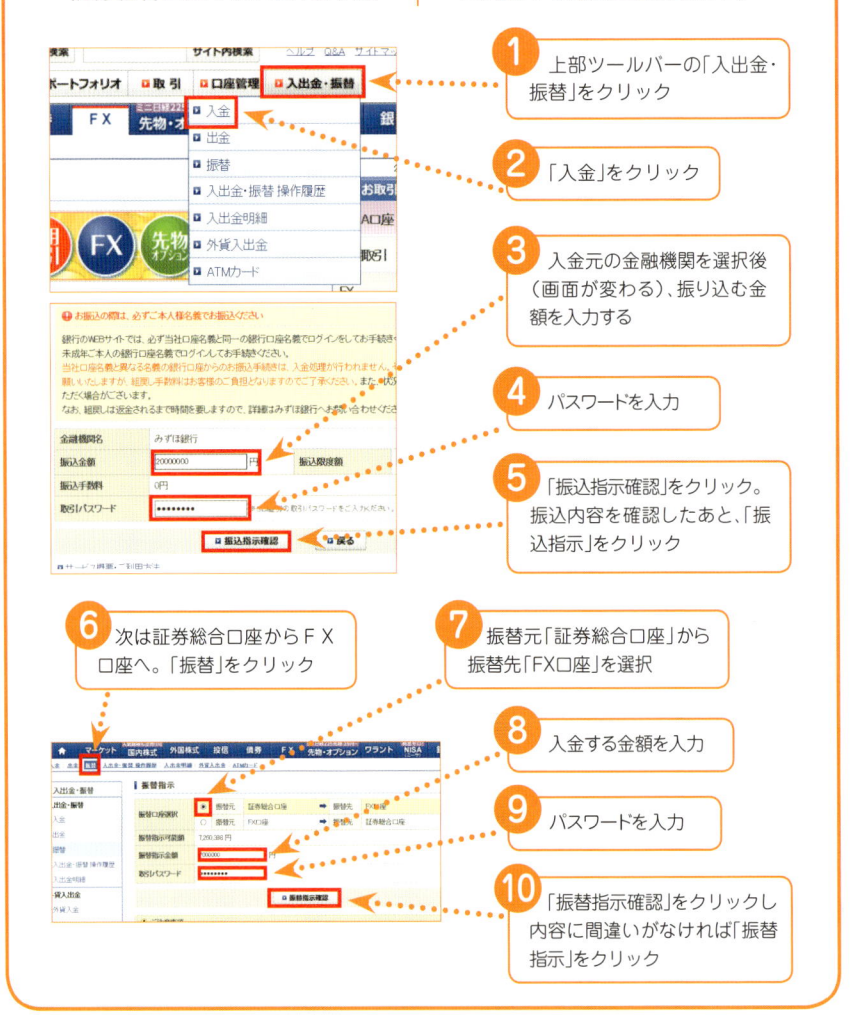

1 上部ツールバーの「入出金・振替」をクリック

2 「入金」をクリック

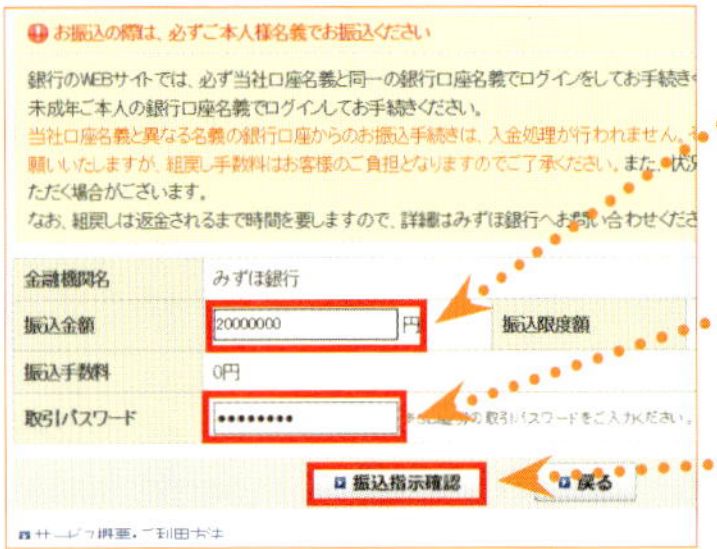

3 入金元の金融機関を選択後（画面が変わる）、振り込む金額を入力する

4 パスワードを入力

5 「振込指示確認」をクリック。振込内容を確認したあと、「振込指示」をクリック

6 次は証券総合口座からFX口座へ。「振替」をクリック

7 振替元「証券総合口座」から振替先「FX口座」を選択

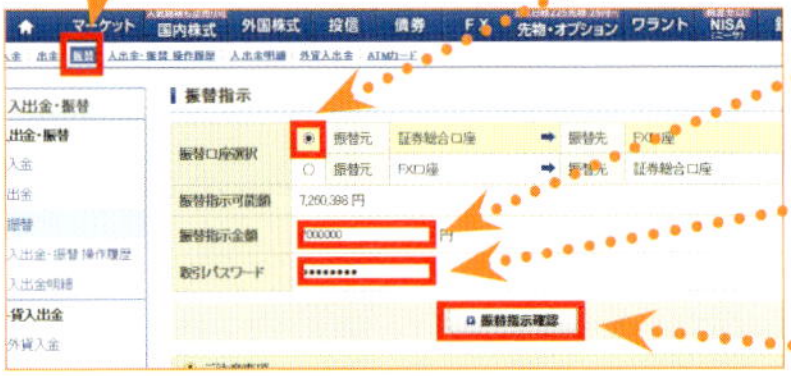

8 入金する金額を入力

9 パスワードを入力

10 「振替指示確認」をクリックし内容に間違いがなければ「振替指示」をクリック

ロスカット率を設定する(SBI証券の場合)

損失が膨らみ、証拠金維持率(46ページ参照)が一定以下になると強制的にロスカットされます。証拠金維持率は、取引業者によって、あらかじめ設定されているケースと、投資家が自ら決められるケースがあります。

なお、ロスカットになる前にマージンコールという警告が発せられます。

1 「レバレッジ設定」をクリック

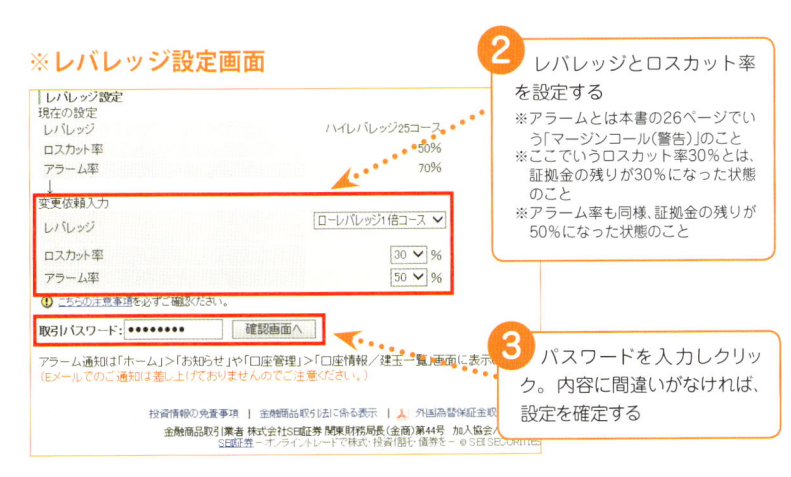

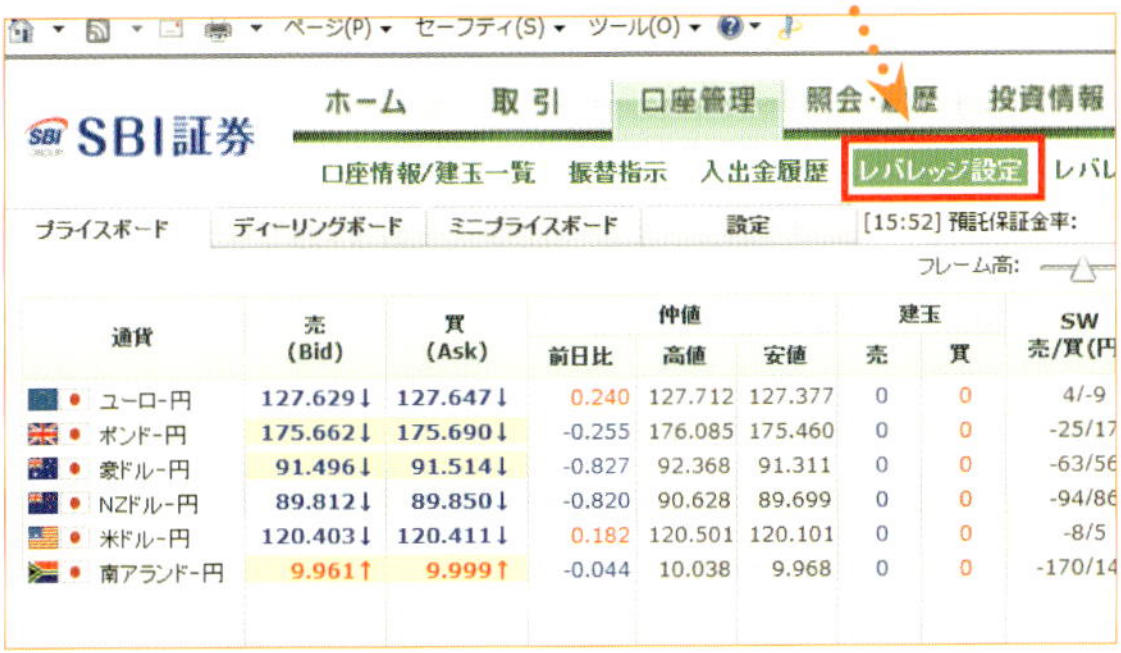

※レバレッジ設定画面

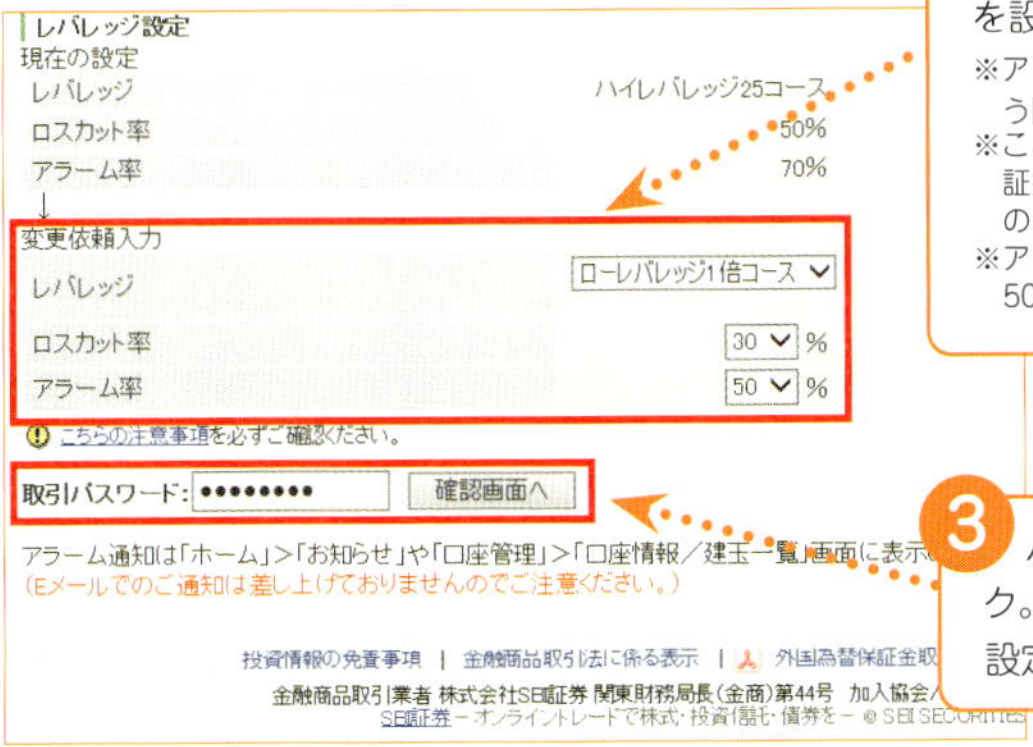

2 レバレッジとロスカット率を設定する

※アラームとは本書の26ページでいう「マージンコール(警告)」のこと

※ここでいうロスカット率30%とは、証拠金の残りが30%になった状態のこと

※アラーム率も同様、証拠金の残りが50%になった状態のこと

3 パスワードを入力しクリック。内容に間違いがなければ、設定を確定する

13

取引画面について

通貨には売値と買値がある

▼注文方法を知っておく

実際に取引を行なう前に、取引画面の見方について知っておかなければなりません。

現在の為替レートや過去の通貨の動き（チャート）の見方など、表示してある項目は何かを覚えましょう（44ページ以降参照）。

また、通貨の価格には**「売値（Ａｓｋ）」と「買値（Ｂｉｄ）」の二つが表示されます。**

この売値と買値の差を「**スプレッド**」といいます。**売値が買値を上回っていますが、この差額が、取引業者が受け取る分（取引コスト）になります（左ページ参照）。**

スプレッドは取引業者によって異なるので注意してください。

▼投資スタイルを考慮する

取引画面で重要なのが、取引のしかたです。ＦＸには「指値《さしね》注文」「成行《なりゆき》注文」といった基本的な注文方法（48ページ以降参照）のほかに、「逆指値」や「ＩＦＤ」「ＯＣＯ」「ＩＦＯ」といった注文方法もあります。

さらに取引業者によっては、便利な取引システムを設定しているところもあります。**自分の投資スタイルにマッチした取引方法を見つけましょう。**

投資家のライフスタイルによっても状況は変わります。ずっとパソコンの画面に張り付いていられる投資家と限られた時間しか売買できない投資家で状況は異なるのです。

ワンポイント 取引業者によってスプレッドは変わる？

ＦＸの取引コストには、取引業者に入る取引手数料とスプレッドがある。多くの取引業者が取引手数料を無料にしているので、スプレッドが実質的な取引コストとなる。取引業者ごとにスプレッドは異なるので要確認。

通貨には売値と買値がある

通貨には二つの価格がある

たとえばニュースなどでは…

東京市場　円／ドル

119円52銭～119円54銭 と表示

↓ 買値　↓ 売値

これを**2wayプライス**という。各FX取引業者が**売り**と**買い**の両方の取引価格を提示する。

東京市場　円／ドル

119円52銭～119円54銭 と表示

↓ **Bid**《ビット》（取引業者が買う価格）　↓ **Ask**《アスク》（取引業者が売る価格）

この場合、**スプレッドが2銭**といい、FX取引業者の、いわば「**第2の手数料**」となる。

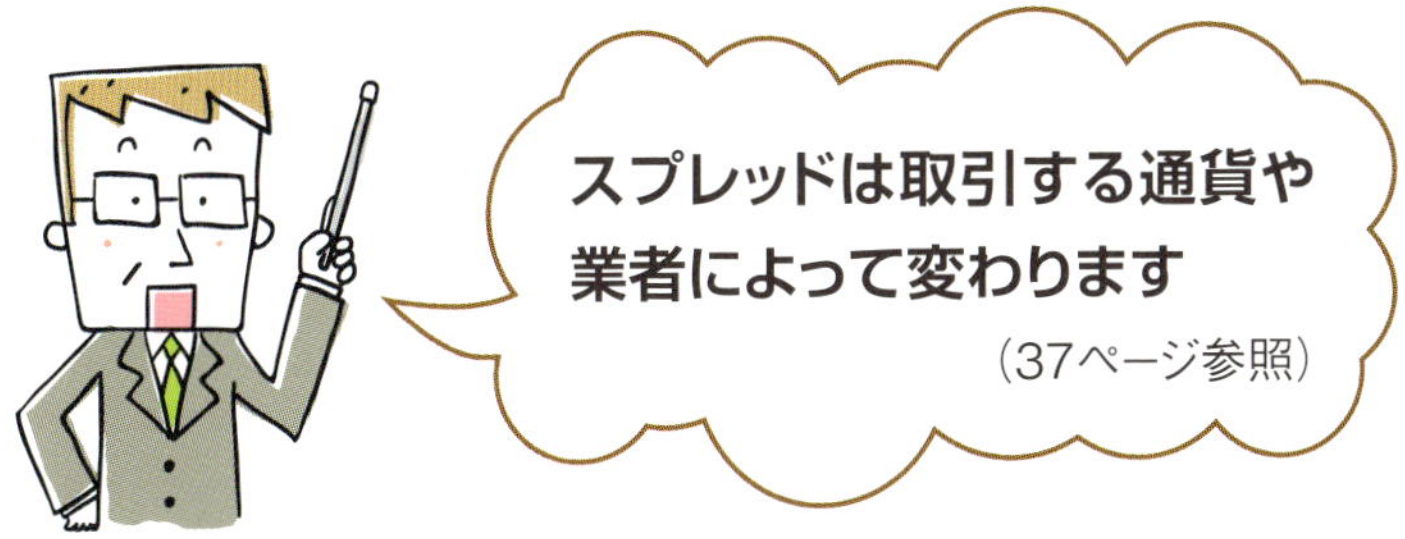
スプレッドは取引する通貨や業者によって変わります
（37ページ参照）

—その①(SBI証券の場合)

4 スワップポイントの表示(1万通貨あたり)
※売りか買いかでもらえるスワップ金利は異なる

5 「取引画面」へ。「新規」か「決済」か、「買い」か「売り」かを選択

6 クリックすると、下のような通貨ペアごとのチャートが表示される

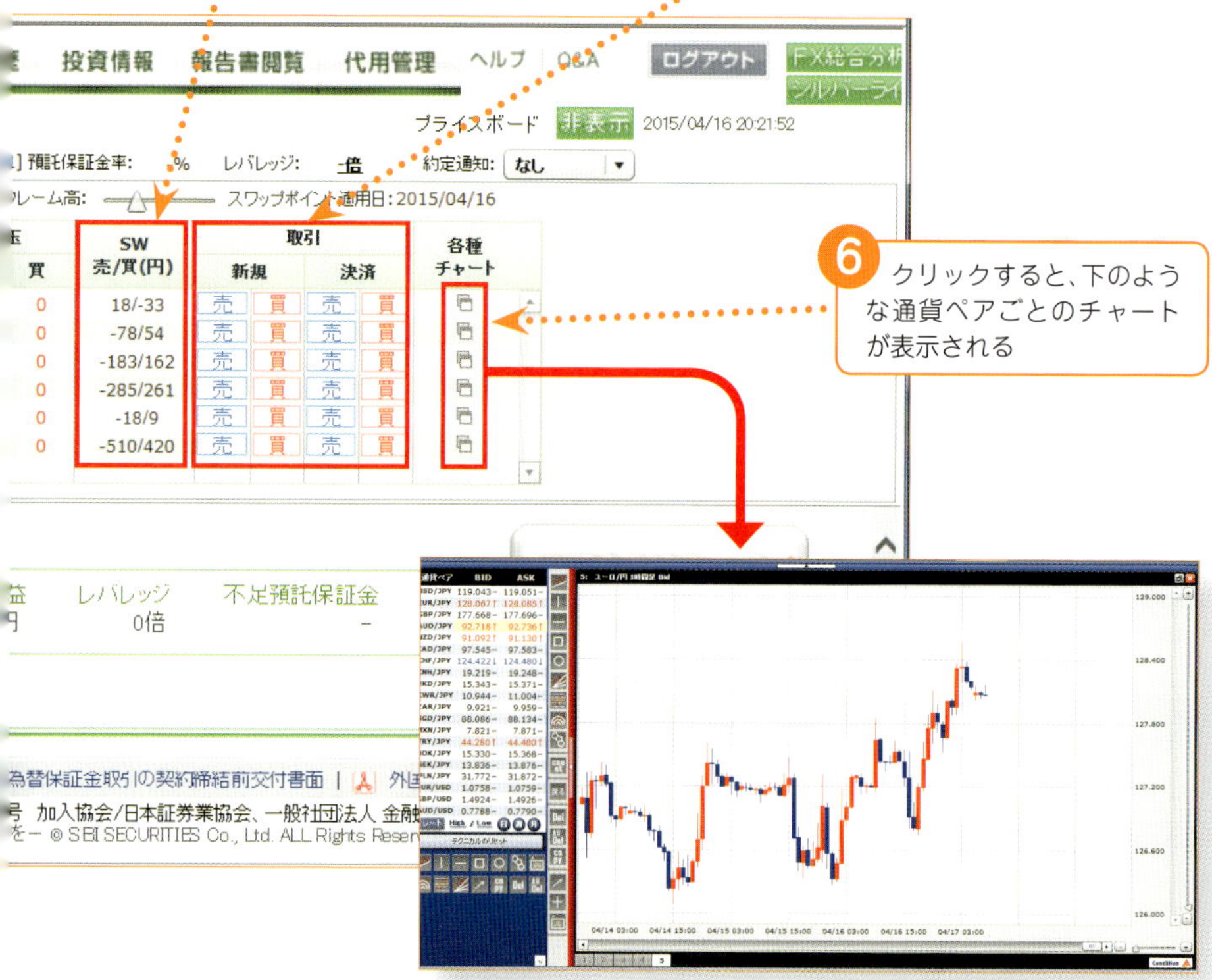

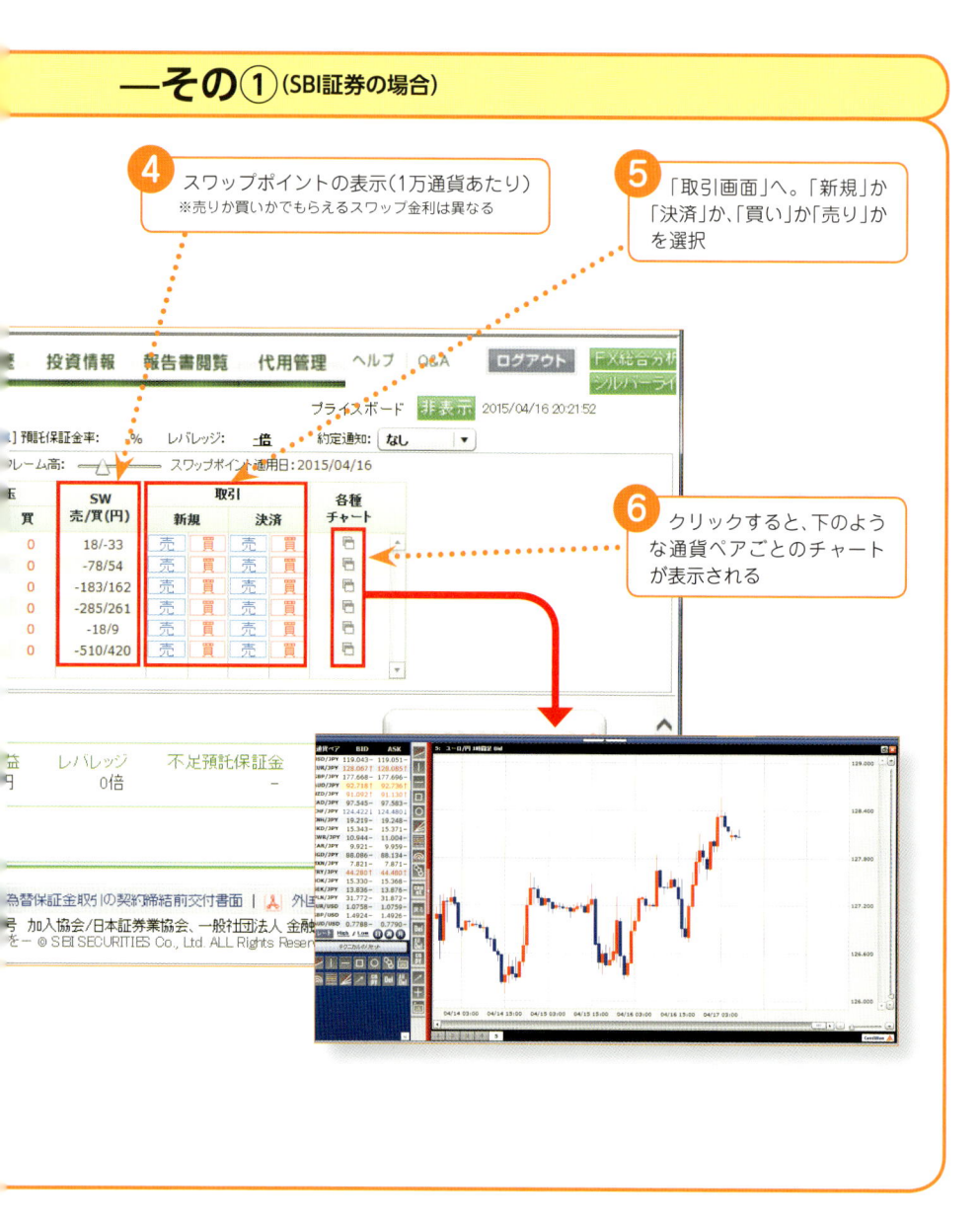

用語解説 建玉《たてぎょく》

ポジションともいう。注文成立のまま未決済になっているもの。売ったままにしている状態を「売建玉」といい、買ったままにしている状態を「買建玉」という。例えばドルを１万ドル買っている(円を売っている)状況は、「ドルの買建玉を１万ドル持っている」となる。

画面の見方

1 「取引」をクリックするとＦＸのトップページから取引画面が表示される

2 取引できる「通貨ペア」の表示

3 「売値」（Bid）と「買値」（Ask）の表示

リアルタイムで表示

※たとえば、ユーロ-円の取引で
Bidはユーロを売るときの値段
Askはユーロを買うときの値段

43ページでは、売値がAsk、買値がBidだが、投資家の側から見ると画面のように、売値がBid、買値がAskになる。

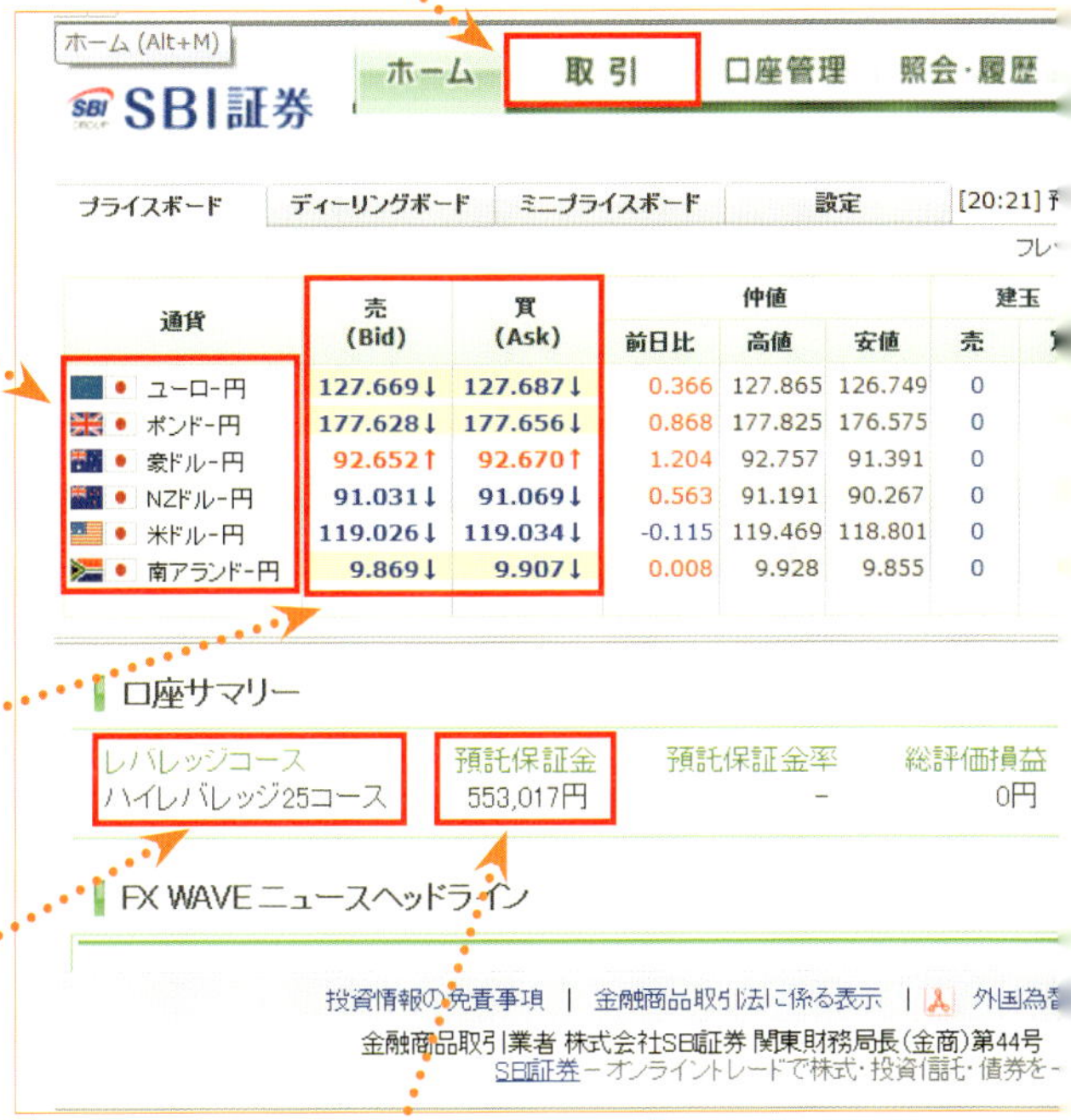

ホーム（Alt+M）
SBI証券
ホーム
取 引
口座管理
照会・履歴
プライスボード
ディーリングボード
ミニプライスボード
設定
[20:21]
通貨
売（Bid）
買（Ask）
仲値
前日比
高値
安値
建玉
売
ユーロ-円 127.669↓ 127.687↓ 0.366 127.865 126.749 0
ポンド-円 177.628↓ 177.656↓ 0.868 177.825 176.575 0
豪ドル-円 92.652↑ 92.670↑ 1.204 92.757 91.391 0
NZドル-円 91.031↓ 91.069↓ 0.563 91.191 90.267 0
米ドル-円 119.026↓ 119.034↓ -0.115 119.469 118.801 0
南アランド-円 9.869↓ 9.907↓ 0.008 9.928 9.855 0
口座サマリー
レバレッジコース
ハイレバレッジ25コース
預託保証金
553,017円
預託保証金率
-
総評価損益
0円
FX WAVE ニュースヘッドライン
投資情報の免責事項 | 金融商品取引法に係る表示 |
金融商品取引業者 株式会社SBI証券 関東財務局長（金商）第44号
SBI証券 － オンライントレードで株式・投資信託・債券を

7 設定されているレバレッジが表示される

※この場合、レバレッジ25倍

8 預託保証金（いわゆる証拠金）額が表示される

用語解説 仲値《なかね》

銀行など金融機関が顧客と外国通貨の取引を行なうときは、あるタイミング（日本の場合は９時55分）でその日の取引レートを決定する。仲値で決まった取引レートは、その日１日適用されるが、仲値から１円以上の変動があったときは、改めて仲値が決められる。

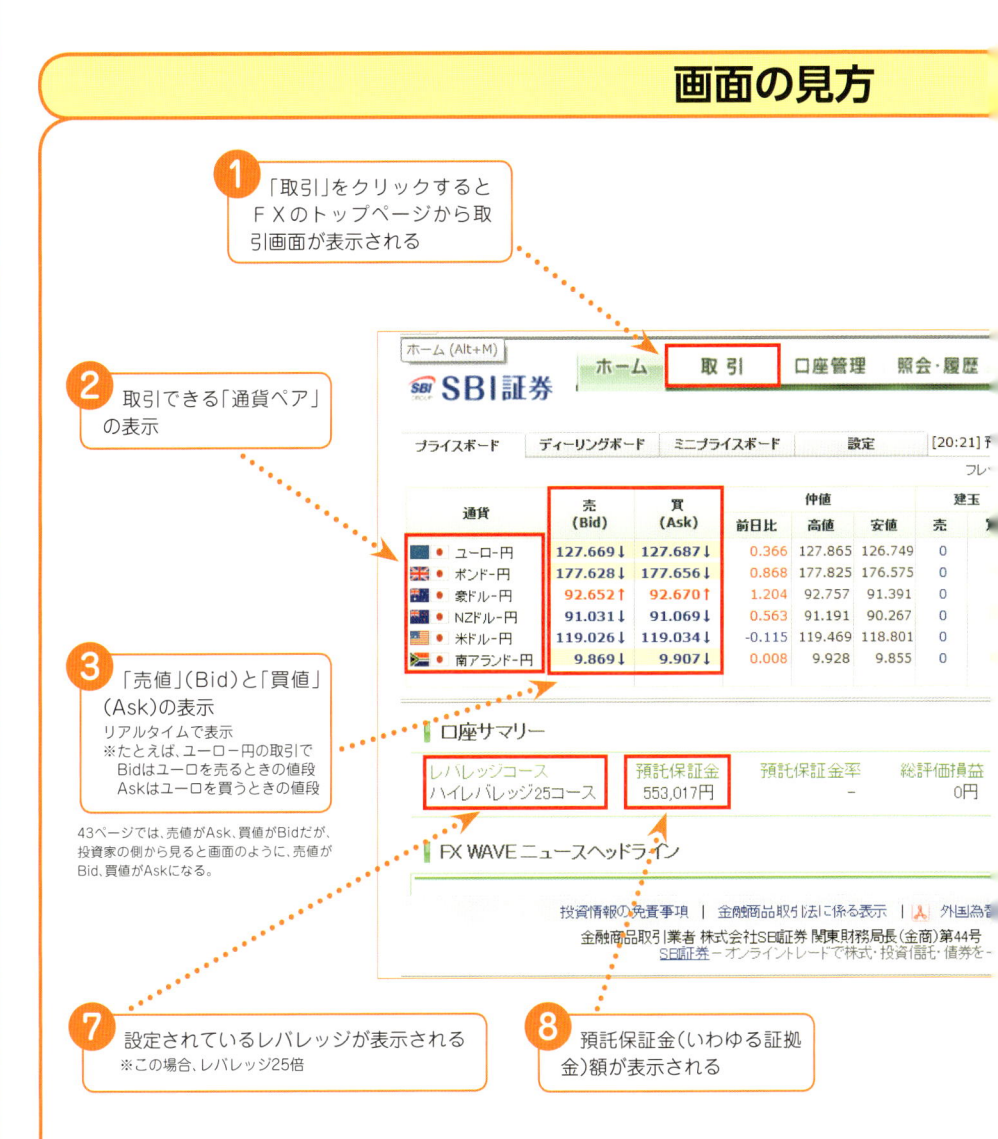

—その② 〈取引画面〉(SBI証券の場合)

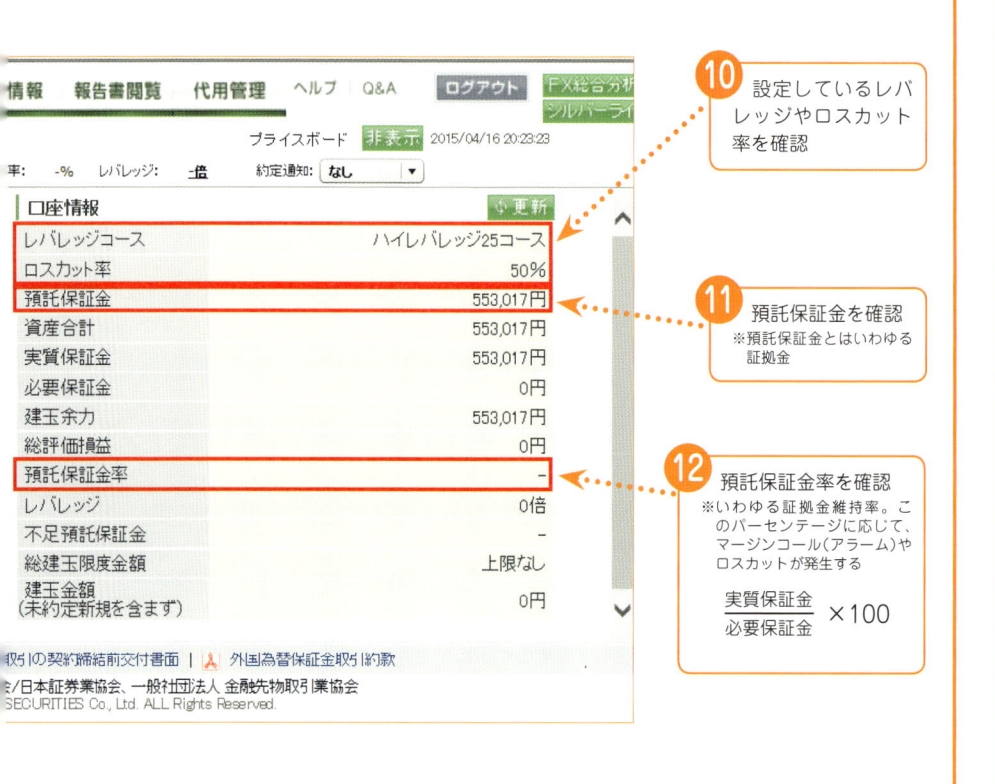

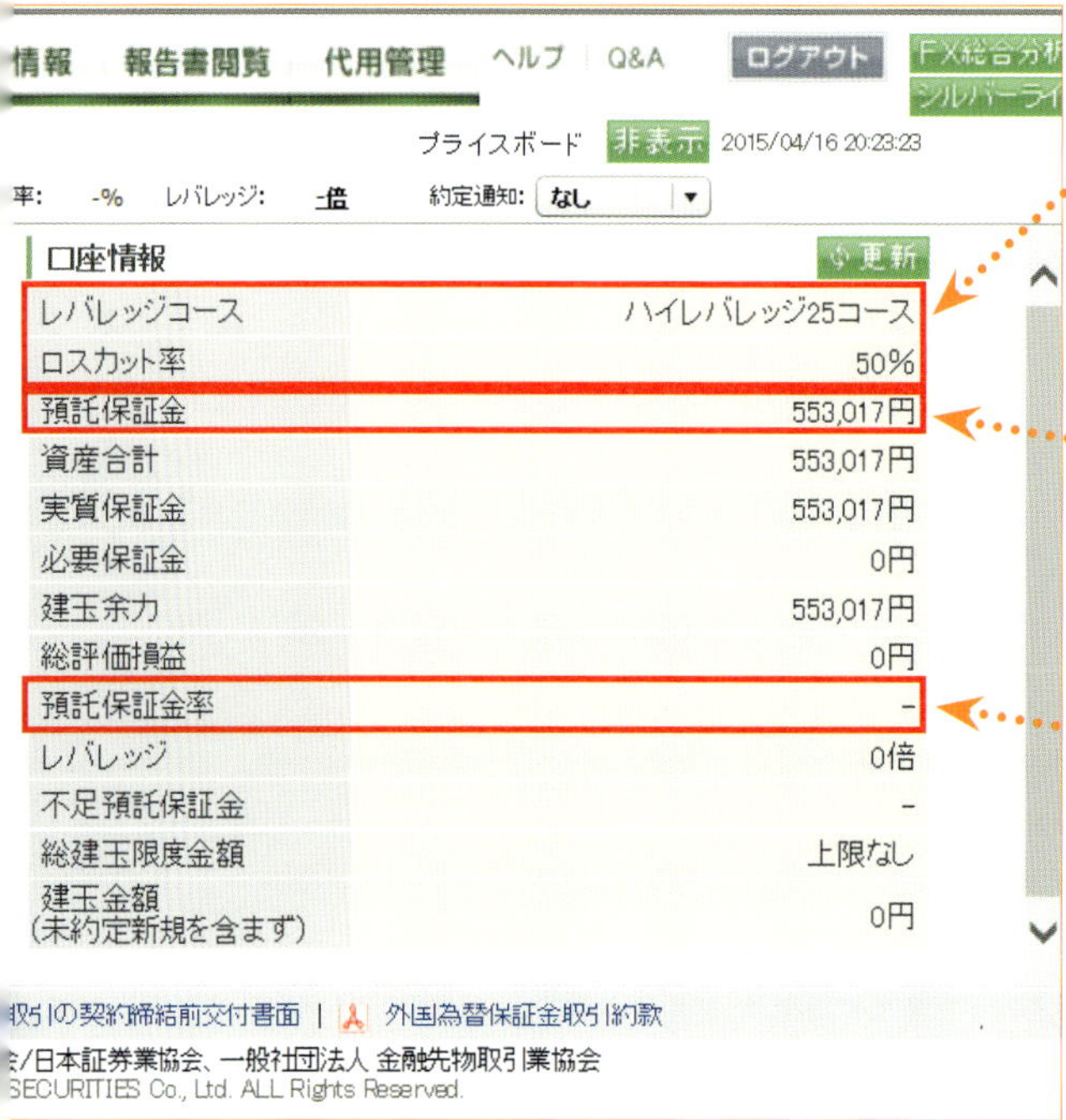

口座情報	
レバレッジコース	ハイレバレッジ25コース
ロスカット率	50%
預託保証金	553,017円
資産合計	553,017円
実質保証金	553,017円
必要保証金	0円
建玉余力	553,017円
総評価損益	0円
預託保証金率	-
レバレッジ	0倍
不足預託保証金	-
総建玉限度金額	上限なし
建玉金額(未約定新規を含まず)	0円

プライスボード 非表示 2015/04/16 20:23:23

10 設定しているレバレッジやロスカット率を確認

11 預託保証金を確認
※預託保証金とはいわゆる証拠金

12 預託保証金率を確認
※いわゆる証拠金維持率。このパーセンテージに応じて、マージンコール（アラーム）やロスカットが発生する

$$\frac{実質保証金}{必要保証金}\times 100$$

用語解説 証拠金維持率（預託保証金率）

取引している金額に対する、証拠金の残高の割合。損失が広がり証拠金維持率が一定以下に下がると警告（マージンコール）が発せられる。ここで決済するか、あるいは証拠金を追加せずにいると、たいていロスカットされる。

画面の見方

1 「通貨ペア」を選択

2 「注文パターン」を選択

3 「新規売り」か「新規買い」を選択

4 「注文のしかた」を選択

5 指値・逆指値注文のときはその価格を入力
※指値・逆指値注文については、48～51ページを参照

6 「取引単位」(取引量)を入力

7 指値注文などの、注文の有効期限を設定

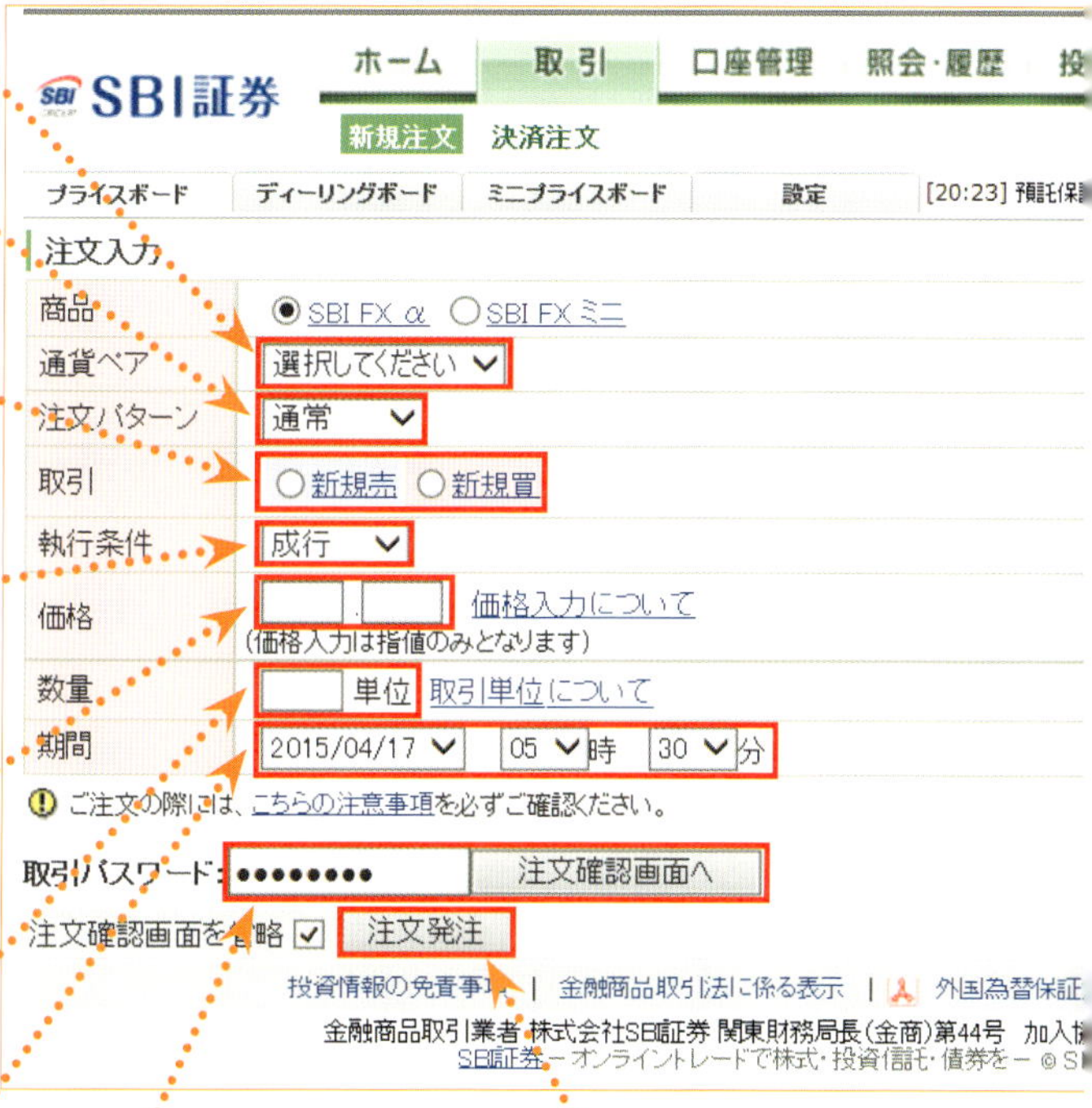

8 パスワードを入力
※注文内容を確認したいときは、「注文確認画面へ」をクリック

9 注文発注を執行

用語解説 通貨単位

取引単位ともいう。取引を行なうとき最低限必要となる売買単位のこと。取引業者によって1万通貨単位、1000通貨単位などがある。1万通貨単位でドルを取引するときは1万ドルが最低の単位。少ない金額で取引したいときは、通貨単位が小さい業者を選ぶようにする。

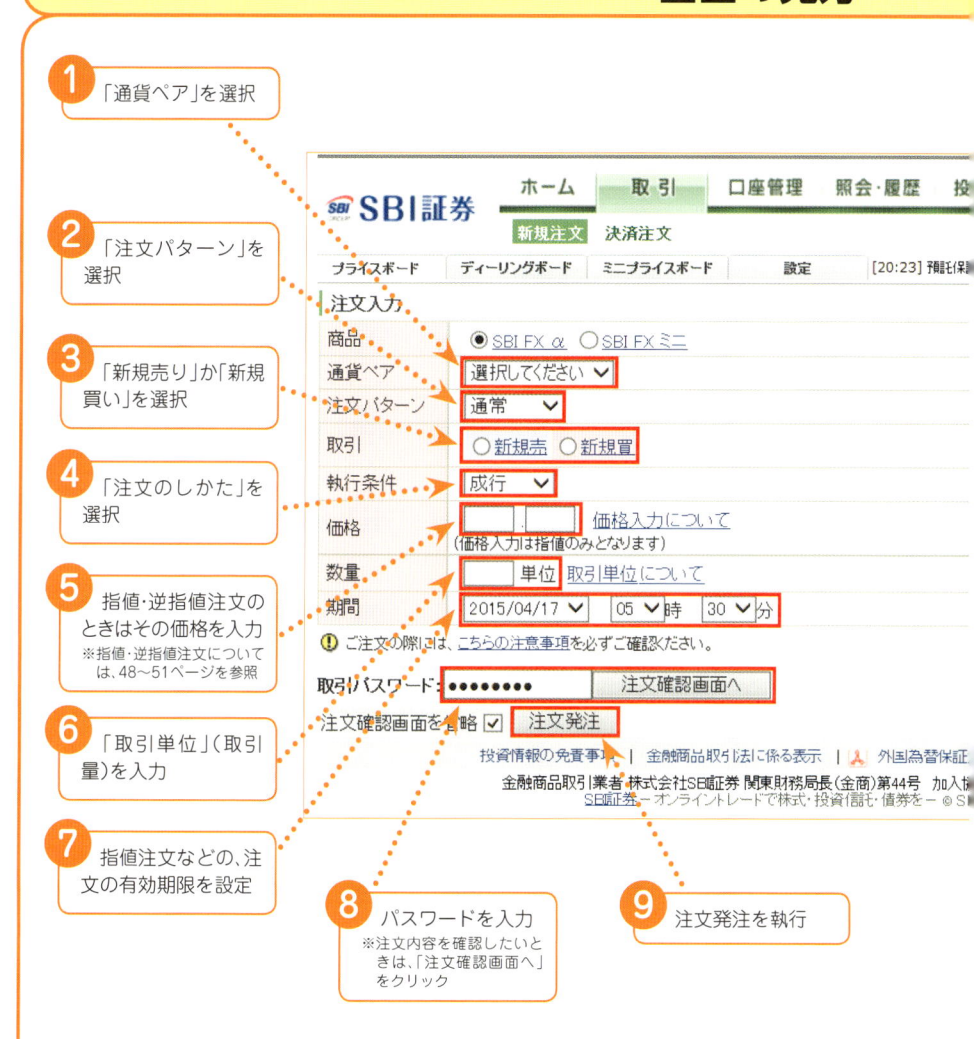

14

注文のしかた①

「指《さし》値《ね》注文」と「成《なり》行《ゆき》注文」

▼注文方法の特徴を知ろう

ここでは基本的な注文方法である「指値注文」と「成行注文」について説明します。

「**指値注文**」とは買いたいレート、売りたいレートを指定する方法です。

たとえばドルを買いたい（円を売りたい）というとき、1ドル＝１１０円50銭だったとします。**「1ドル＝１１０円45銭まで下がったら買ってもいい」と思えば、指値＝１１０円45銭と指定して注文します。**

そして、注文期間内に1ドル＝１１０円45銭の値をつけたら売買は成立します。

「その日のうちに」「1週間」といった、注文期間も指定できます。その間に１１０円45銭の値をつけなければ売買は不成立となります。

これに対し「**成行注文**」は、**注文した時点での価格で売買する方法です。**刻一刻と動く価格を見ながら注文ボタンを押します。

取引業者に注文が届いた時点での価格で売買が成立します。注文が届くまでにわずかながらタイムラグがあるため、思惑とはやや違った価格で約定《やくじょう》（注文成立）します。

▼「成行」は相場急変のときに使う

「成行注文」にすれば取引は必ず成立しますが、価格を指定できません。相場が急変して「利益確定を急ぎたい」、あるいは「損切りを急ぎたい」ときに使います。とくに、損失を最小限に抑えるのに有効です。

ワンポイント 注文ミスに注意する

ＦＸ取引も人間が行なうゆえにミスもつきまとう。注文ミスによる損失をこうむらないためにも、注意したい。「通貨ペア」「"売り"か"買い"か」「取引パターン」「数量」など、一つひとつ確認しながら慎重に注文しよう。

「成行注文」と「指値注文」のしくみ

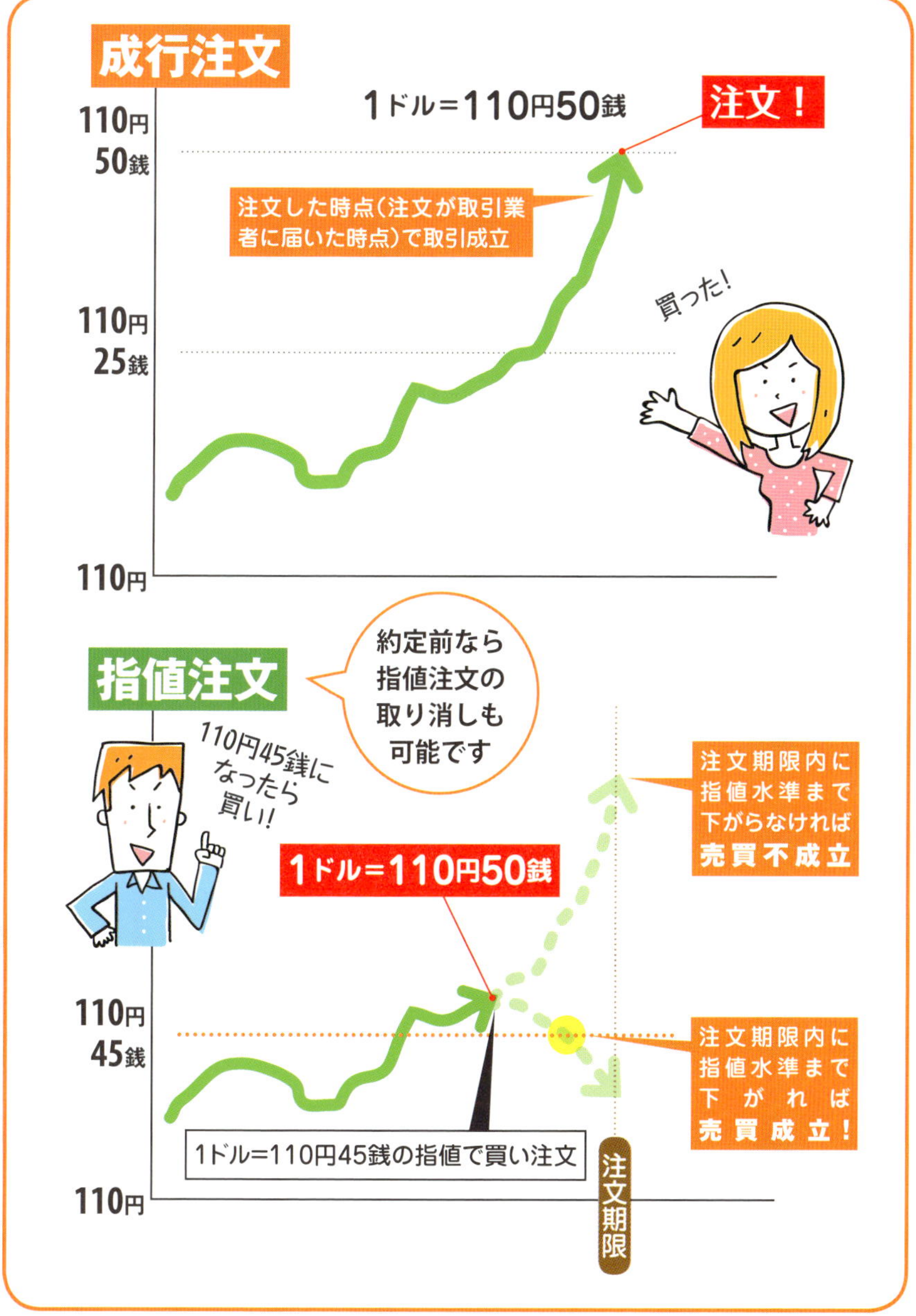
成行注文
1ドル=110円50銭
注文！
110円50銭
注文した時点（注文が取引業者に届いた時点）で取引成立
買った！
110円25銭
110円
指値注文
約定前なら指値注文の取り消しも可能です
110円45銭になったら買い!!
1ドル=110円50銭
注文期限内に指値水準まで下がらなければ売買不成立
110円45銭
注文期限内に指値水準まで下がれば売買成立！
1ドル=110円45銭の指値で買い注文
110円
注文期限

15

注文のしかた②

「逆指値《ぎゃくさしね》注文」も有効に使おう

▼「高くなれば買いどき」の秘密

指値注文は「安くなったら買う」「高くなったら売る」という手法です。つまり一定の価格まで下がれば「買う」、一定の価格まで上がれば「売る」ということです。

一方、ここで説明する「**逆指値注文**」は**「高くなったら買う」「安くなったら売る」という注文方法なのです。**

文字どおり指値の「逆」で、「**ストップ注文**」ともいいます。

たとえば1ドル＝１１０円のとき、「もし１１０円10銭をつけたら買い」あるいは「もし１０９円90銭になったら売り」という注文を出すのです。

「安いときに買ったほうが利益は大きくなるのに？」と思うかもしれません。しかし、「逆指値」にはそれなりのメリットがあるのです。

▼トレンドに沿って取引できる

なぜ、今より高くなったら買いたいと思うのでしょうか。**為替は上昇でも下降でも、一方向に動き出したら、しばらくそのトレンド（１３０ページ）がつづく傾向があります。**

たとえば、この価格まで上がったら上昇トレンドが確認でき、しばらく価格は上がりつづける確率が高いと判断できます。逆に、ここまで下がったらしばらく下がりつづける確率が高い、ともいえます。その判断基準はおもに、Ｐａｒｔ４のチャート分析で行ないます。

ワンポイント 指値・逆指値のメリット、デメリット

指値・逆指値はパソコンの前に張り付いていられない投資家には重宝。もしパソコンの前で値動きを常時チェックできるようなら、その動きに合わせて損切り、利益確定決済を行なったほうが、想定外の動きに対応できる。

「逆指値注文」のしくみ

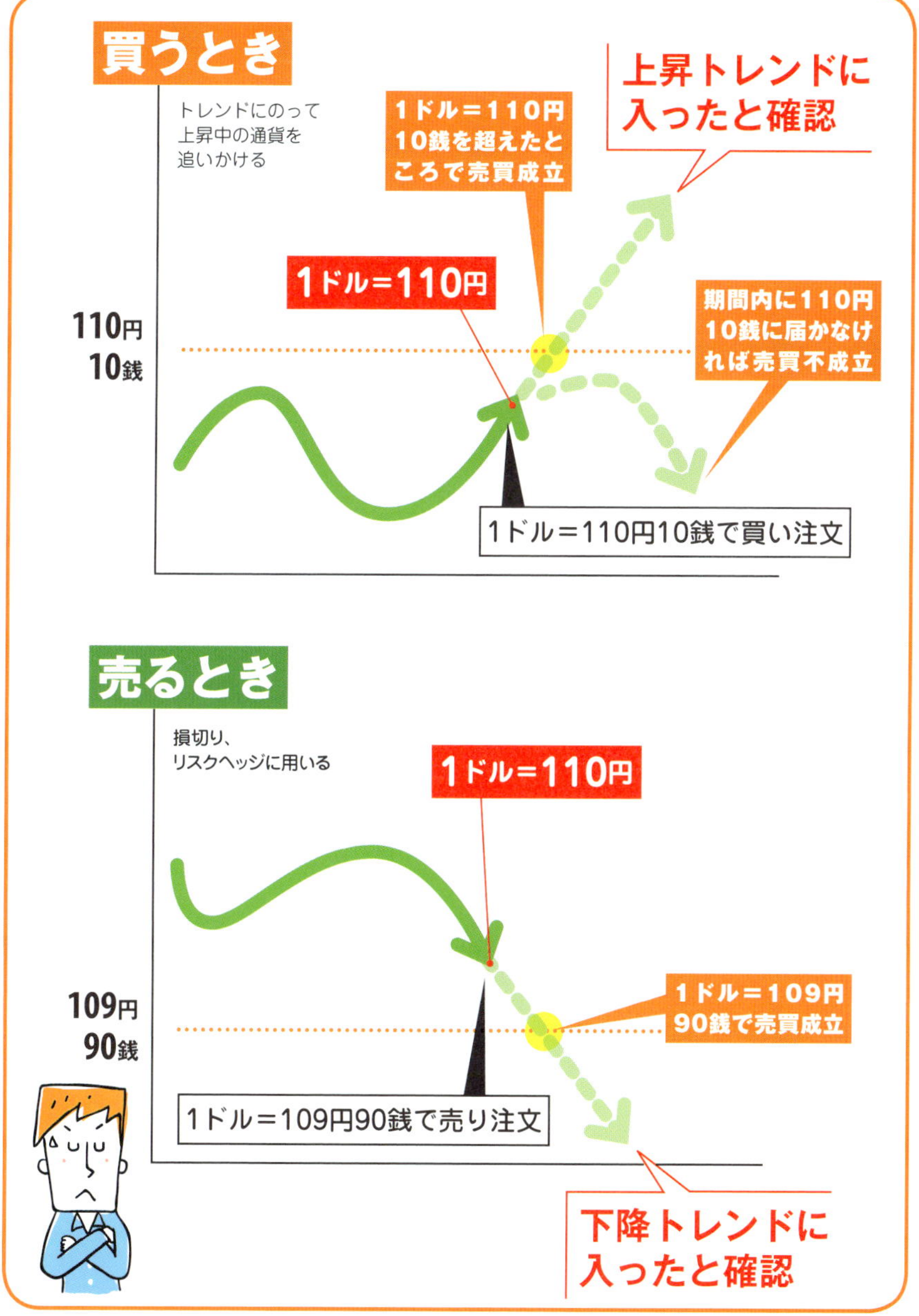
買うとき
トレンドにのって
上昇中の通貨を
追いかける
1ドル＝110円
10銭を超えたと
ころで売買成立
上昇トレンドに
入ったと確認
1ドル＝110円
110円
10銭
期間内に110円
10銭に届かなけ
れば売買不成立
1ドル＝110円10銭で買い注文
売るとき
損切り、
リスクヘッジに用いる
1ドル＝110円
109円
90銭
1ドル＝109円
90銭で売買成立
1ドル＝109円90銭で売り注文
下降トレンドに
入ったと確認

の手順(SBI証券の場合)

成行注文のケーススタディ

●円を売って米ドルを買う

円を売って1万米ドルを買い

1 ＦＸのトップページから「取引画面」へ

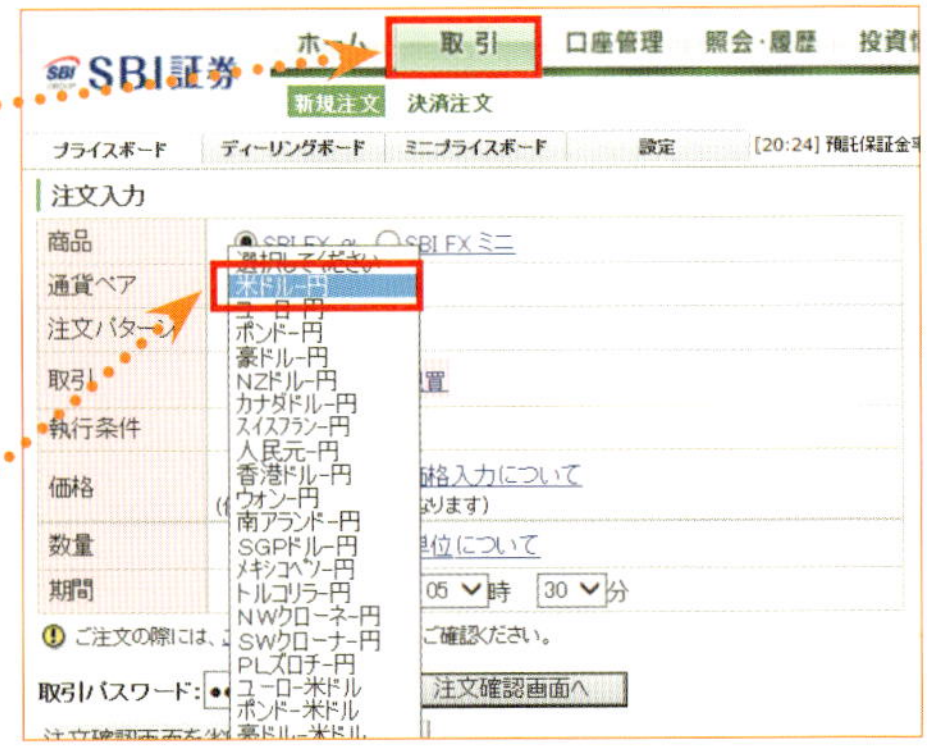

2 「通貨ペア」を選択
※ここでは、「米ドル－円」を選択

3 「注文パターン」を選択
※この場合、「通常」を選択

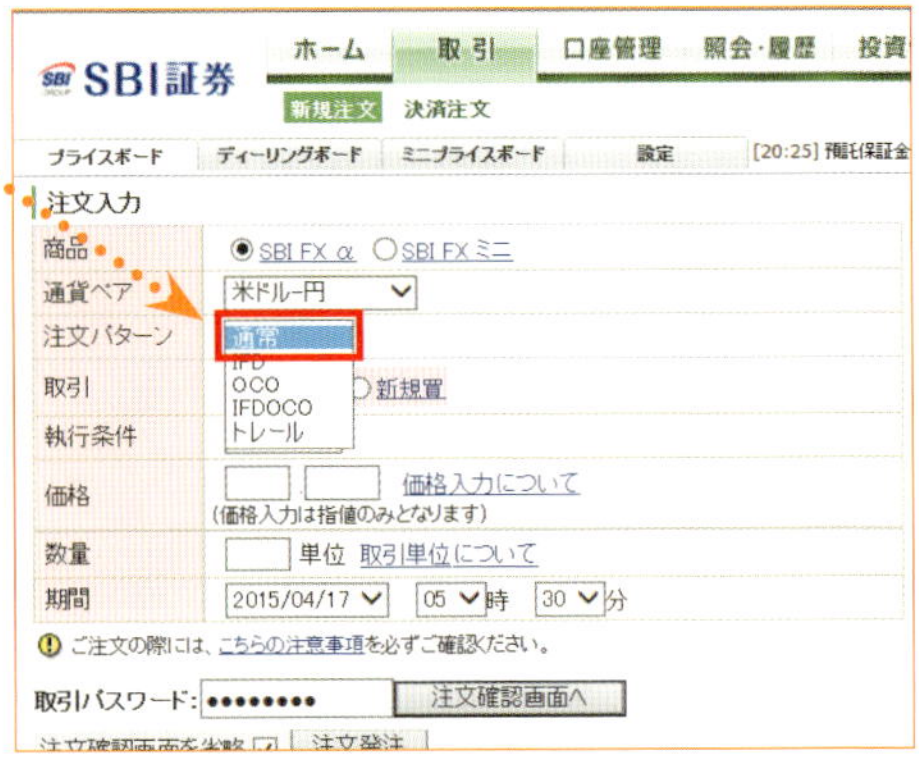

成行注文

4 取引の方法（「買い」か「売り」）を選択

※この場合、「買い」を選択

5 「執行条件」を選択

※この場合、「成行」を選択。「成行注文」では、下の「価格」は入力しない

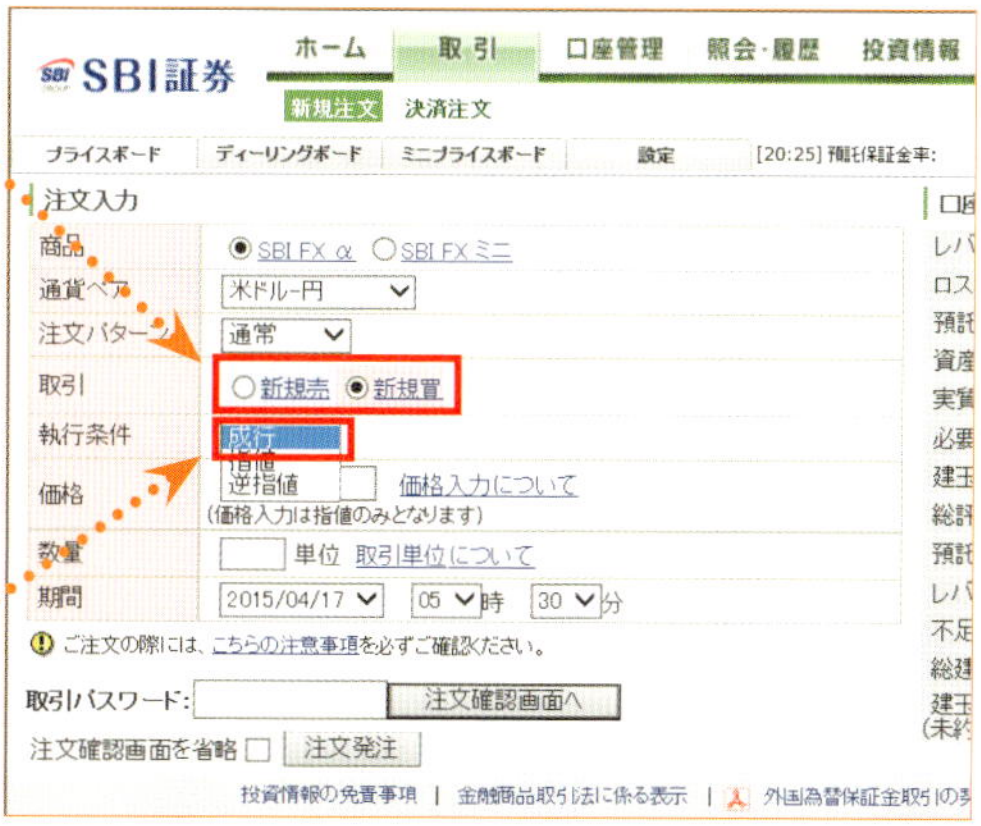

6 「注文数」を入力

※この場合、「万」単位。「1」を入力すると1万ドル取引することを示す

7 パスワードを入力して、下の「注文発注」をクリック

※注文内容を確認したいときは、「注文確認画面へ」をクリック

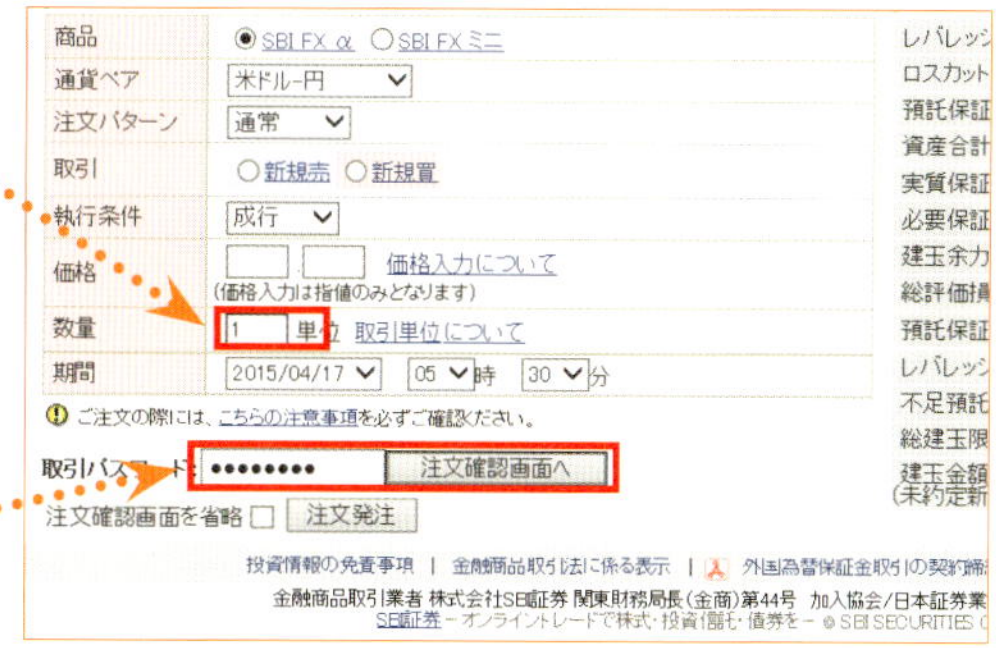

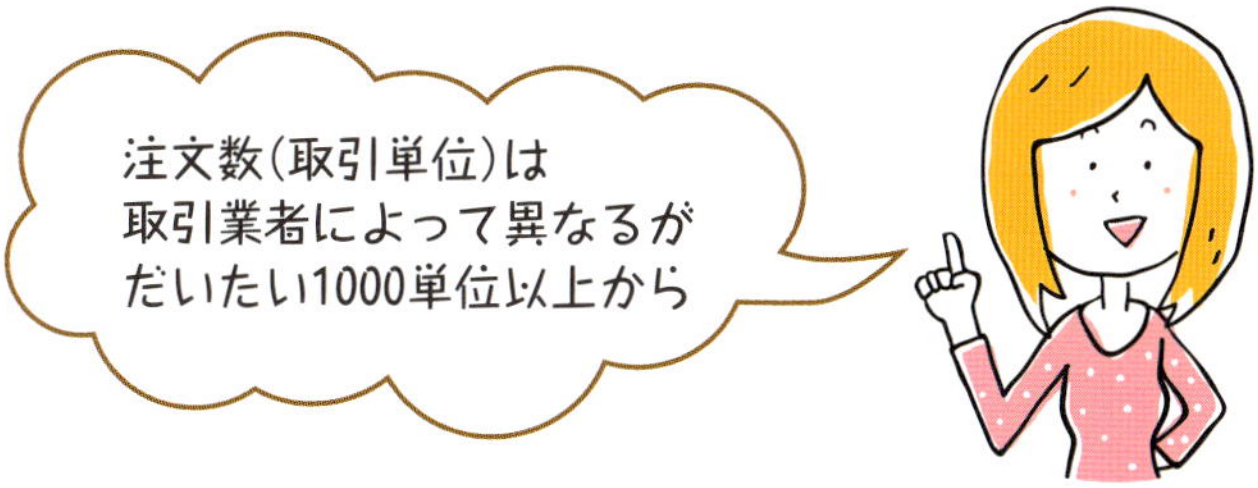

の手順（SBI証券の場合）

指値注文のケーススタディ

●円を売って米ドルを買う

取　引　額：1万米ドル

現在のレート：1米ドル＝119円50銭

取 引 条 件：1米ドル＝119円で買い

1 FXの「取引」画面へ

2 「通貨ペア」を選択

・通貨ペア：米ドル－円

・注文パターン：通常

・取引：新規買

※ここまでは成行注文（52ページ）と同じ

3 「執行条件」を選択

※ここでは「指値」を選択

※逆指値注文のときは「逆指値」を選択

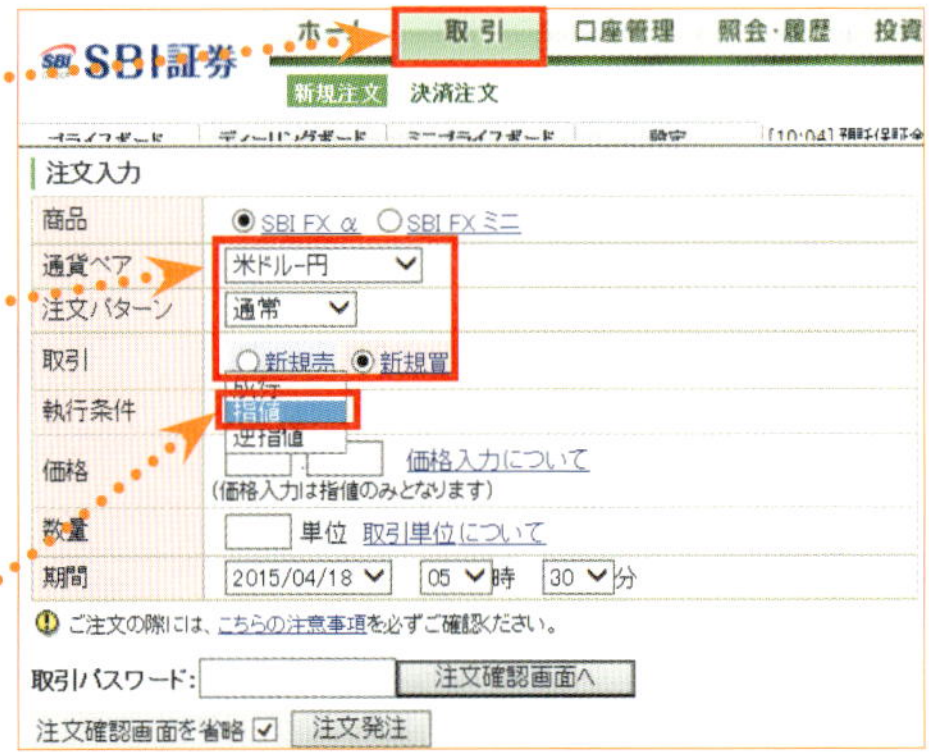

4 「価格」を入力

※この場合、「119円00銭」と入力

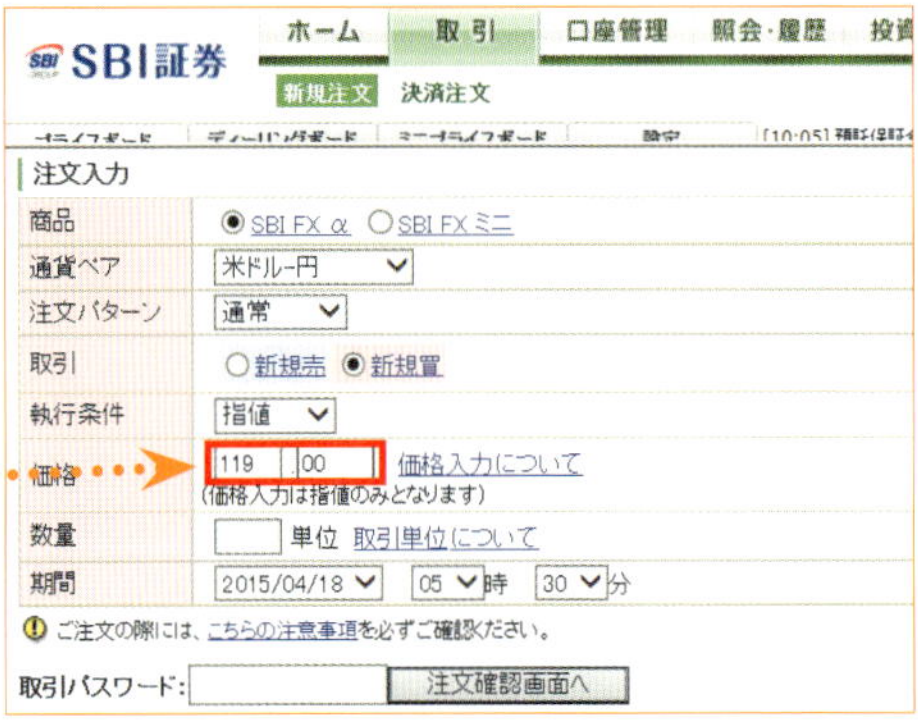

指値注文

5 「注文数」を入力

※この場合、「万」単位。「1」を入力すると1万ドル取引することを示す

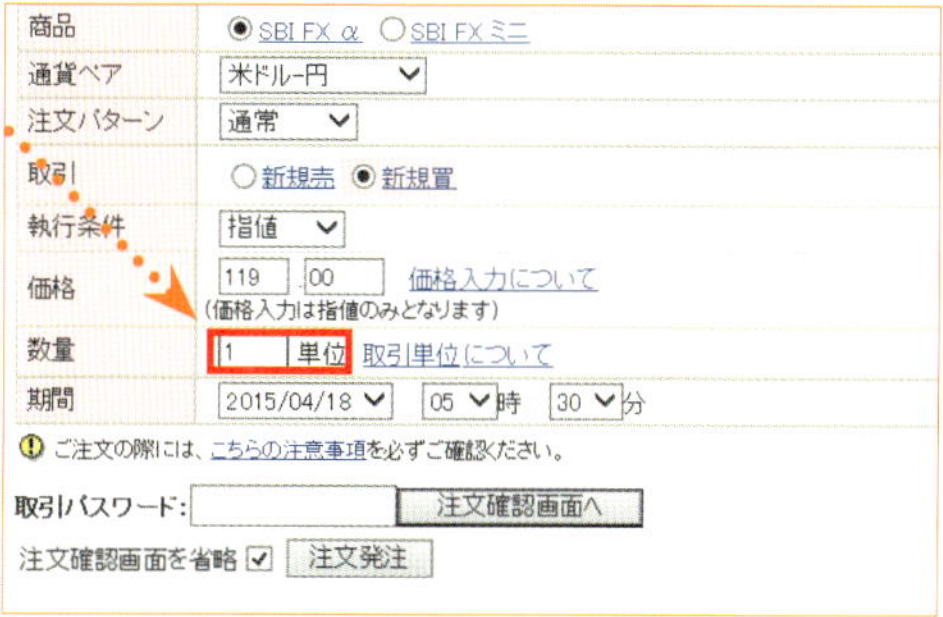

6 「取引期限」を指定

※ここにある日時までに、指値で指定した価格にならなければ、取引は不成立

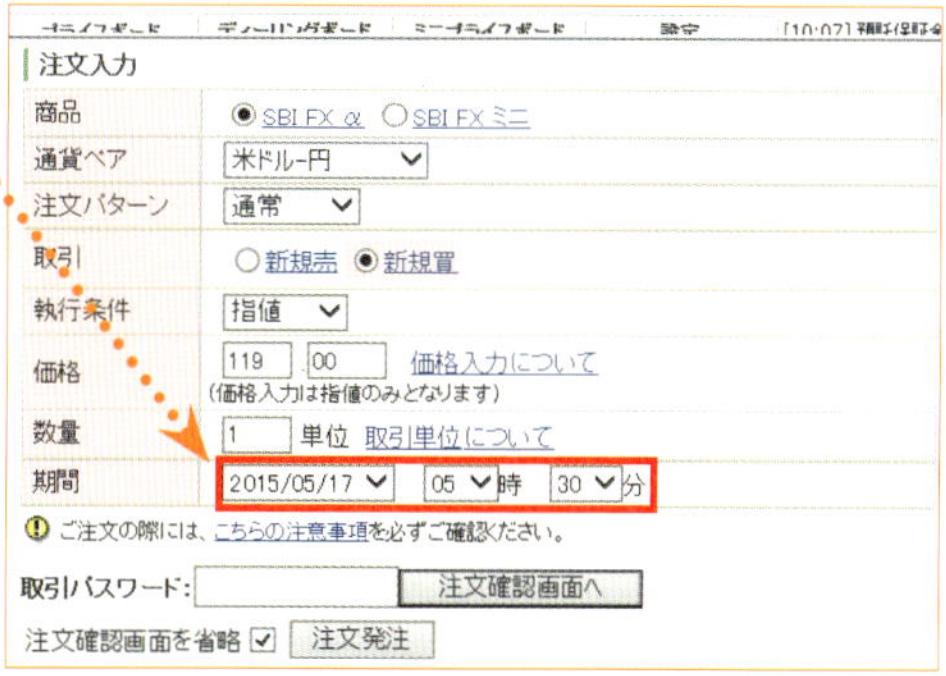

7 パスワードを入力して下の「注文発注」をクリック

※注文内容を確認したいときは、「注文確認画面へ」をクリック

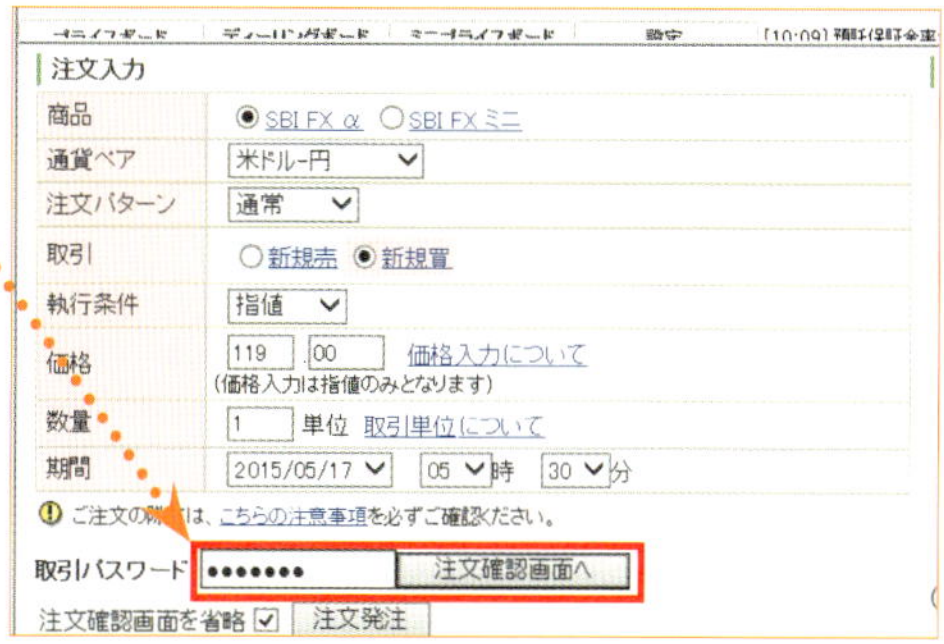

の手順(SBI証券の場合)

決済注文のしかた

未決済のものは、いつか「利益確定の決済」「損切りの決済」を執行する。それら決済の手順を紹介

1 「ＦＸ取引」の画面から、建玉《たてぎょく》(未決済のもの)がある通貨の「決済」から、「売り」か「買い」を選択する

2 「決済買い」を選択(このケースは「ドルの売り建玉)

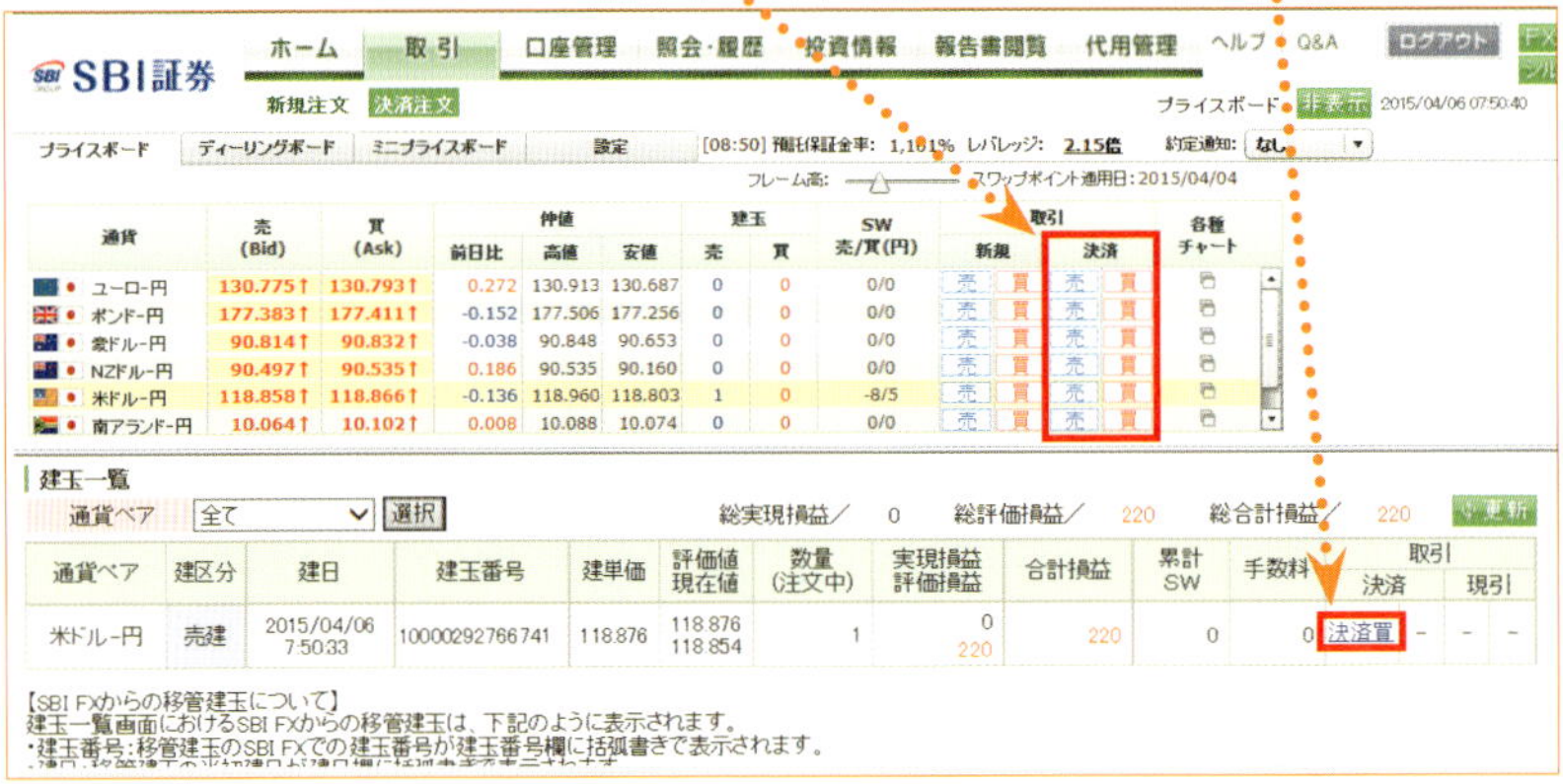

決済注文

3 注文パターンは「通常」に設定される

4 「成行」か「指値」「逆指値」を選択する
※「指値」「逆指値」のときは下の「価格」を入力。「成行」のケースは入力しない

5 「決済する数量」を入力する
※この場合「万」単位

6 「指値」「逆指値」の場合は決済期限を入力する

7 パスワードを入力する

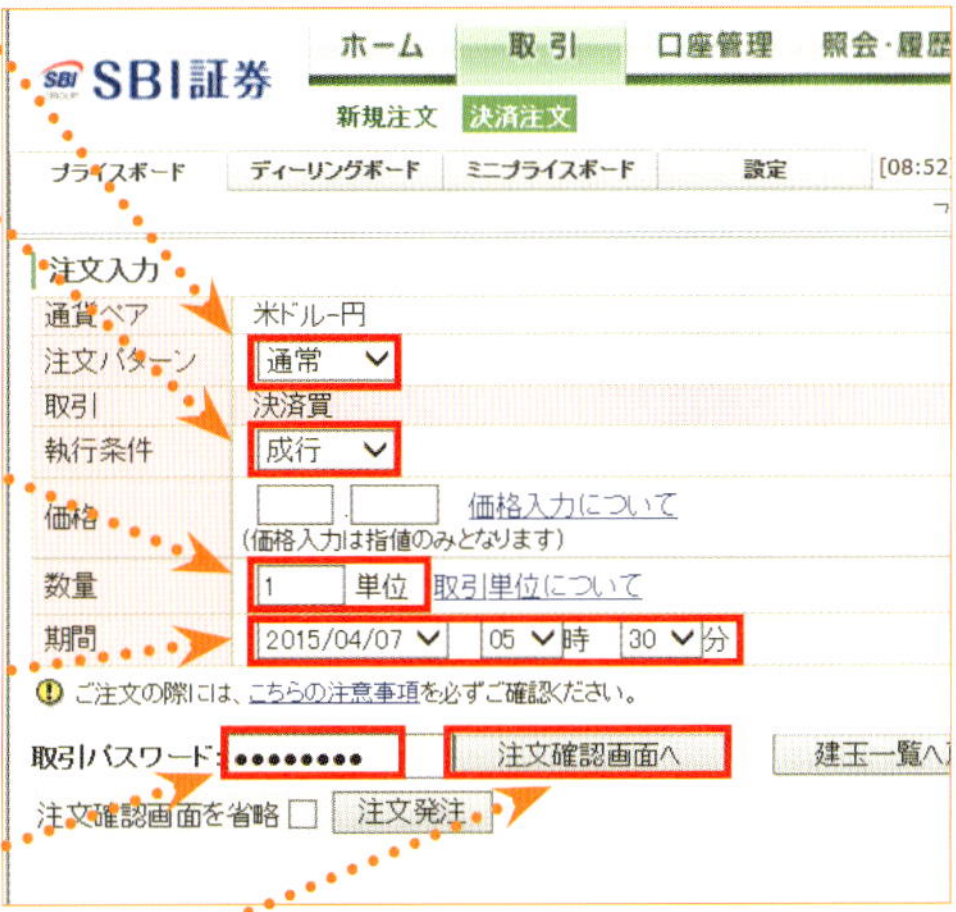

8 注文内容を確認したいときにクリック
※注文内容をチェックしない場合は、下の「注文発注」をクリック

※注文確認画面

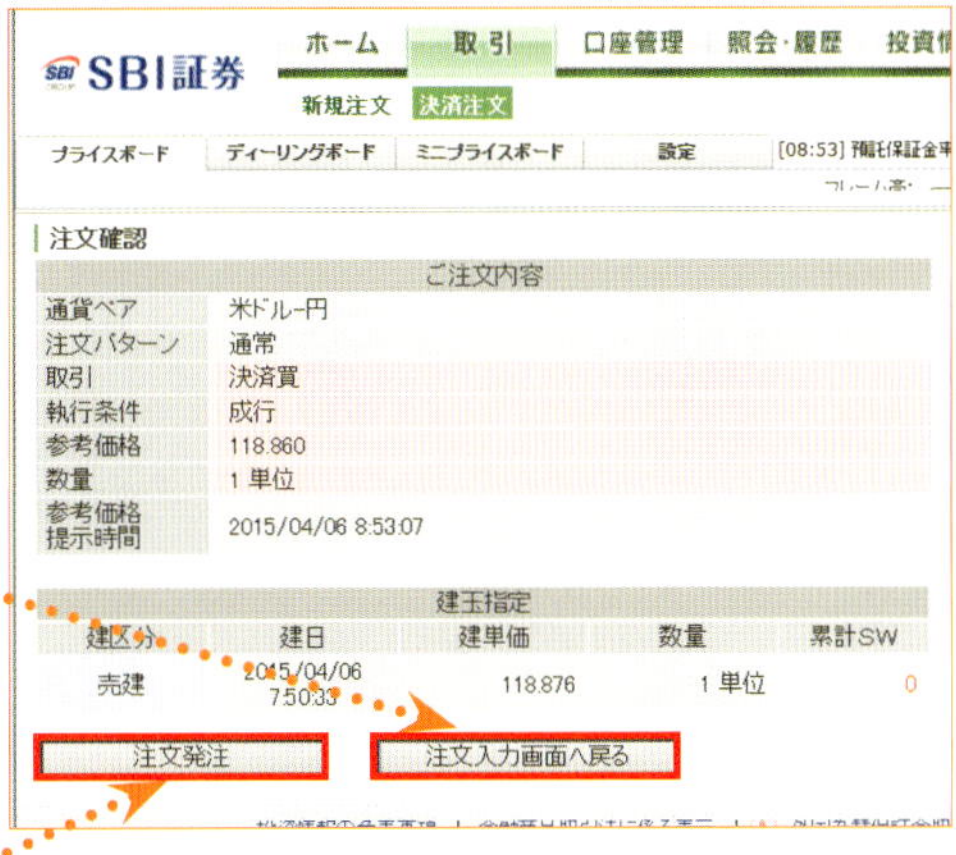

9 注文内容に誤りがあったときは、注文入力画面に戻って入力し直す

10 注文内容を確認したら「注文発注」をクリック

「買い」と「売り」が同時に出せる「IFD《イフダン》注文」

▼自動売買注文とは

為替市場は、24時間開いています。しかし、その間ずっとパソコンの前に張り付いて値動きをチェックしているわけにはいきません。

ところが、目を離したすきに相場が急変し、思わぬ損失をこうむることもあります。

それを避けるために「自動売買注文」というテクニックがあります。

あらかじめ売買する為替レートを設定しておくのです。

「指値注文」や「逆指値注文」も自動売買注文ですが、ここで紹介する「**IFD注文**《イフダン》」「**OCO注文**《オーシーオー》」「**IFO注文**《イフダンオーシーオー》」は、指値・逆指値注文を組み合わせたテクニックです。

▼取引成立と同時に自動的に次の注文

取引が成立したら、次の決済のための注文（反対売買）が自動的にセットされるのが「**IFD注文**」です。

たとえば、1ドル＝120円でドルを買うという注文と同時に、1ドル＝121円になったらドルを売るという注文を出しておきます。

二つ目の反対売買の注文は、最初の注文が成立したときに初めて有効となります。

IFD注文は**利益確定を想定して出しますが、その逆の損切りのときにも使えます。**パソコンの前から離れなければならなくなったときに、大きな損失を避けるためです。

ワンポイント IFD注文のメリット、デメリット

IFD注文のメリットは、ロスカットや利食い売りのチャンスを逃さずに済むことにある。ただし、一つ目の注文と二つ目の注文の間にサプライズ発表があったときなど、状況変化についていけないデメリットも。

一度に「買い」「売り」の注文が出せる

●IFDで利益を確定

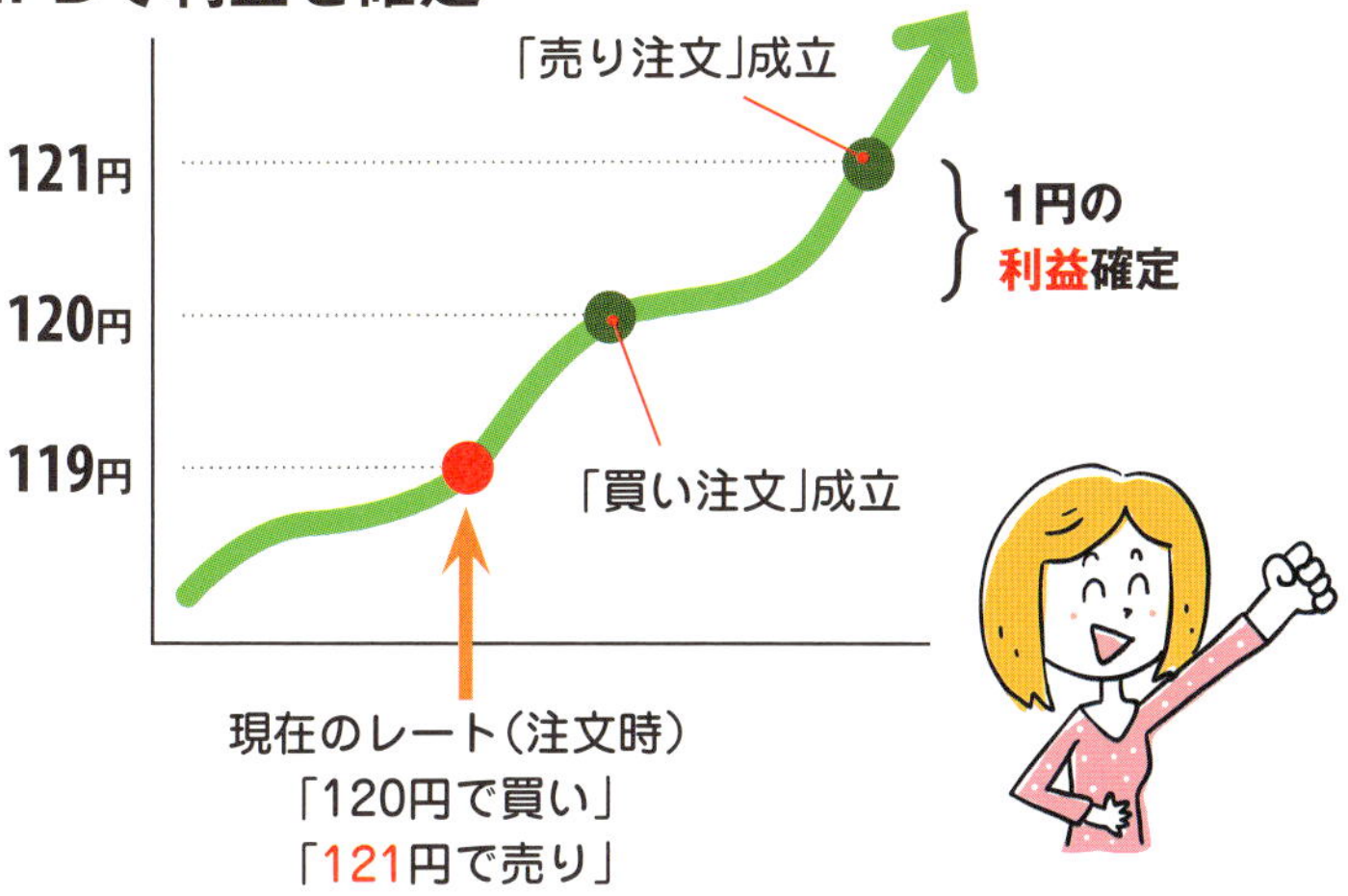

●IFDで損失を限定

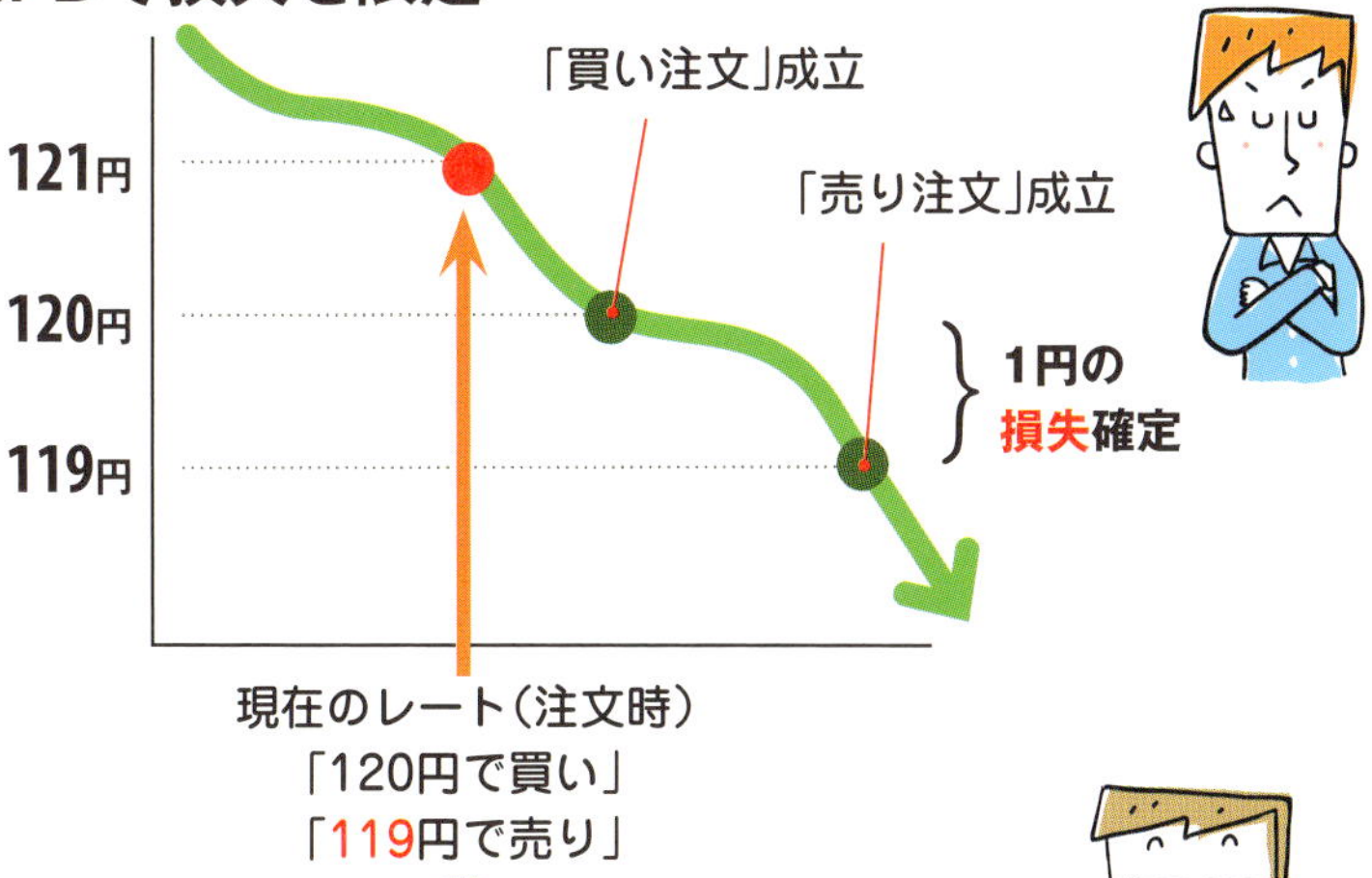

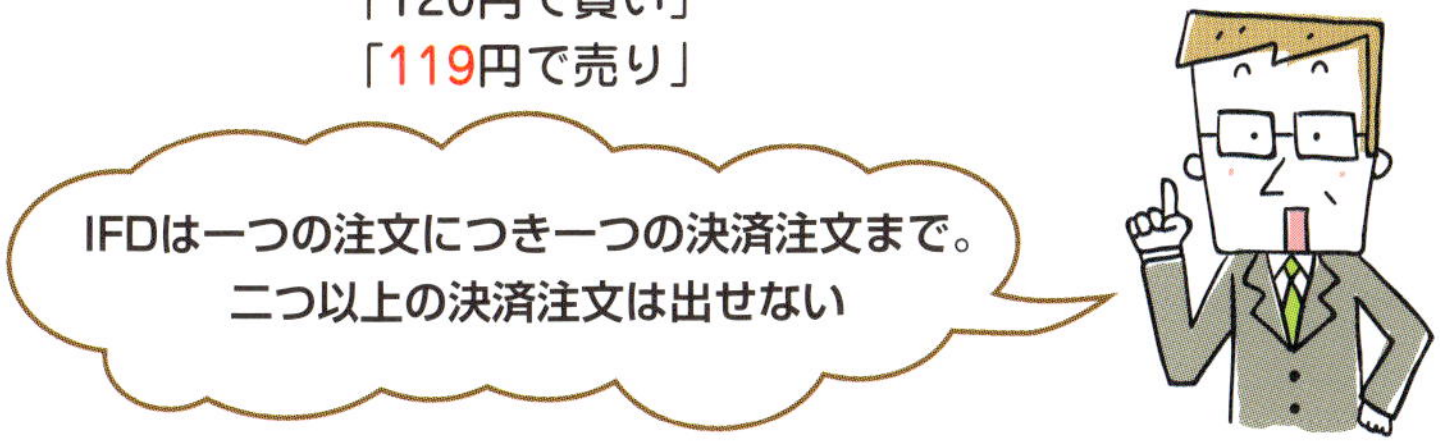

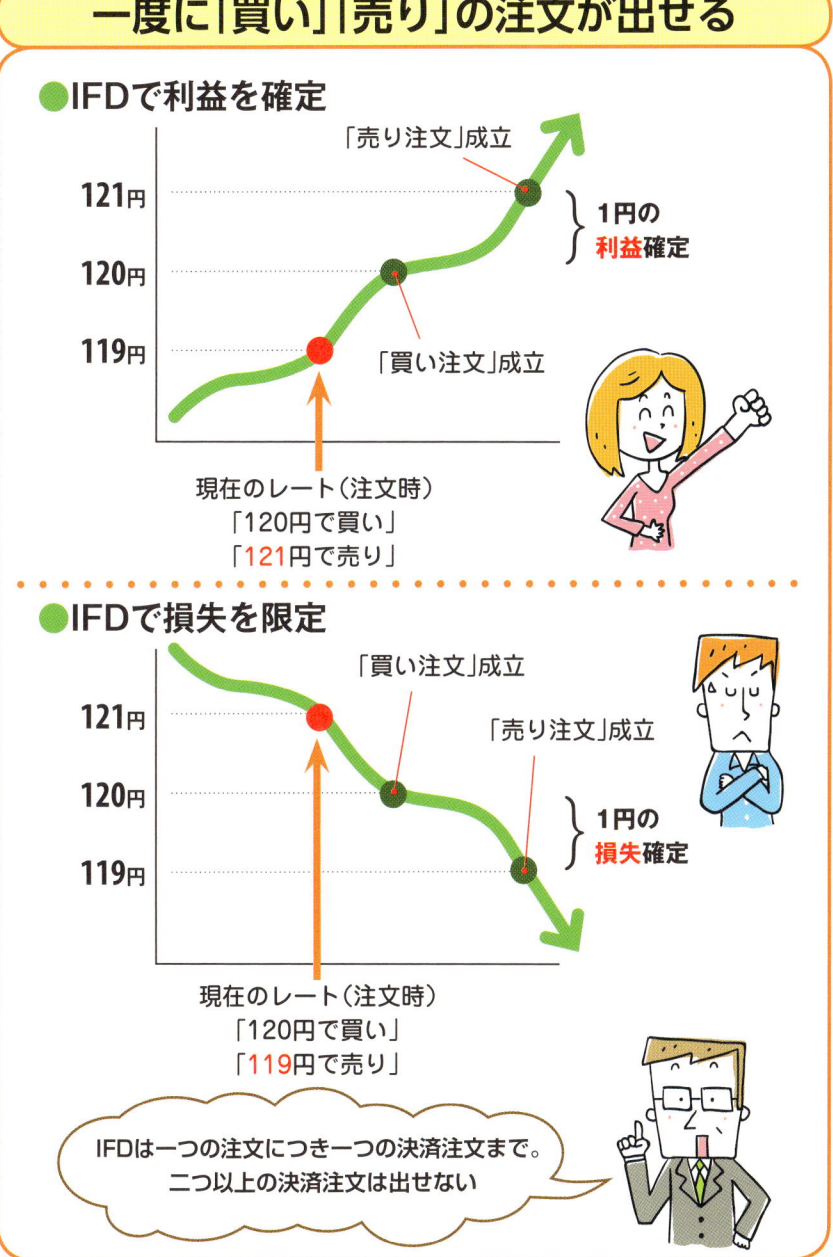

の手順（SBI証券の場合）

●IFD注文のケーススタディ

・取引額：5万米ドル

・現在のレート：1米ドル＝120円

・取引条件：1米ドル＝119円で買い（指値）

1米ドル＝120円50銭で売り（指値）

1 取引画面を開いたら、まず、通貨ペアを選択する

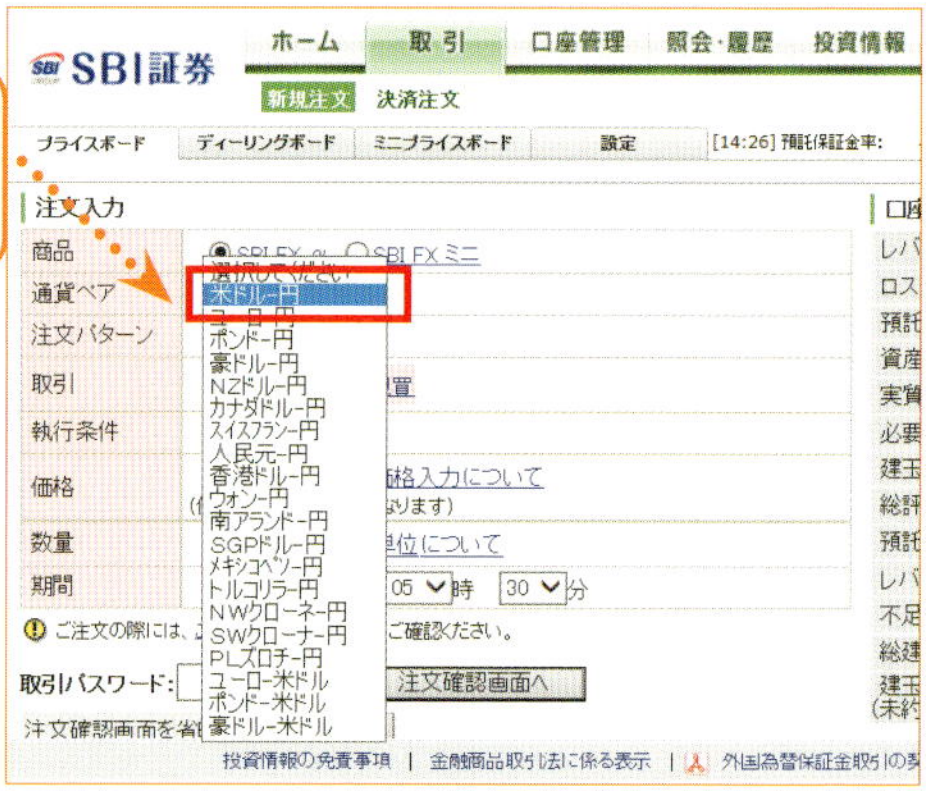

2 注文パターンで「IFD」を選択する

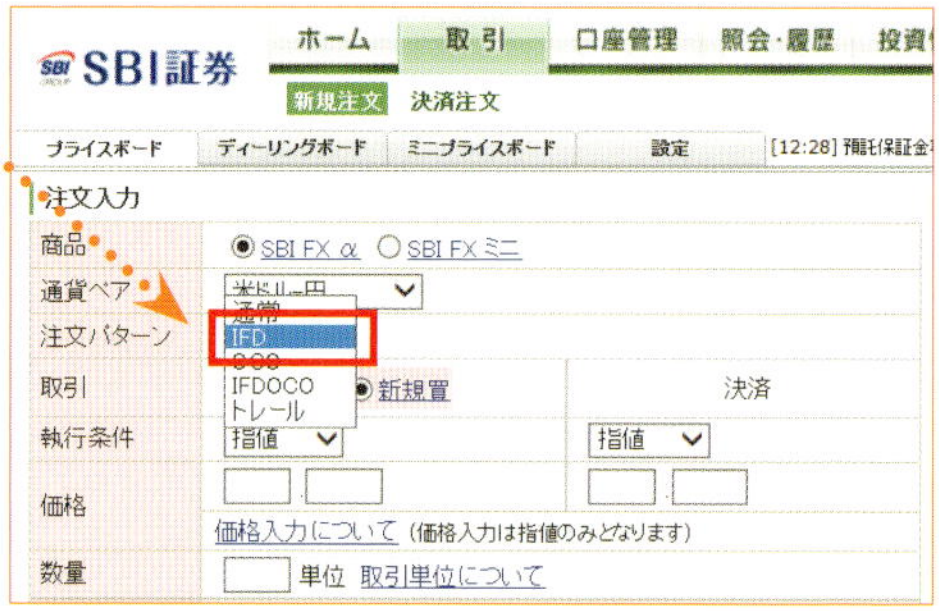

IFD注文

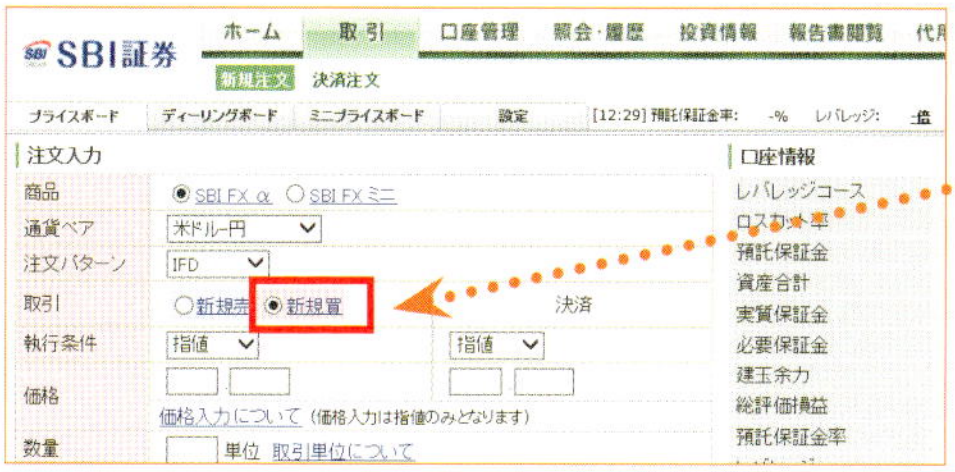

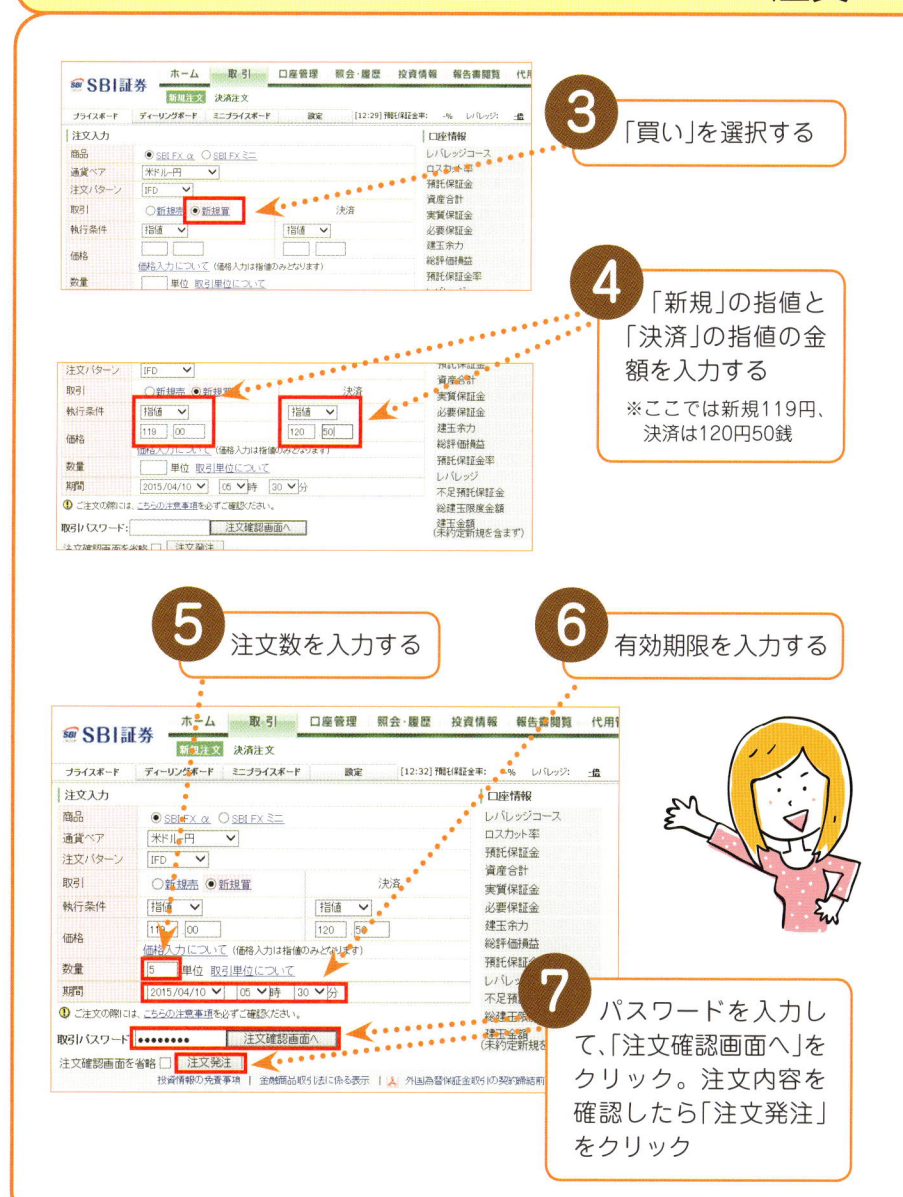

3 「買い」を選択する

4 「新規」の指値と「決済」の指値の金額を入力する

※ここでは新規119円、決済は120円50銭

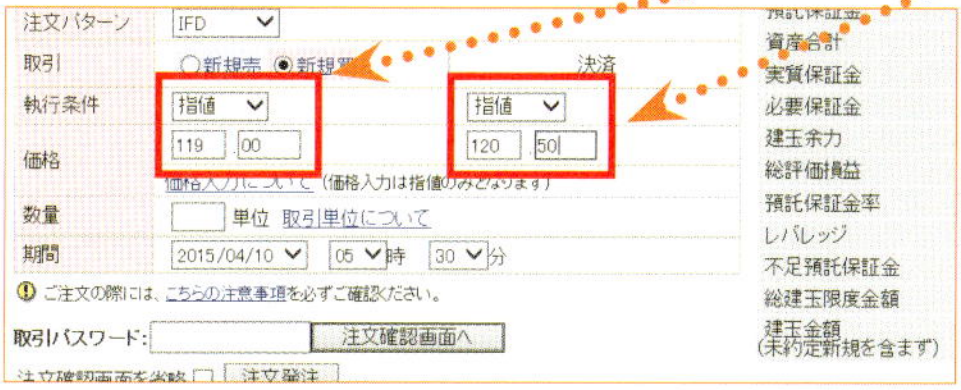

5 注文数を入力する

6 有効期限を入力する

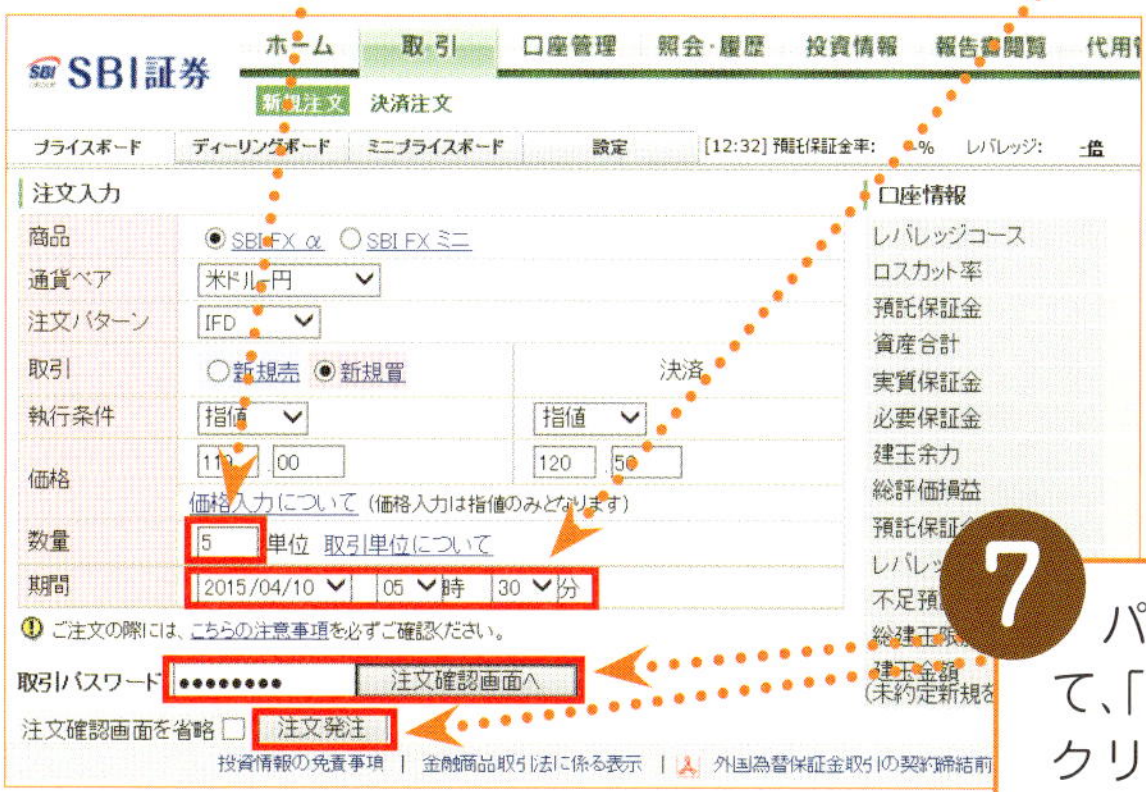

7 パスワードを入力して、「注文確認画面へ」をクリック。注文内容を確認したら「注文発注」をクリック

17

便利な注文方法②

一度に二つの注文を出す「OCO《オーシーオー》注文」

▼二つの反対の注文を出す

二つの注文を出して、一方の注文が成立したらもう片方の注文が取り消されるのが、「**OCO注文**」です。

たとえば高い為替レートになったときの「売り注文」、安い為替レートになったときの「売り注文」の二つを出し、先に該当するものが成立するという注文方法です。 この二つの注文に優先順位はありません。

たとえば1ドル＝１１８円で買いポジションがあったとします。

現在、円安が進行して1ドル＝１２０円になって2円の利益が出ています。今すぐ決済すれば2円の利益確定です。

しかし、円安がさらに進行すれば、進行した分の利益が得られません。

逆に円高になれば、利益が減ってしまう、あるいは損失をこうむってしまいます。

そこで、**「１２１円の指値の売り注文」「１１９円の逆指値の売り注文」を同時に出すのです**（前者では3円、後者では1円の利益確定になる）。これが決済注文を二つ出せるOCO注文です。

▼利益確定の値幅を広げるのも手

利益確定と損切りの値幅を同じに設定して、勝率が5割なら収支はトントンです。同じ勝率5割でも、利益確定の値幅を大きくしておけば、利益は出ます。

ワンポイント **OCO注文のメリット、デメリット**

OCO注文のメリットは、機械的に利益確定・損切りができる点。ただ、想定以上に変動が大きいとき、利益確定の利幅を変える前に、利益確定されかねない。さらに、注文の半分だけといった一部だけの決済注文ができない。

二つの注文のどちらかを成立させる

●二つのシミュレーションを想定する
（ポジションを持っているケース）

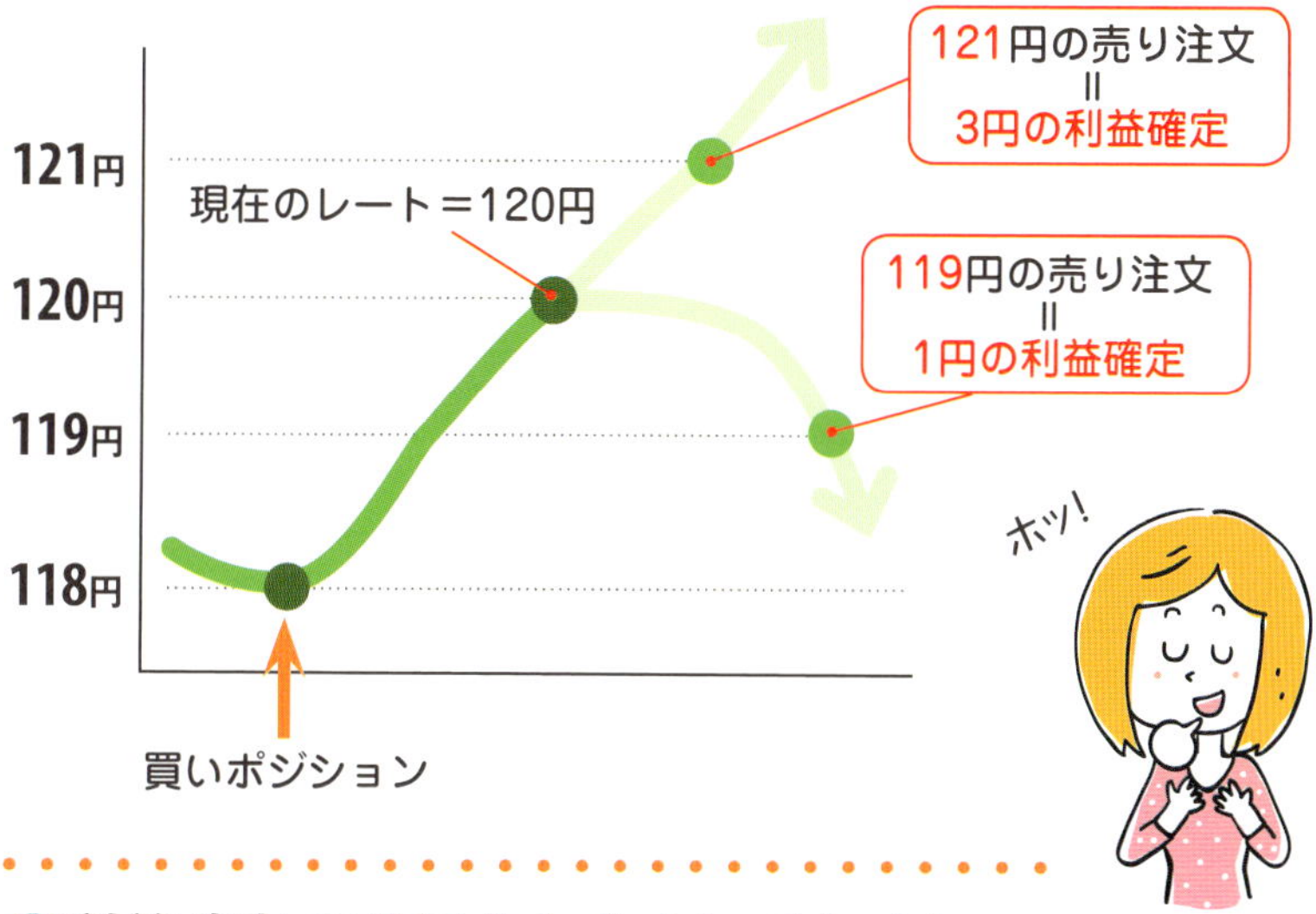

●利益確定の利幅を大きくしておくと……

1ドル＝120円の買いポジション
↗ **122**円の**売り**注文（利益確定）
↘ **119**円の**売り**注文（損切り）

10回やって5勝5敗としたら……

勝ち　（122円−120円）×5＝ **10円**………❶

負け　（119円−120円）×5＝ **−5円**………❷

❶❷のトータルで5円の利益

※ポジション：取引に参入後、そのまま維持している状態

の手順(SBI証券の場合)

●OCO注文のケーススタディ

・ポジション：5万米ドル

・買建玉：1米ドル＝123円99銭

・取引条件：1米ドル＝124円80銭で売り（指値）

1米ドル＝123円15銭で売り（逆指値）

1 通貨ペアを選択する

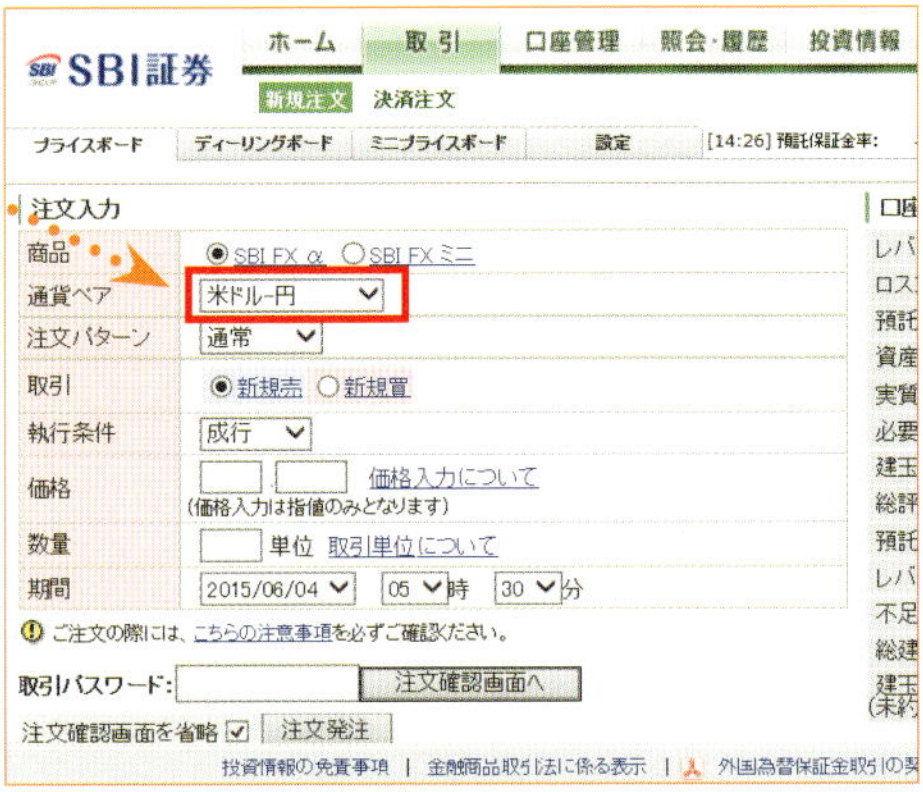

2 取引方法で「OCO」を選択する

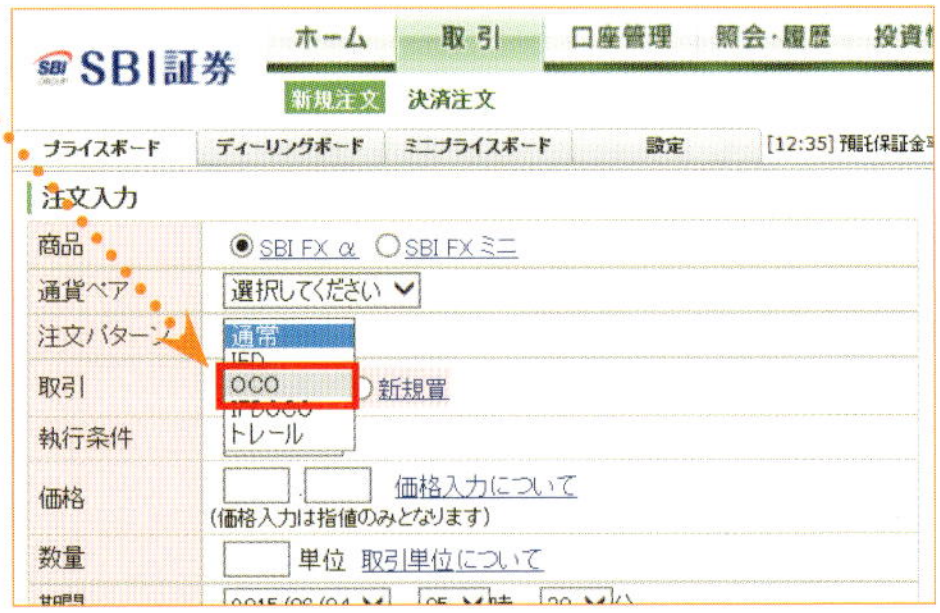

OCO注文

3 「指値」の金額を入力する

4 「逆指値」の金額を入力する

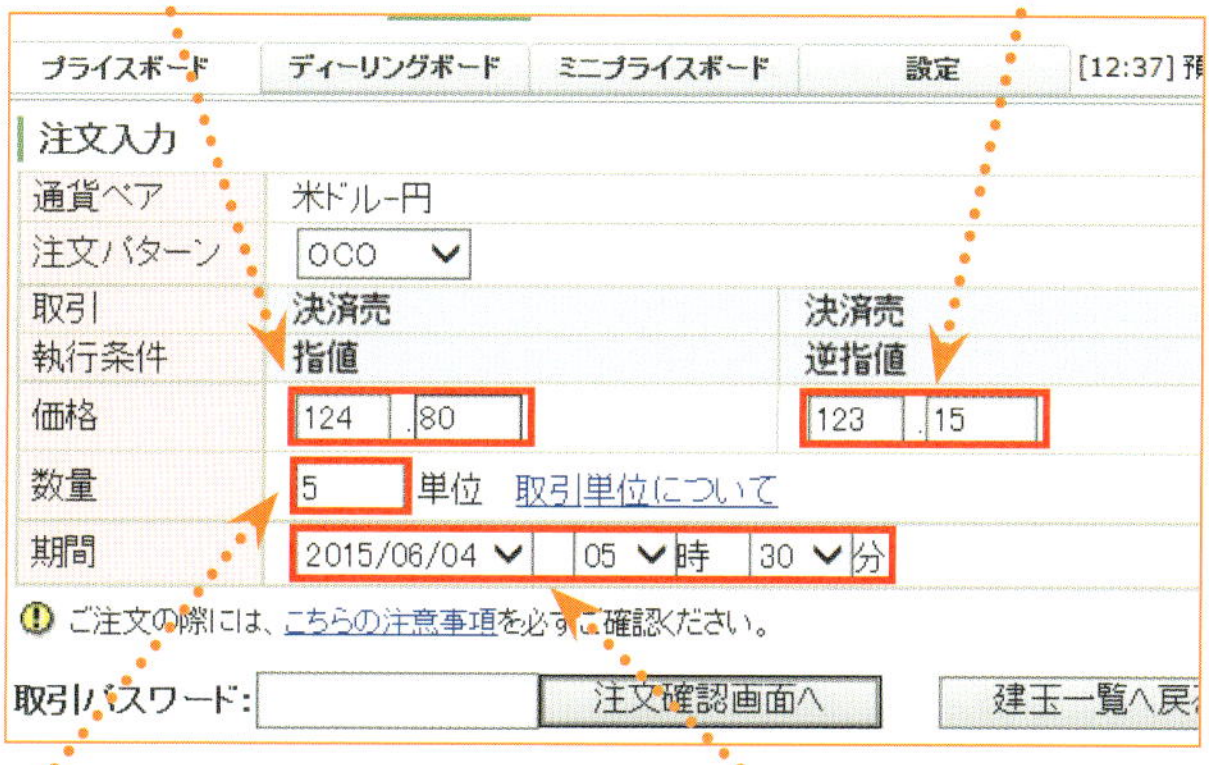

5 注文数を入力する
※この場合、「万」単位

6 有効期限を入力する

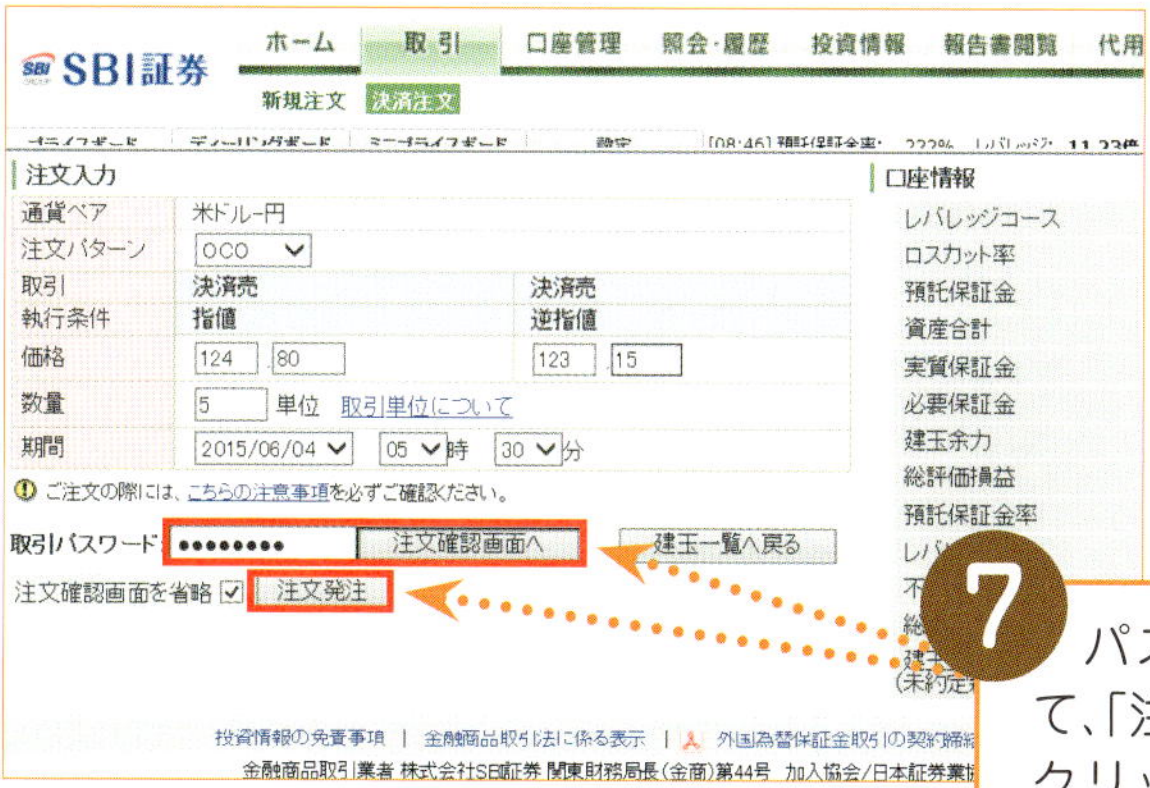

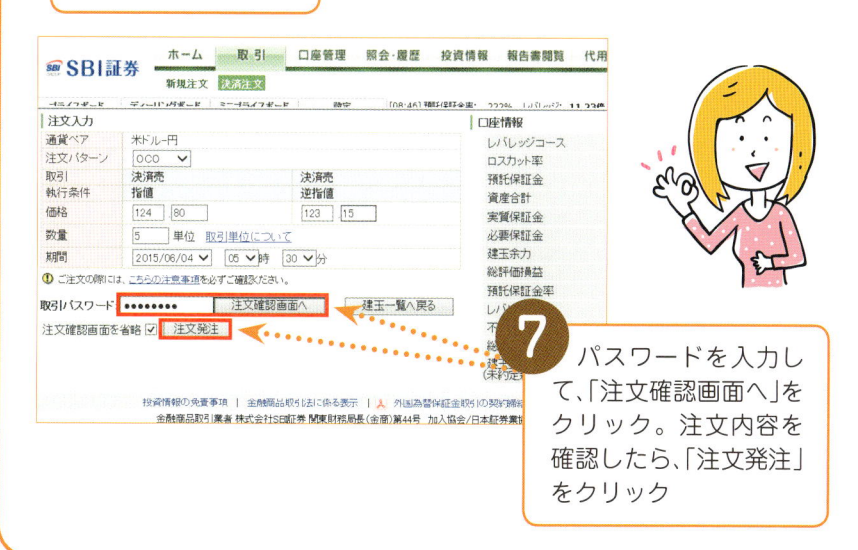

7 パスワードを入力して、「注文確認画面へ」をクリック。注文内容を確認したら、「注文発注」をクリック

ＩＦＤとＯＣＯを合わせた「ＩＦＯ《イフダンオーシーオー》注文」

一度に三つの注文を出す

ＩＦＤ注文とＯＣＯ注文を組み合わせた注文方法が、「**ＩＦＯ注文**」です。

最初の注文が成立したら、あとは自動的にＯＣＯ注文が発動するという注文方法です。

たとえば１ドル＝１１８円のとき、「１ドル＝１１７円で買い」という注文を出します。この注文が成立したときに、次のＯＣＯ注文が自動的に発動されるように設定します。

つまり、「１ドル＝１１９円で売り」という**利益確定の注文**と「１ドル＝１１６円で売り」という**損切りの注文**を同時に出せるのがＩＦＯ注文の特徴です（どちらかが成立したら、もう一方は不成立）。一度で「新規」「利益確定」「損切り」と、三つの注文ができるというスグレモノです。

投資スタイルに合わせて使おう！

これらは、しくみさえわかれば、常時、為替の動きをチェックできない投資家には、ありがたい注文ツールといえます。

しかし**注意したいのは、取引業者によって取り扱っている注文方法が異なるという点です。**

これまで紹介した三つの自動売買は、たいていの取引業者で取り扱っていますが、さらにもっと複雑な注文方法を取り扱っている業者もあります。投資スタイルに合った方法を選択しましょう。

ワンポイント　どの注文方法を選択すべきか？

どの注文方法がいいかは、その投資家の投資スタイルや生活スタイルによって変わってくる。また、投資資金に対してどこまでリスクを取れるかによっても損切りの水準は変わる。初心者は、なるべく早めに損切りしたい。

三つの注文が同時に出せるIFO注文

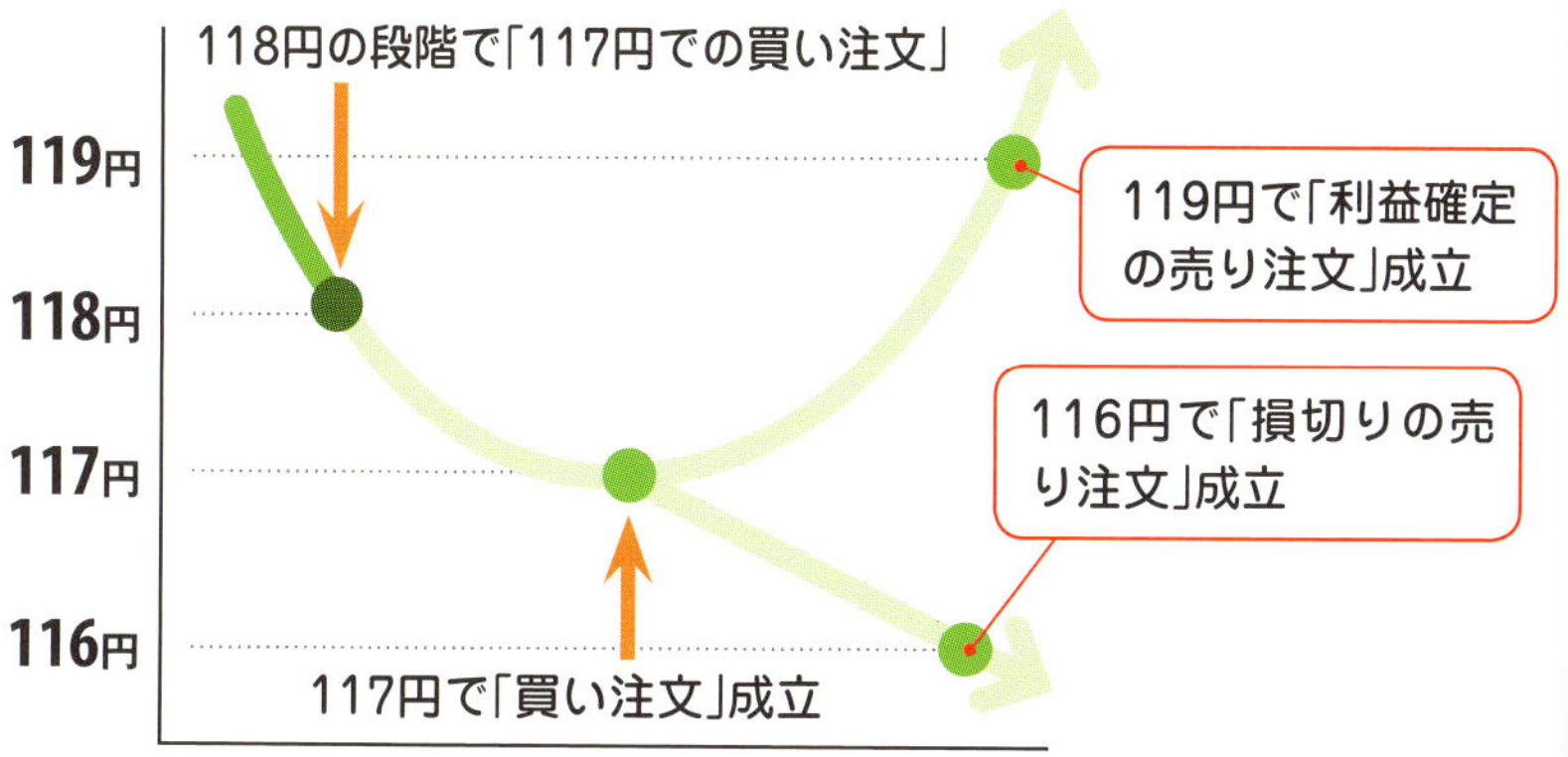

上記のIFO注文の内訳はこうなる！

❶1ドル＝117円で1万ドル買い

↓

❷1ドル＝119円になったら売り　→　利益確定売り
❸1ドル＝116円になったら売り　→　損切り売り

❶1ドル＝117円
117（円）×10,000（ドル）＝1,170,000（円）

❷1ドル＝119円では……
119（円）×10,000（ドル）＝1,190,000（円）
1,190,000（円）－1,170,000（円）=20,000（円）
……**2万円の利益確定**

❸1ドル＝116円では……
116（円）×10,000（ドル）＝1,160,000（円）
1,160,000（円）－1,170,000（円）＝－10,000（円）
……**1万円の損切り**

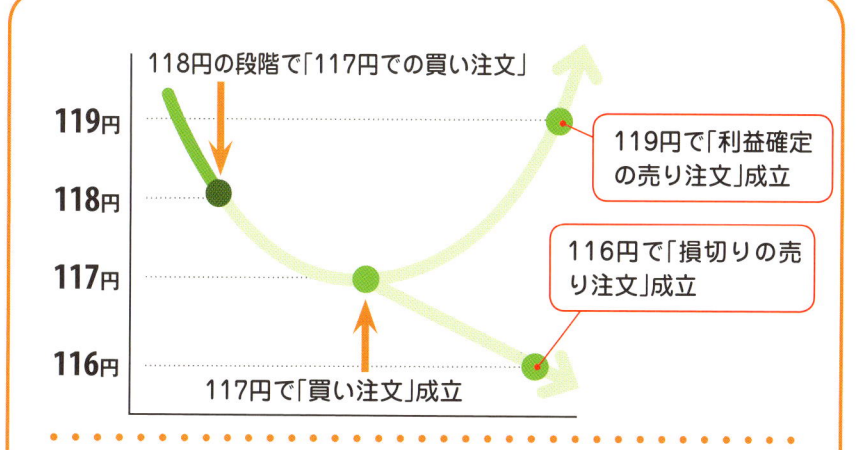

の手順(SBI証券の場合)

●IFO注文のケーススタディ

・取引額：5万米ドル

・現在のレート：1米ドル＝120円50銭

・取引条件：1米ドル＝120円で買い（指値）

1米ドル＝121円で売り（利益確定の指値）

もしくは

1米ドル＝119円50銭で売り（損切りの逆指値）

1 通貨ペアを選択する

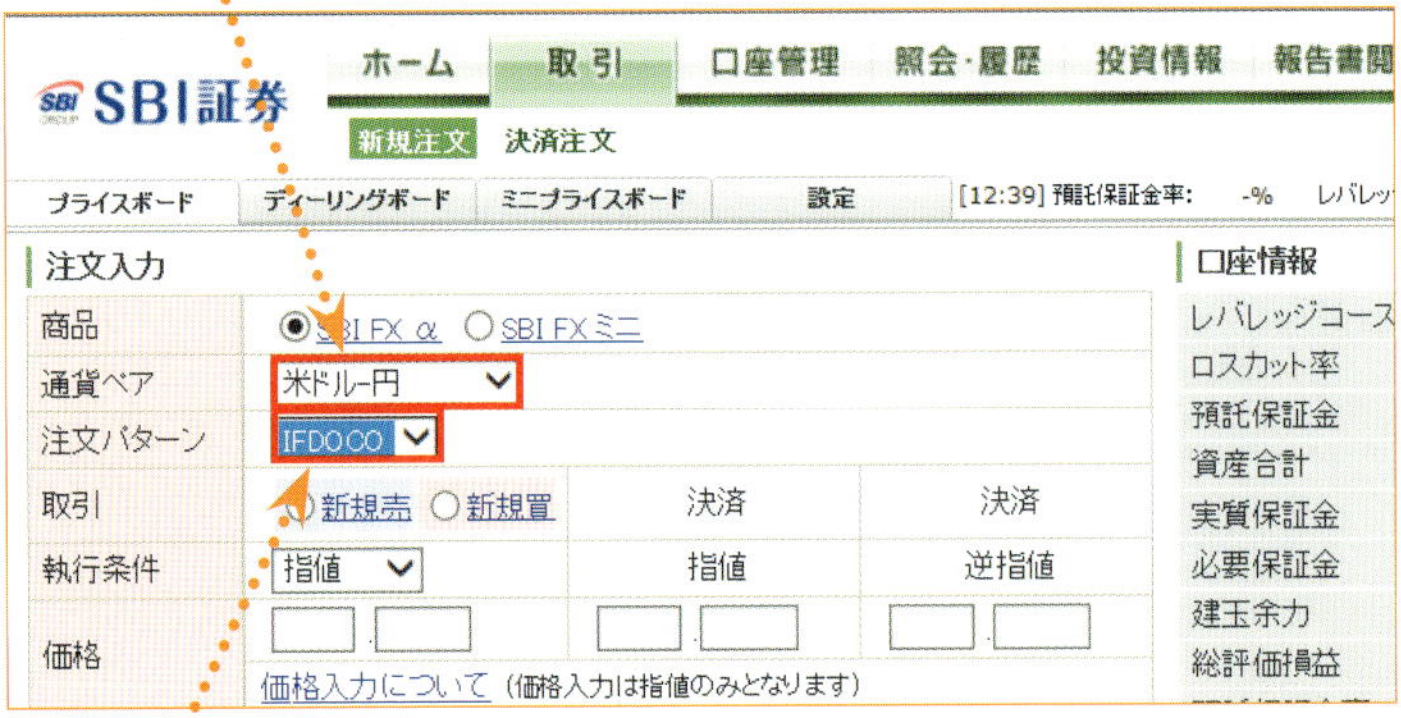

2 取引方法で「IFO」を選択する
※ここでは、IFDOCO

IFO注文

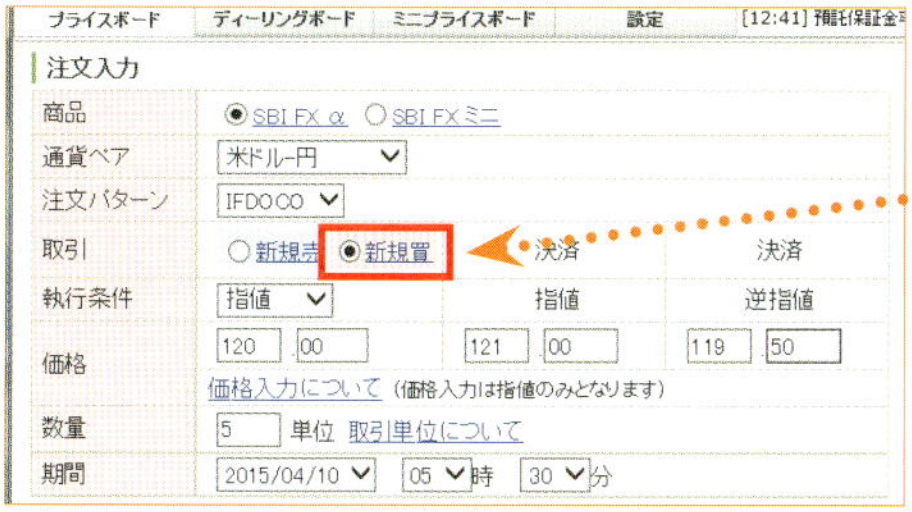

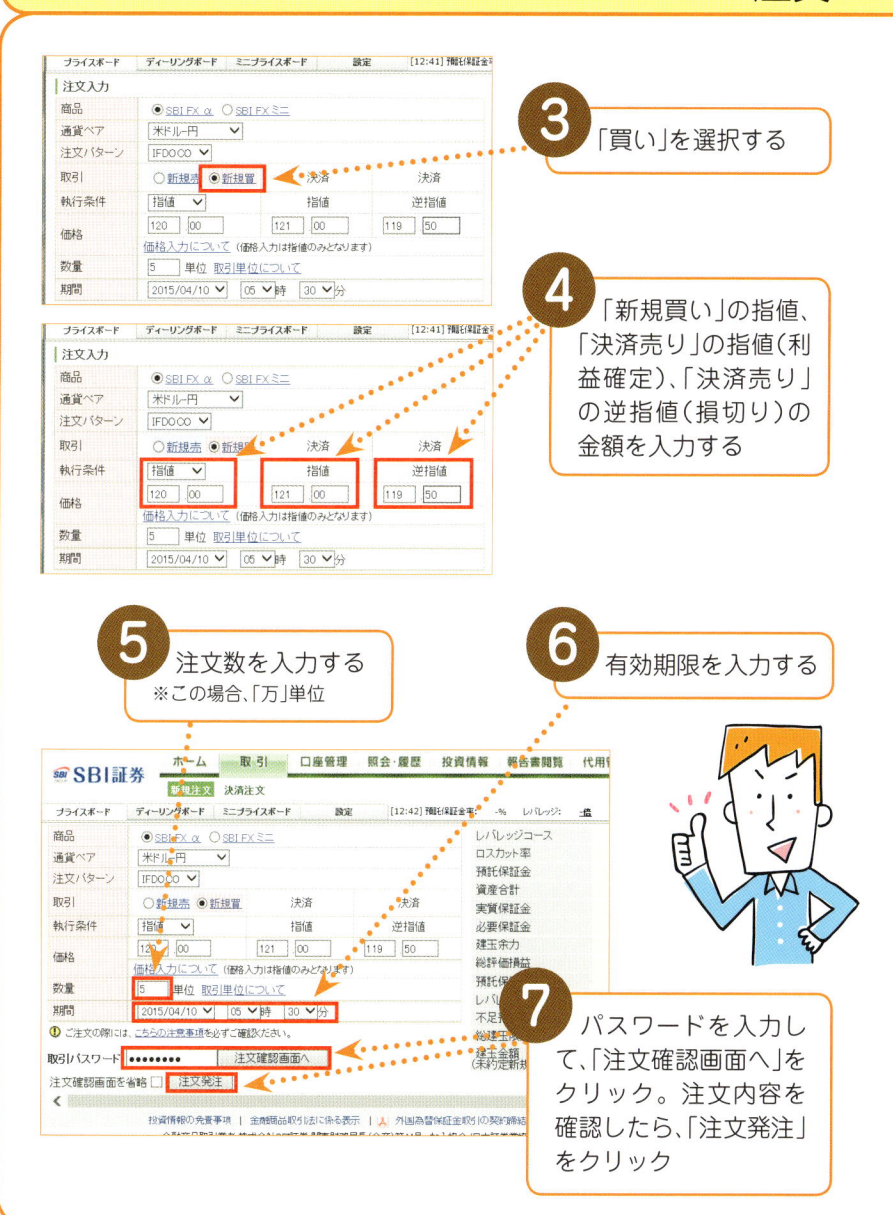

3 「買い」を選択する

4 「新規買い」の指値、「決済売り」の指値（利益確定）、「決済売り」の逆指値（損切り）の金額を入力する

5 注文数を入力する
※この場合、「万」単位

6 有効期限を入力する

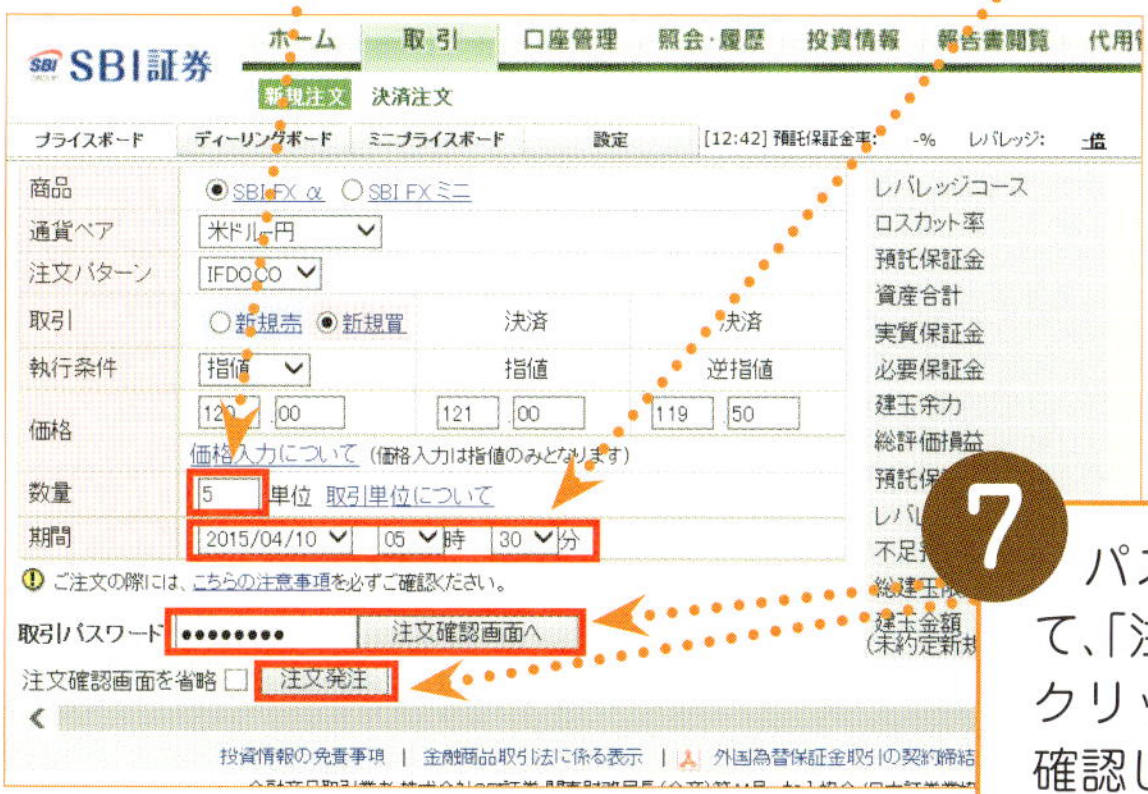

7 パスワードを入力して、「注文確認画面へ」をクリック。注文内容を確認したら、「注文発注」をクリック

Column

設定しておきたい“損切り”

外国為替には、比較的きれいなチャートを描く傾向があるようです。株式の場合、対象となる銘柄を取り巻く経済環境だけでなく、ごく一部の投資家の思惑によって株価が大きく動くケースが多々あります。とくに時価総額（取引額）の小さい銘柄ほど、わずかな取引で大きく動きます。

しかし外国為替には、世界中の投資家が多数参加します。さらに貿易の決済に使う商社や旅行関連会社も参入してきます。

このように、あまりに膨大な資金が流入するので、かえってファンダメンタルズ（Part3参照）に素直に反応する傾向もあります。

そのため、**一方向に動き出すと、そのトレンドはしばらくつづく**のです。ポジションを持ったあと、思惑と反対方向に動き出すと、損失は大きな額になりがちです。しばらくチェックできないときには、対策として、自動売買で自ら損切りを設定しておく方法があります。

為替は一方向に動きやすい

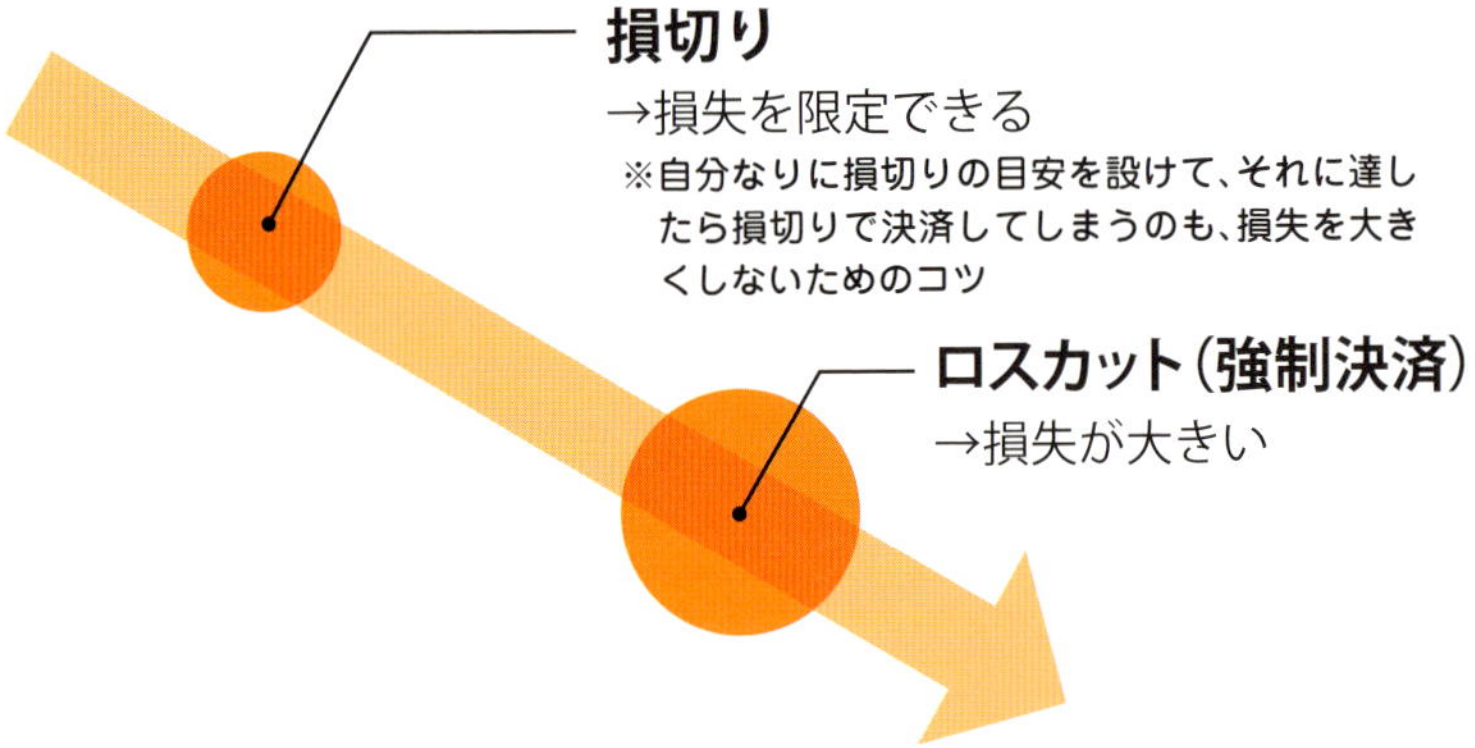

損切り
→損失を限定できる
※自分なりに損切りの目安を設けて、それに達したら損切りで決済してしまうのも、損失を大きくしないためのコツ
ロスカット（強制決済）
→損失が大きい

Part 3

こんなとき通貨は動く

経済状況からトレンドをつかもう

Currency Fluctuates

19

為替が動くとき①

ファンダメンタルズ分析とは

▼経済状況が大きく影響する

ＦＸで利益を得るには、為替の動きを予測しなければなりません。それには、なぜ為替が動くのかを知っておく必要があります。

為替は、その通貨を発行する国家の経済などの状況によって動きます。この経済の基礎的条件をファンダメンタルズといいます。**景気動向や金利などを分析して為替の動きを探る作業**を「**ファンダメンタルズ分析**」と呼びます。

経済が強い国、あるいは景気がいい国の通貨は高くなる傾向にあります。逆に景気が悪くなったり、政情不安になったりすれば通貨は安くなる傾向にあります。

▼大きなトレンドをつかむ

ここで注意しなければならないのは、為替を動かす経済的要素は複数あるということです。経済指標は数多くあり、それらが複雑に組み合わさって動きます。

もう一つ注意しなければならないのは、ファンダメンタルズ分析は、**大きなトレンドを読むのにはふさわしい半面、目先の動きを追うのには向かない点です。**とくに超短期で売買するスキャルピングやデイトレードでは、Ｐａｒｔ４で紹介するテクニカル分析のほうが、より重要性を増します。

ただ、一つの経済指標の発表でトレンドが大きく変わることもあるので無視できません。

ワンポイント ファンダメンタルズ分析のメリット、デメリット

為替を動かすファンダメンタルズは、株式投資と比較した場合、じつは数少ない。それだけに一つひとつの経済指標が為替に与える影響は大きい。ただし、中立要因であれば、為替はまったく反応しないことも。

通貨は「経済環境」で動く

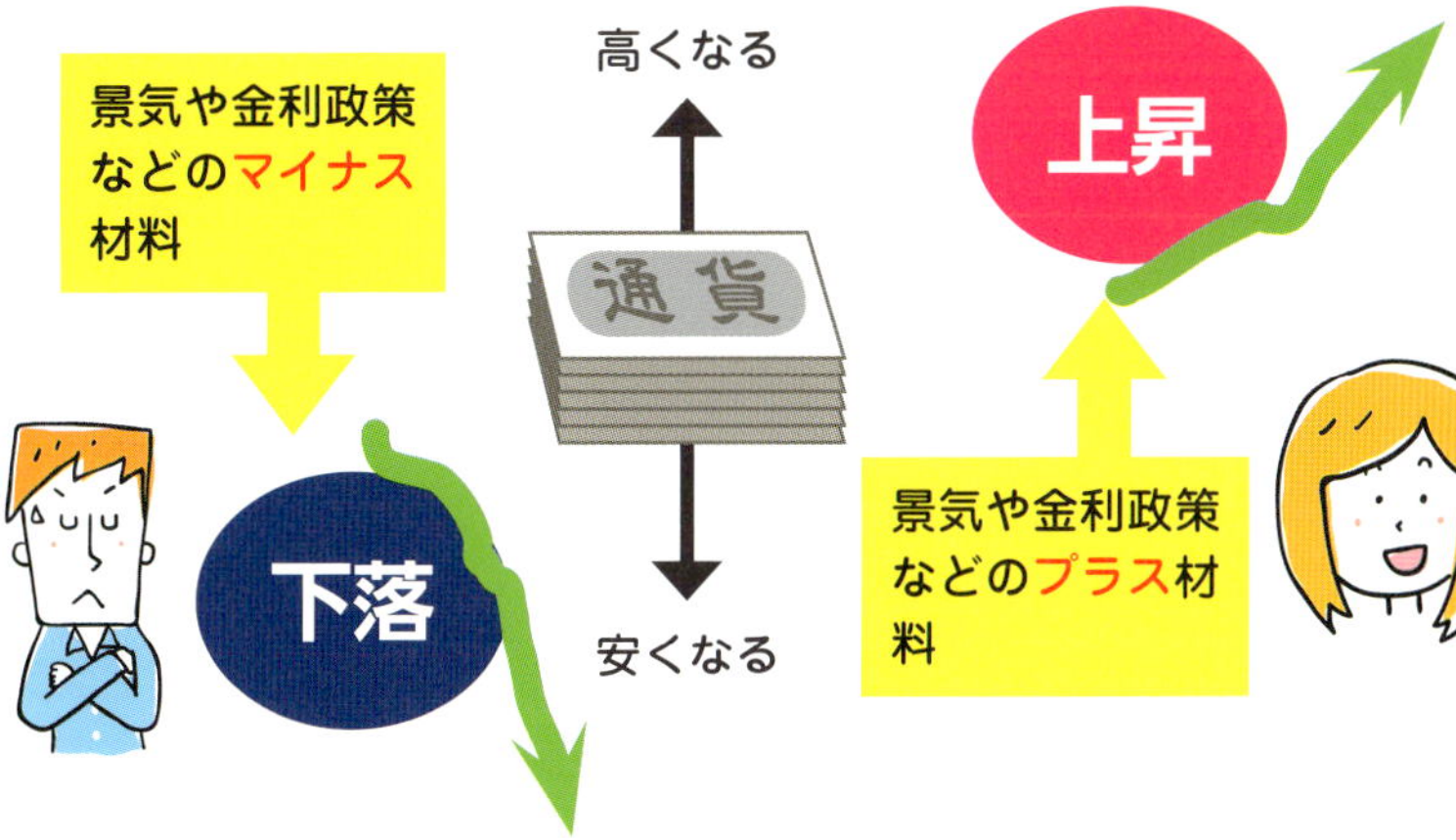
景気や金利政策などのマイナス材料
下落
高くなる
通貨
安くなる
上昇
景気や金利政策などのプラス材料

ファンダメンタルズで動く為替

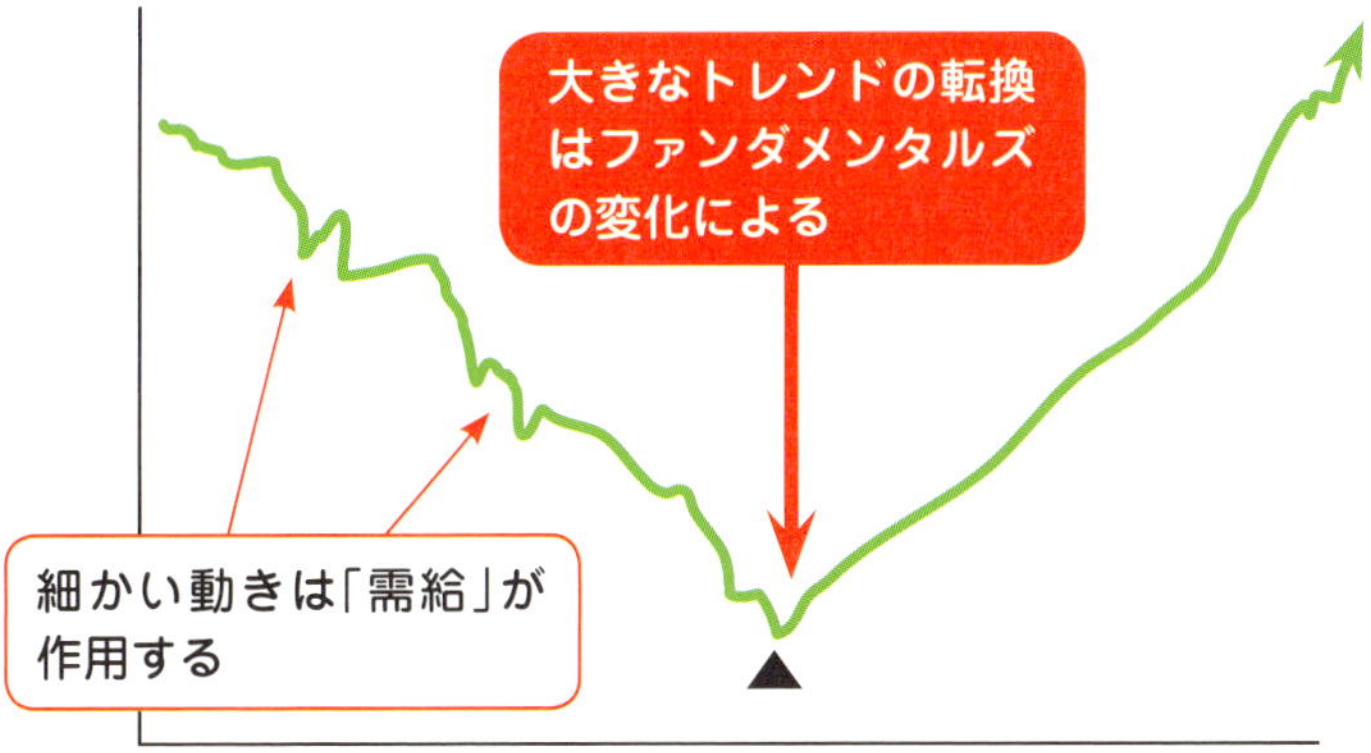
大きなトレンドの転換はファンダメンタルズの変化による
細かい動きは「需給」が作用する

為替は
国家の経済状況で
大きく動く

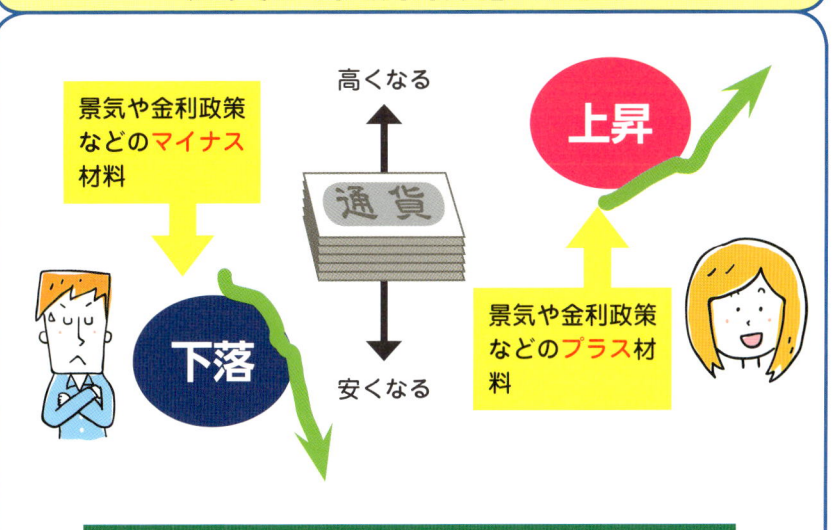

為替が動くとき②

なぜ通貨の価値は変わるのか

▼通貨の価値を変える要素

商品の価格は需給で決まります。その商品が欲しいという人が増えれば、価格は上昇し、欲しいという人が少なければ価格は下がります。同様に、**ある国の景気がよく、その国に投資したいという人が増えれば、その国の通貨を必要とする量も増えて、通貨の価格は上昇します。**

また景気が悪くなったり、国力が落ちたりすれば、その国の通貨は敬遠され、価格は下がってしまいます。

通常、為替を左右する要素としては ①景気 ②金利 ③地政学リスク ④原油などの商品価格 ⑤政治の安定度 などが挙げられます。

なかでも景気動向には、国内総生産（GDP）や失業率、貿易収支などが大きく関わります。

▼金利と通貨高は連動する

ただし、「通貨が高くなる」「通貨が安くなる」のは、**二国間の関係によります。**

たとえばA国の景気がよかったとしましょう。しかし、B国がそれを上回る景気のよさであれば、B国通貨はA国通貨に対して上昇することになります。

これは金利についても同じことがいえます。

金利が上昇すれば一般に通貨は高くなる傾向にあります。しかし、金利が高くても、それ以上に相手国の金利が上昇すれば、相対的に通貨の価格は下がります。

用語解説　地政学リスク

テロや戦争、財政破綻などから生じるリスク。原油価格の上昇など経済的な混乱を招く。2001年のアメリカ同時多発テロでニューヨークの株式が急落したことが、その一例。最近では「有事の円買い」の傾向が強い。

なぜ通貨の価値は変わるのか

オリンピック開催が決まったＡ国。国内インフラ整備など、内需が拡大し景気が上向く。
海外から資金も流入。Ａ国政府は景気の過熱感を抑えるため、金利を引き上げる。
さらに資金が流入し、Ａ国通貨は上昇！

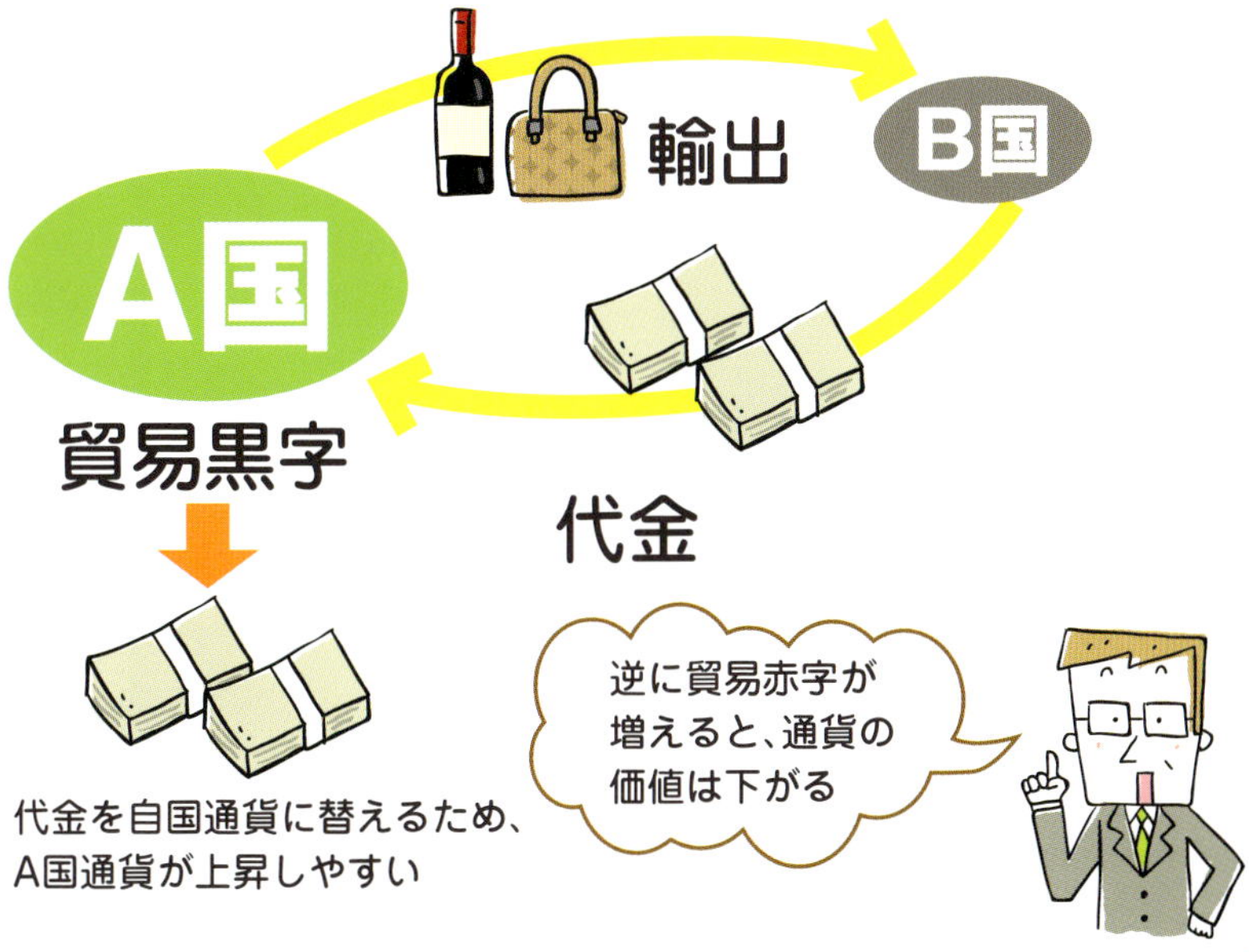

21

為替が動くとき③

金利が上がれば通貨は上昇傾向

▼金利が上がると一般に通貨も上がる

「金利を引き上げる・引き下げる」という金利政策は、各国政府が行なっています。

　景気が悪くなれば、市中に出回るお金の量が減ります。そこで金利を下げることによって、市中に出回るお金の量を増やし、景気刺激策とします。

　好景気がつづくと、消費や投資に過熱感が出てインフレ懸念が生じます。そのため金利の〝引き上げ〟を行なうことによって、市中に出回るお金の量を減らしてインフレ懸念を抑え込みます。

　金利が上がるとどうなるか。**金利が低いA国からすれば、金利が高いB国は投資先として魅力的になります。**B国の銀行に預金すればより高い利息が得られるからです。そのため金利が高いB国の通貨の価格が上昇するのです。

▼金利が高いと利息も魅力的

　既出のとおり、金利の「高い」「低い」は二国間の相対的な関係によります。

　金利がより高い国に通貨は流れがちになります。

　スワップポイント（24ページ参照）も、金利が低い通貨を売って、**金利が高い通貨を買えば、その金利差分だけの利息がつきます。**

　金利がより高い国の通貨が買われやすい理由が、そこにもあります。

ワンポイント インフレと景気の関係

好景気によるインフレなら、金利引き締めで利上げを行なうので、通貨高につながる。一方、原材料高騰や国家財政の不安定化に起因するインフレなら、通貨は売られやすくなる。さまざまな要因が絡むので注意！

金利と為替の関係

●金利が上がると通貨高になるワケ

金利上昇 ＝ 通貨高

A国

買われる量が増える！

A国に投資すれば、
より高い利息がもらえる！

●金利差に目をつけてスワップポイントをねらう

C国 ＜ A国 ＜ B国

A国より
金利が低い

A国より
金利が高い

- ●C国の通貨を売って、A国の通貨を買う
- ●A国の通貨を売って、B国の通貨を買う
- ●C国の通貨を売って、B国の通貨を買う

経済的な発展が遅れている国・地域の通貨の金利は高い傾向にある。そのため、「金利が上がった（下がった）」ときの一時的なニュースで資金の移動が起きやすい（＝通貨の変動が起きやすい）

円の動きを左右する経済指標

▼金融政策に注目！

為替を動かす金利政策はどうやって決定されるのでしょうか。金融当局は、さまざまな経済指標を見ながら景気判断を行ない、金利やマネーサプライ（通貨供給量）の調整といった金融政策を行ないます。

為替市場は発表される経済指標にも左右されて動きます。そこで各国が発表する景況感調査に注目したいところです。

日本でいちばん影響が大きい経済指標に、日本銀行が発表する「**全国企業短期経済観測調査（日銀短観）**」があります。四半期（3か月）ごとに発表され、為替に大きな影響力を持ちます。

ほかにも注目したい経済指標に、「**景気動向指数**」（内閣府発表）「**国内総生産（GDP）**」（内閣府発表）「**鉱工業指数**」（経済産業省発表）などがあります。

▼輸出入の差で為替も動く

経済指標のほかに貿易収支も為替に影響を与えます。**貿易収支は輸出額と輸入額の差**で、輸出が輸入を上回れば「貿易黒字」、輸入が輸出を上回れば「貿易赤字」となります。

貿易黒字が膨らめば、海外から流入した外貨を自国通貨に替えなければならず、自国の通貨が買われる結果となります。そのため**貿易黒字は自国の通貨高につながる**のです。

ワンポイント 経済指標の入手法

為替に影響を与える経済指標は、発表元である官公庁などのホームページで確認できる。さらに重要指標の発表のときは、多くのＦＸ取引業者が事前に告知する。事前の予想と併せてチェックしたい。

この経済指標をチェック！（日本の場合）

事前の市場予想との乖離《かいり》が重要!!

経済指標の発表では、一般的に景気にプラスであれば、通貨高となる。ただし、注意したいのは市場の事前予想との乖離がプラスなのかマイナスなのか、また、その程度によること。景気にプラスという指標が発表されたとしても、市場の事前予想の数値を下回っていれば、通貨安となる。

景気動向指数

発表元	内閣府
発表日	毎月

産業・労働・金融といった経済活動における指数動向をもとに算出する。

景気に先行して動く「先行指数」、ほぼ一致して動く「一致指数」、遅れて動く「遅行指数」などがあり、景気が今後どうなるかが予測できる。

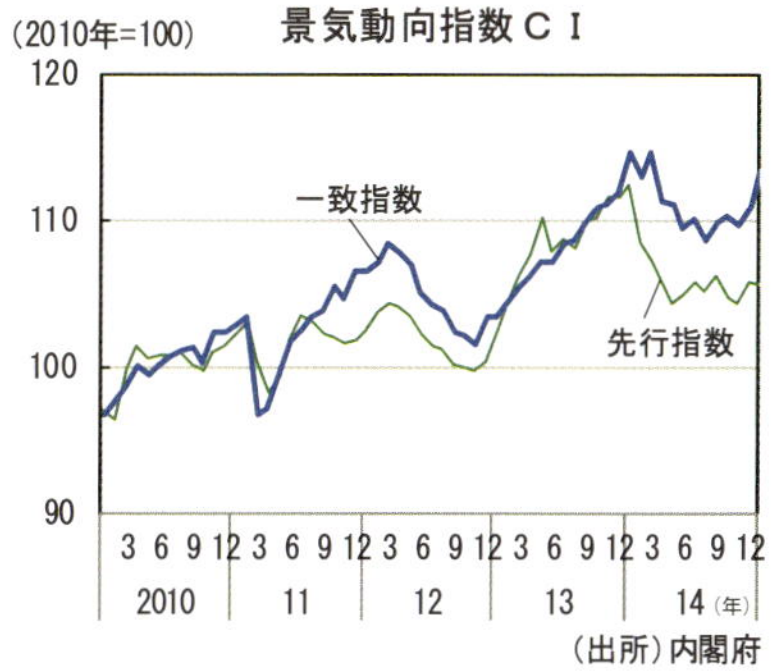

（出所）内閣府

国内総生産（GDP）

発表元	内閣府
発表日	年１回（速報値は3か月ごと）

国内で新しく生産された付加価値（商品・サービス）の総額。この伸び率がそのまま経済成長率となる。

速報値とはだいたいの目安で発表する数値。値が確定後に発表するのが確報値（確定値）。

（出所）内閣府　（注）季調値

チェック！（日本の場合）

鉱工業指数

発表元	経済産業省
発表日	毎月

鉱業と一部製造業の生産量を指数としてまとめた数値。およそ600品目の鉱工業製品について1か月ごとの生産量を調査。

製造数が増えれば指数は高くなり、景気が上向いたと判断される。

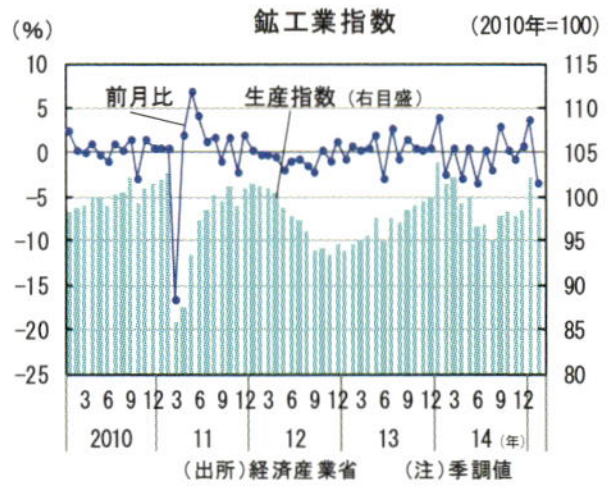

景気ウォッチャー調査

発表元	内閣府
発表日	毎月

タクシー運転手やコンビニ店員、娯楽産業の店員といった、景気に敏感な産業に従事している人を調査。3か月前と比べた景況感を5段階評価で回答してもらう。

鉱工業指数に比べ、3か月ほど先行するといわれている。

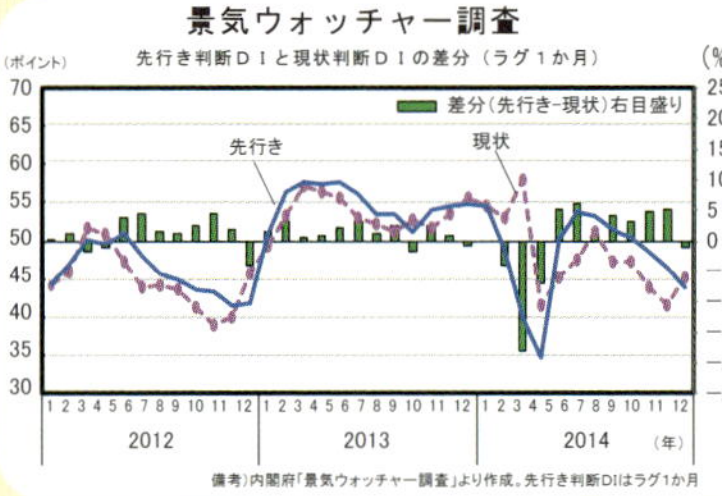

有効求人倍率

発表元	厚生労働省
発表日	毎月

仕事を探している人、一人あたりに何件の求人があるかを示す指標。求人倍率が1倍を割っているということは、仕事を探している人の数に求人数が追いついていない状況。

有効求人倍率が高くなれば、景気にプラスと見て通貨高へ。

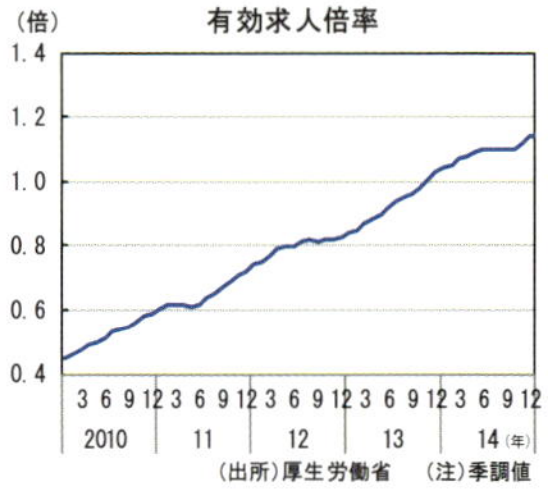

この経済指標を

全国企業短期経済観測調査（日銀短観）

発表元	日本銀行
発表日	４月・７月・10月の上旬、12月中旬

日銀の金融政策担当者が、企業の経営者に景況感を問い、その調査結果をまとめたもの。「売上高」「雇用者数」「借入金」といった計数調査のほか、「設備投資」「在庫調整」といった細かい調査まで行なう。

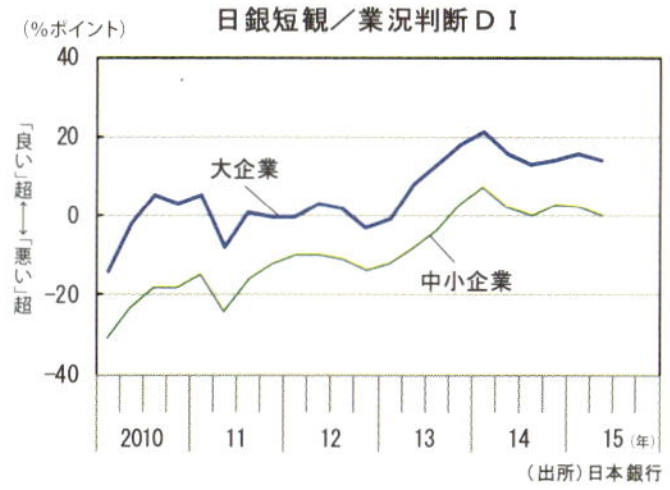

消費者物価指数

発表元	総務省
発表日	毎月

小売価格の変動を指数化したもの。小売物価統計調査の小売価格の平均から個別の指数を作成、家計調査と併せて全体の指数を算出。

国民の生活水準を示す指標でもある。上昇すると好景気と判断されてプラス要因。

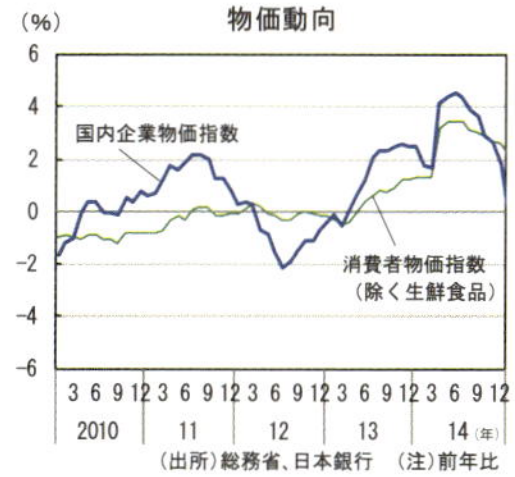

完全失業率

発表元	総務省
発表日	毎月

労働力人口のうち、完全失業者が占める割合。全国およそ4万世帯をサンプル調査して求める。労働力人口は15歳以上の従業者、休業者、完全失業者を合わせた数値。完全失業者は、「仕事する意欲はあるが、仕事がない人」をいう。失業率が下がれば景気にプラスと判断されて通貨高へ。

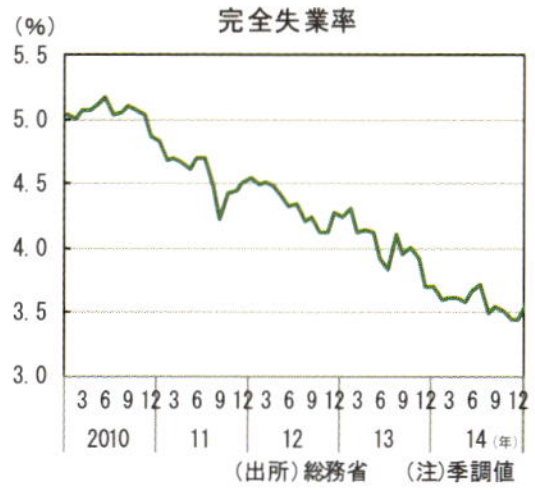

23

為替が動く出来事（日本）

円の強いときと弱いとき

▼大幅な金融緩和で円が下落

２０１３年４月、日本銀行総裁に就任して２週間目の黒田東彦《はるひこ》総裁は、「量的・質的金融緩和」を発表しました。

デフレ脱却を目標に掲げた金融緩和の内容は、２年間で前年比２％の物価上昇を目指すもので、市場に供給するお金の量（マネタリーベース）を倍増させるというものでした。

前年に発足した安倍政権の「大胆な金融緩和を」という要請に基づくもので、市場の予想を大幅に超える大胆な金融緩和でした。いわゆるアベノミクスの一環です。

このサプライズで、ドル－円は２円以上も円安に振れました。それまで1ドル＝90円台前半だった為替は、ここから**円安傾向に振れたのです**。

10年債利回りは史上最低水準を更新し、市場に出回るお金の量が増えることで、円の下落が始まったのです。

▼追加の金融緩和策で円安が進む

消費増税の影響で景気回復が正念場を迎えた２０１４年11月、日本銀行は、さらなる金融緩和を発表し、市場に衝撃を与えました。

マネタリーベースを年10兆～20兆円増やす、長期国債の買い入れ量も増やすというものでした。

この結果、１ドル＝１１４円台とおよそ7年ぶりの円安水準まで円安が進みました。

ワンポイント　ほかにもこんなとき円は動く

テロや戦争などの有事でも為替は大きく動く。かつては「有事のドル買い」といわれていたが、近年ではアメリカが紛争の当事者となるケースが多く、ドル安につながりやすい。こんなとき「円」が買われやすい（円高になる）。

円高・円安を招いた大きな出来事

為替は世界の経済状況や政局によって
動く。政情が不安定になれば、
その国の通貨は下落する傾向にある

サブプライムローン危機

2006年からアメリカで住宅購入者向けサブプライムローンの不良債権化が問題となっていた。2007年夏、住宅価格が下落し始めると、サブプライムローンの証券化商品の価格も下落。その結果、世界規模の金融危機が発生し、ドルは対円で大きく下落した。

円高
ドル安

リーマンショック

サブプライムローン問題に端を発したアメリカのバブル経済崩壊で、金融資産の暴落が発生。そのあおりを受けて2008年9月15日、アメリカ投資銀行であるリーマンブラザーズが破綻。世界的金融危機となり、円は対ドルで大幅に上昇した。

円安
ドル高

東日本大震災

大震災など大災害もその国の経済に悪影響を与えることから、通貨は下落する。2011年3月11日に発生した東日本大震災も日本経済に暗い影を落とし、円安を招いた。さらに原発が停止したことにより、火力発電をフル稼働させなければならなくなり、原油の輸入量が増えた。この結果、貿易赤字が膨らみ、円安要因となった。

為替が動く指標（アメリカ）

米ドルの動きを左右する経済指標

▼アメリカ経済で世界は動く?!

為替は二国間の通貨の交換レートの変動です。つまり海外の動向も無視できないようになっているのです。そのなかでも**アメリカ経済は、世界経済に多大な影響を及ぼします**。そこで、アメリカの経済指標にも注目したいところです。

アメリカの金融政策を決定するのは「ＦＯＭＣ（連邦公開市場委員会）」です。年8回、およそ6週間おきに委員会が開かれ、そこで金利やマネーサプライといった金融政策が決定されます。

とくに政策金利である「ＦＦレート」の水準は、為替に多大な影響を与えます。

▼事前の市場の予測もチェックする

世界中から注目されるＦＯＭＣの金融政策を左右するアメリカの経済指標には、「非農業部門雇用者数（ＮＦＰ）」「ＩＳＭ製造業景況指数」「鉱工業生産指数」「住宅着工件数」などがあります。

アメリカには、為替に影響を与える経済指標が１００はあるといわれます。とくに前述した代表的な指標に注目してください。注意しなければならないのは、**市場が事前に予想した数値と、実際に発表された数値との乖離《かいり》が重要、ということです**。乖離が大きければ大きいほど、サプライズとして為替が大きく動くのです。

用語解説 **FOMCとFFレート**

ＦＯＭＣは、アメリカの中央銀行でもあるＦＲＢ（連邦準備制度理事会）の理事７名と、各地の連邦準備銀行総裁５名で構成されている。そこで決定される政策金利であるＦＦレートはアメリカの代表的な短期金利。

この経済指標をチェック！（アメリカの場合）

日本の場合と同様、通貨の価格は、市場の事前予想に対して実際がどのくらいプラスだったかマイナスだったかにも影響されやすい（89ページ参照）。

非農業部門雇用者数（NFP）

発表元	アメリカ労働省
発表日	毎月

農業以外の産業で働く労働者の増減を数値化（ただし、経営者や自営業者の数は除外）。

月ごとの変動が大きく、また前月の数値が修正されることも多い。

（出所）マネックス証券作成

ISM製造業景況指数

発表元	全米供給管理協会
発表日	毎月

企業の景況感を示す。400人以上の購買・供給管理の責任者にアンケートをとって集計。50%を景気の上向き・下向きの分岐点にしている。

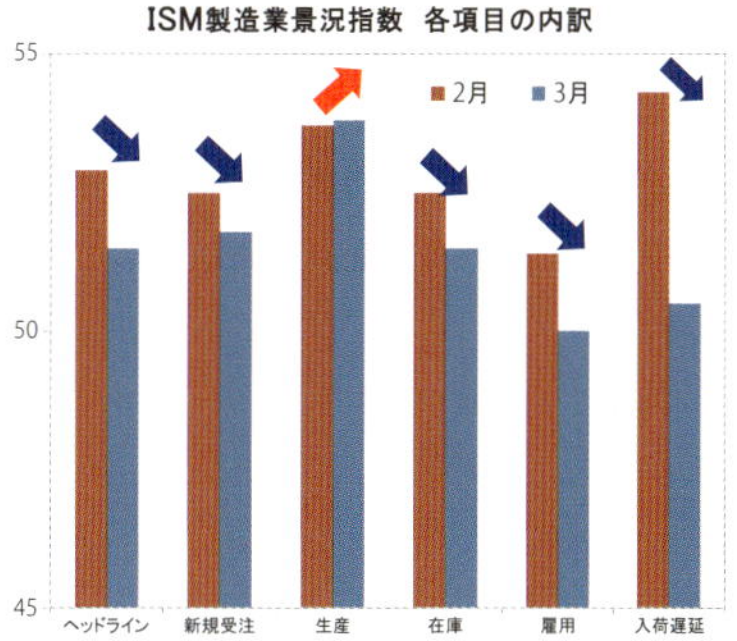

（出所）マネックス証券作成

チェック！（アメリカの場合）

鉱工業生産指数

発表元	FRB（連邦準備制度理事会）
発表日	毎月

製造業、鉱業、電力・ガスなどの実質生産を計測する指標。
ハイテクや自動車のような業種は別に分類される。

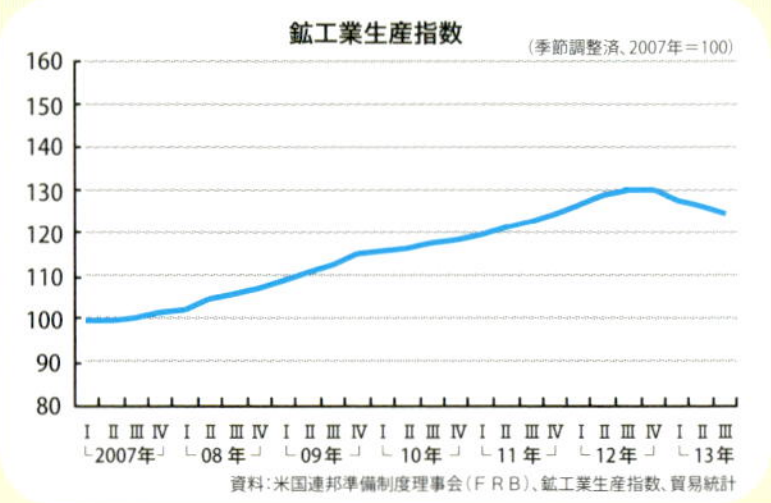

住宅着工件数

発表元	アメリカ商務省
発表日	毎月

１か月のうちに建設された新築住宅の数を示す統計。
住宅市場の動向を探るだけでなく、この数値がよいと景気がよいと判断される。

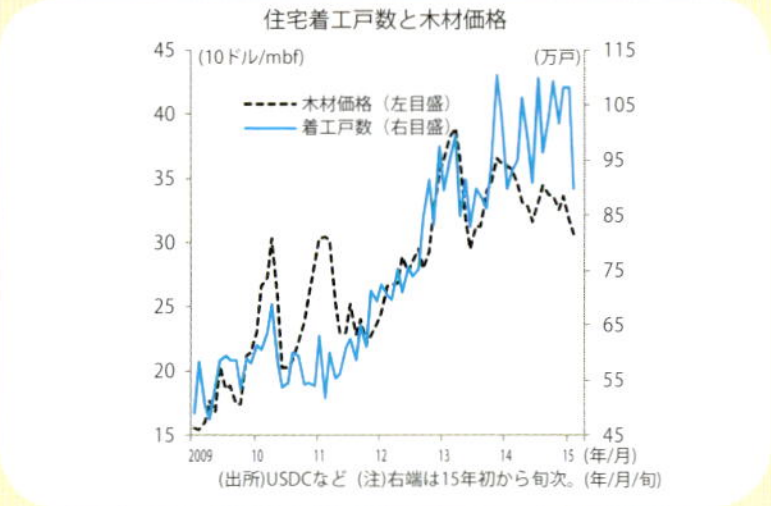

ＧＤＰ統計

発表元	アメリカ商務省
発表日	1月・4月・7月・10月

経済全体の成長率を推し量る。消費、投資、総輸出など幅広い経済分野の動向が反映される。

GDPデフレーターというインフレを推し量る数値もある。

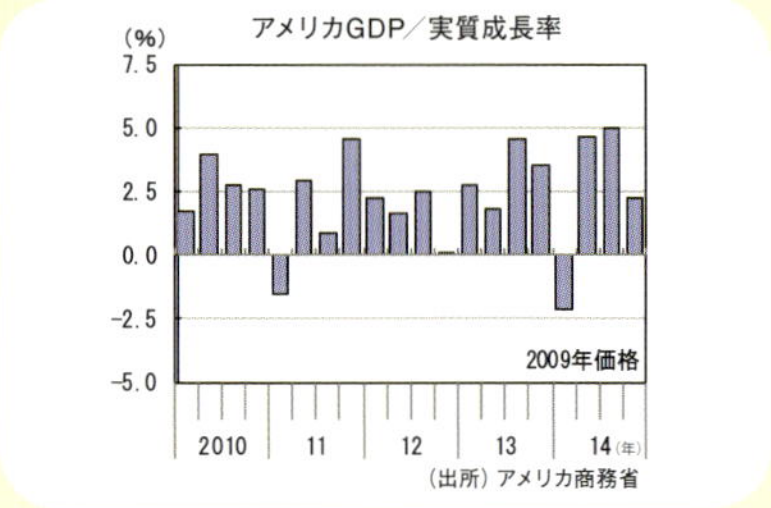

この経済指標を

消費者物価指数

発表元	アメリカ労働省
発表日	毎月

消費者が購入した商品やサービスの価格の変化を示す。
物価の動向を見て、金利上昇につながるインフレの兆候を探る。

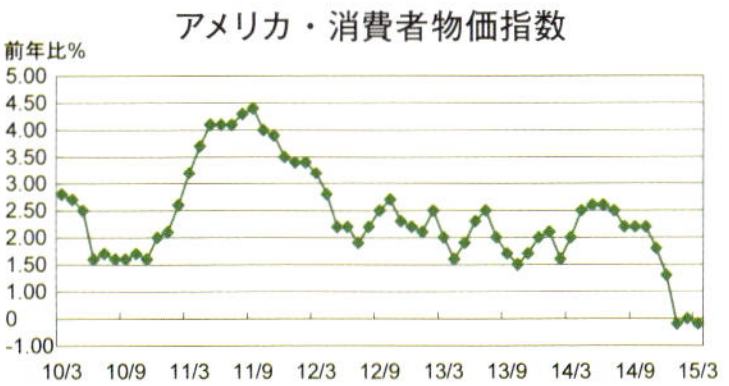

（出所） Bloomberg、りそな銀行

ベージュブック

発表元	FRB（連邦準備制度理事会）
発表日	年８回

地域の経済状況を全米12の連邦準備銀行がまとめたもの。消費支出、製造、金融サービスなどの各分野の状況を文章にまとめた。FOMCの金融政策の判断材料になる。

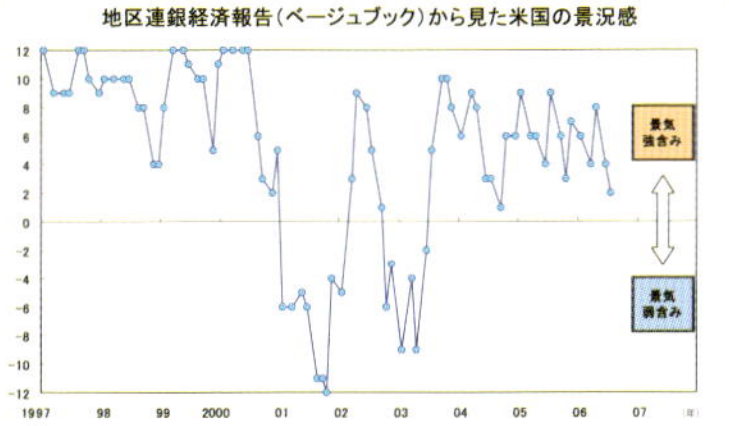

※直近の値は06年7月報告（調査対象期間：6月上旬〜7月17日）に基づく。
（出所）FRB「地区連銀経済報告（ベージュブック）」

アメリカの経済指標発表日をまとめると……
毎月上旬に発表……失業率／非農業部門雇用者数（第1金曜日）／ISM製造業景況指数
毎月中旬に発表……鉱工業生産指数／住宅着工件数／消費者物価指数
その他……GDP統計（速報値1・4・7・10月の下旬／確定値3・6・9・12月の下旬）／
ベージュブック（FOMC開催2週間前の水曜日）

ちなみに日本は……
毎月上旬に発表…景気動向指数（前々月の速報値）／景気ウォッチャー調査（前月分）
毎月中旬に発表…景気動向指数（前々月の改定値）／鉱工業指数（前々月の確報値）
毎月下旬に発表…鉱工業指数（前月の速報値）／消費者物価指数（前年同月比）
毎月末日に発表…完全失業率／有効求人倍率
その他…GDP1次速報（2・5・8・11月の中旬）／GDP2次速報（3・6・9・12月の上旬）
日銀短観（4・7・10月の上旬、12月の中旬）

為替が動く出来事（アメリカ）

米ドルの強いときと弱いとき

▼戦争が起こるとドル高になる？

ドルを動かすのは、通貨政策のほかに、「景気動向」や「経常収支」、「地政学リスク」があります。

「世界の警察」を自任していたアメリカは、世界各国の紛争に多かれ少なかれ関わってきました。そのため、**世界のどこかで紛争が発生するたびにドルを中心にした為替が大きく動く傾向があります。**

かつては「有事のドル買い」といわれ、紛争が起こるたびに比較的信用の高いドルが買われ、ドル高になる傾向がありました。

しかし近年、地政学リスクが高まったとき、「有事の円買い」「有事のスイスフラン買い」が目立つようになっています。日本やスイスは紛争の影響を受けにくいという連想が働くからです。

とりわけ2001年の「9・11同時多発テロ」では、アメリカが直接の攻撃対象になったことで、ドルは下がりました。

▼通貨政策も為替を動かす

アメリカの通貨政策は歴史的にも為替を大きく動かしてきました。

1980年代は、レーガン大統領が「強いドル」政策を打ち出し、ドル高がつづきました。

しかし、ドル高の進行でアメリカの産業空洞化が問題化したため、今度はドル安政策（プラザ合意）が採られました。

用語解説　プラザ合意

1985年９月、先進５か国蔵相・中央銀行総裁会議（G５）で発表された合意。アメリカはドルの独歩高による貿易収支や財政赤字を抱え、対外不均衡を是正するのが目的だった。この結果、ドル安が進行した。

経済指標の発表時は要注意

2015年5月8日21時30分
アメリカで雇用統計（2015年4月分）が発表された。
非農業部門雇用者数：前月比＋22万3000人（市場予想＋23万人）。
失業率：5.4％（市場予想5.4％）。

失業率は市場予想と変わらなかったものの、
非農業部門雇用者数が市場予想よりも7000人マイナスなどの要因があり、発表前に1ドル＝120円20銭前後で推移していたドルは、
119円65銭前後に急落。

前月比プラスになっていても
市場予想よりも下回っていれば、
マイナス（この場合ドル安）に働くことも

― メジャー通貨

日本円(JPY)

米ドル、ユーロについで世界で3番目に取引量が多い。貿易立国であるため、どちらかといえば海外要因で動くケースが多い。とりわけ**アメリカとの連動性が高い。**長年、超低金利政策が採られていたため、キャリートレード※の対象になりがち。

カナダドル(CAD)

オイルサンドや天然ガス、ニッケルなどの天然資源が豊富なため、商品市況に大きく影響される。また地理的にアメリカに近いこともあって、経済的な結びつきも強く、**アメリカの経済がよくなればカナダも景気がよくなる**という連動性が強い。

米ドル(USD)

世界の基軸通貨といわれ、世界で最も取引量が多い。各国間で取引される貿易の決済も米ドルで行なわれることが多い。各国の中央銀行が外貨準備を行なうときも米ドルが使われる。**世界の政情が不安定になると「有事のドル買い」が起こるともいわれている。**

豪ドル(AUD)

オーストラリアは原油や石炭、鉄鉱石といった鉱物資源の輸出比率が高い。そのため「資源国通貨」と位置づけられている。商品市況が高くなれば、通貨も買われるという特徴がある。**高金利通貨としても知られ、**スワップポイントねらいで買われるケースも多い。

※キャリートレード：低金利の通貨を調達し、高金利の通貨で運用する。金利差分が利益となる

各国の通貨の特徴その①

イギリス ポンド(GBP)

かつては世界の基軸通貨だったイギリスの通貨。今なお大きな影響力を持っている。取引量は、米ドル、ユーロ、日本円についで第4位。値動きが激しいのが特徴。北海油田を抱えているので、資源国としても位置づけられ、**原油価格にも左右される**。

人民元(CNH)

経済発展が著しい中国の通貨。貿易量が増えるとともに人民元の存在感も増している。かつて1米ドル＝およそ8.3人民元にほぼ固定されていた。しかし、経済発展とともに不均衡が生じ、そのため**固定レートの切り上げに踏み切った**。

ユーロ(EUR)

基軸通貨・米ドルに対抗できるのがユーロだ。西欧諸国が統合されたＥＵ(欧州連合)内の多くで流通する通貨。ＥＵはドイツ、オランダ、フランスなど28か国から構成され、そのうちイギリス、スウェーデンなどを除く19か国と域外5か国が共通通貨としてユーロを導入している。

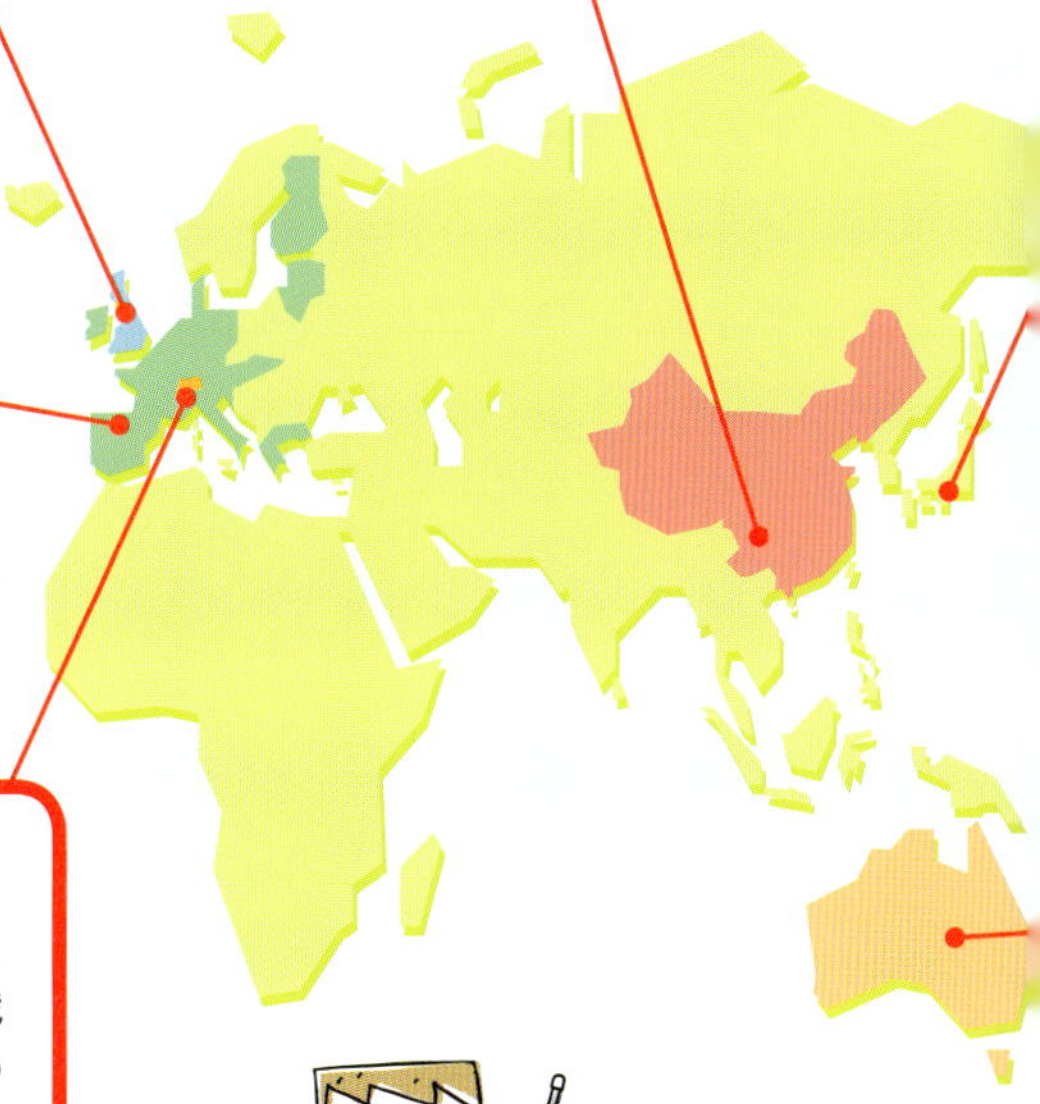

スイス フラン(CHF)

永世中立国家・スイスの通貨。そのため安全性の高い通貨ということで、戦争など世界情勢が不安定になると買われやすい特性がある。**資金流入が多く低金利となっている**。キャリートレード※として、スイスフランを売って高金利の通貨を買うときに使われやすい。

― マイナー通貨

韓国 ウォン(KRW)

サムスンや現代《ヒュンダイ》自動車といったグローバル企業を抱えている。日本円に連動する傾向があったが、近年は日本円に対し、ウォン高がつづいている。貿易立国で自動車や電子部品の輸出に頼っているという経済構造から、**韓国政府はウォン高を嫌うので、為替介入に注意**。

香港 ドル(HKD)

香港はイギリスから中国に返還されたあとも特別行政府として、人民元とは別の、独立した通貨が流通している。香港ドルは米ドルと連動して動くようになっている。金利は米ドルと比べて高い傾向にあるので、**米ドルのリスク回避として買われやすい**。

メキシコ ペソ(MXN)

メキシコはアメリカ経済に依存している比重が大きく、**米ドルの動きに大きく左右されがち**。また石油がおもな産業で、金、銀も産出されるため、資源国としての特徴もある。金利もやや高めなので、スワップポイントねらいの中長期投資に向いている。

ニュージーランド ドル(NZD)

資源輸出国としての特徴があり、コモディティ価格※の影響を受けて動く傾向がある。農産物の輸出も大きいので、干ばつといった天候にも左右される。**オーストラリアと連動するケースが多く、政策金利も高い**ので、スワップねらいの個人投資家からも人気が高い。

※コモディティ価格：原油や大豆、トウモロコシなどの商品先物取引での価格

各国の通貨の特徴その②

ポーランド ズロチ(PLN)

ポーランドは、石炭などの資源が豊富な国であり、**比較的安定した通貨。ユーロの動きに影響されやすい。**東欧諸国のなかでも流通量が多い。また、インフレ懸念から高金利に据え置かれているので、スワップポイントねらいの投資も行なわれやすい。

ノルウェー クローネ(NOK)

ユーロとの関連が強い。政情は極めて安定しており、一人あたりのGDP値も高い。財政収支、貿易収支ともに黒字がつづき、**世界的にも安定した通貨の一つ。**原油の輸出量はサウジアラビア、ロシアにつぐ規模となっていて、資源国としての特徴もある。

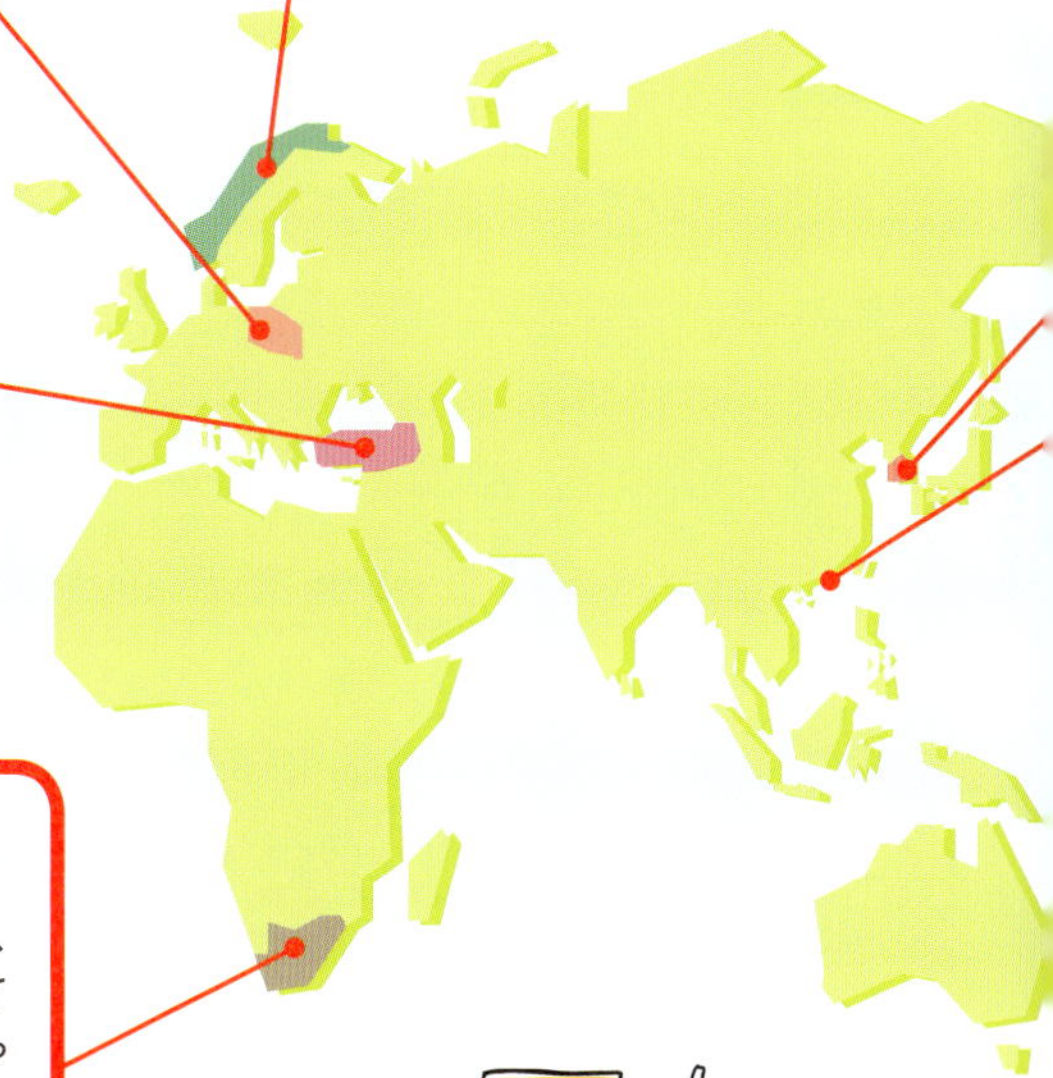

トルコ リラ(TRY)

トルコは、高金利政策を採っているので、スワップが魅力的な通貨だ。ただし値動きが激しい点には十分に注意したい。**流動性(取引量)が低く**、ロンドン市場、ニューヨーク市場が開かないうちは相場が動きにくい傾向にある。

南アフリカ ランド(ZAR)

南アフリカ共和国は、金やダイヤモンド、レアメタルといった鉱物資源に恵まれている。金の価格に連動して為替が動きやすい。金の価格が上昇すれば南ア ランドも上昇しやすい。高金利なのでスワップねらいにはもってこいの通貨だが、**政情不安になることも多い。**

Column

ユーロに大きな影響を与える経済指標

為替に影響を与える経済指標は、その国や地域によって異なってきます。

ここではユーロの動向に影響を与える経済指標について説明します。

ユーロ圏の経済の中心はドイツです。このドイツの指標に、およそ７０００社の経営者を対象にした景況感アンケート調査「Ｉｆｏ」があります。ドイツ政府の経済研究所による調査の結果は「Ｉｆｏ景況感指数」と呼ばれ、ドイツのみならずユーロ圏の景気を占うものとして注目されます。調査結果は翌月下旬に発表されます。

同じドイツの景況感を示す経済指標には「ＺＥＷ景況感指数」があります。ＺＥＷ（欧州経済研究センター）が発表するこの調査結果は、Ｉｆｏ景況感指数の1週間前に発表されるため、その先行性があることで注目されています。

また、欧州の消費者物価指数「ＨＩＣＰ」が、毎月発表されます。いずれも各機関やＦＸ取引業者のホームページで見ることができます。

●ユーロに大きな影響を与える経済指標

Ifo景況感指数	毎月下旬発表
ZEW景況感指数	毎月中旬発表
HICP（消費者物価指数）	毎月発表
ECB政策金利	毎月発表
PPI・生産者物価指数	毎月発表
ユーロ圏失業率	毎月発表
ドイツ・小売売上高	毎月上旬発表
ドイツ・GDP	2・5・8・11月中旬発表（速報値）

Part 4

チャートを知って売買しよう

売買のタイミングがわかる!

Chart Trade

テクニカル分析ってなに？

▼チャートを見るとトレンドがわかる！

　これから為替がどう動くのか、過去の価格や取引量といったデータの時系列パターンから判断する手法を「**テクニカル分析**」といいます。経済的要因から予測するファンダメンタルズ分析と対をなす手法です。

　テクニカル分析で使われるツールが、**チャートと呼ばれるグラフです**。これは為替の水準を時系列にあらわしたものです。

　たとえばドルが、対円で過去の価格と比べて、どれくらいの水準にあるのか、トレンドとして「上昇しているのか」「下降しつづけているのか」などが一目でわかるようになっています。

　ファンダメンタルズ分析は、おもに長期的な動きを探るのに有効ですが、テクニカル分析は、短期的な動きを探るときに使います。

▼短期間の取引に使えるテクニカル分析

　通貨に与えるファンダメンタルズ要因は、数多くあります。通貨を取り巻く経済的要因は世界規模なので、すべてをチェックするのは困難です。そこで、**おもな経済指標だけを見て、あとはテクニカル分析で取引するスタイルが、ＦＸにはふさわしいようです。**

　とくにデイトレードやスキャルピングなどでは、刻一刻の値動きが重要です。リアルタイムの値動きをチェックしていく必要があり、それにはチャートによる分析が欠かせません。

ワンポイント **テクニカル分析は難しい？**

テクニカル分析を「なんとなく難しそう」と敬遠する投資家がいるが、ＦＸではテクニカル分析は欠かせない。基本的な見方さえ覚えれば、算出法まで知らなくてもよい。とくにインターネットの発達で使いやすくなった。

テクニカル分析とファンダメンタルズ分析

●テクニカル分析

おもにチャートを使って
通貨価格の動きをチェック

上へ行くか？
下へ行くか？

どちらかといえば、
短期の動きをチェック

●メリット

市場の心理を読み取ることができ、目先の動きを把握できる。

●デメリット

経済状況の変化によるトレンド転換をつかめない。

●ファンダメンタルズ分析

経済を取り巻く要因で
為替の動きをチェック

金利は？
経済成長率は？
貿易収支は？
失業率は？

どちらかといえば、
中長期の動きを予測

●メリット

為替相場の大きな転換点が把握できる。トレンドをつかめば大きな利益ゲットにつながる。

●デメリット

短期の小刻みな動きをつかむことができない。デイトレードなどには不向き。

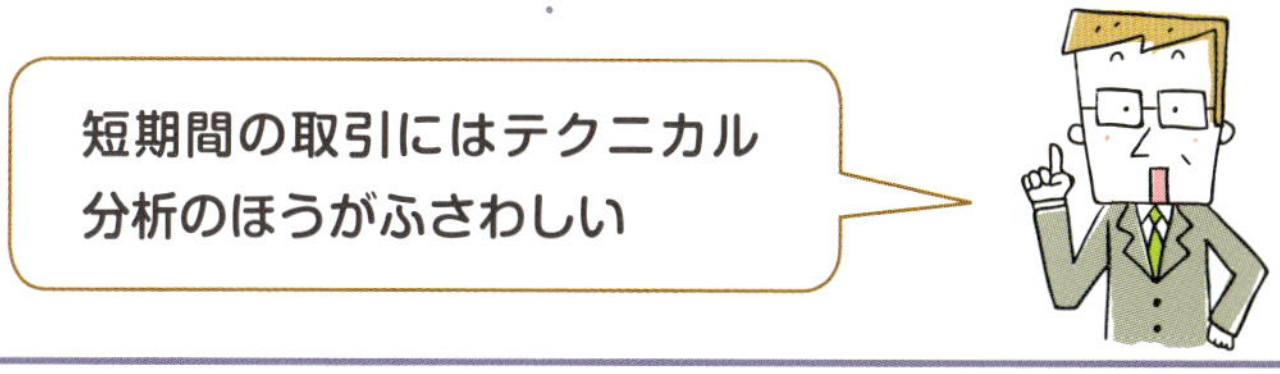
短期間の取引にはテクニカル
分析のほうがふさわしい

「ローソク足」の読み方

▼記号に秘められた「四つの価格」

チャートにもいろいろな種類があります。為替の値動きを、単純に折れ線グラフにしたチャートもありますが、FXや株式投資でおもに使用されるのが**「ローソク足」**と呼ばれるものです。

1日や1時間といった一定期間内の為替の動きを一つの記号であらわします。この記号が、「ろうそく」の形に似ているので、こう呼ばれています。

ローソク足は、通貨の「始値《はじめね》（寄《よ》り付《つ》き）」「高《たか》値《ね》」「安値《やすね》」「終値《おわりね》（引《ひ》け値《ね》）」の四つの価格を示します。

1時間ごとのローソク足を「1時間足」、1日ごとのローソク足を「日足《ひあし》」と呼びます。これらは投資スタイルによって使い分けます。

▼投資スタイルに合ったローソク足を使う

スキャルピングという超短期売買なら、それこそ「1分足」「5分足」といったチャート、あるいは「ティック・チャート」というリアルタイムで価格を表示する「折れ線グラフ」を使用します。**デイトレードなら「1時間足」や「日足」、スイングトレードなら「日足」のほか「5日足」や「週足《しゅうあし》」といったチャートを使います。**超短期売買に、「週足」や「月足《つきあし》」といったチャートはあまり意味をなしません。ただし、長期のトレンドを確認するためには必要になってきます。

用語解説 ティック・チャート

TICK CHART。約定した取引を点であらわしたチャートで、点が増えればいくつにも重なり見えにくくなる。取引量が少ないと点がまばらになる。単純に価格の変化だけをとらえた折れ線グラフであらわされることもある。

ローソク足には陽線と陰線がある

●始値より終値が高くなったとき

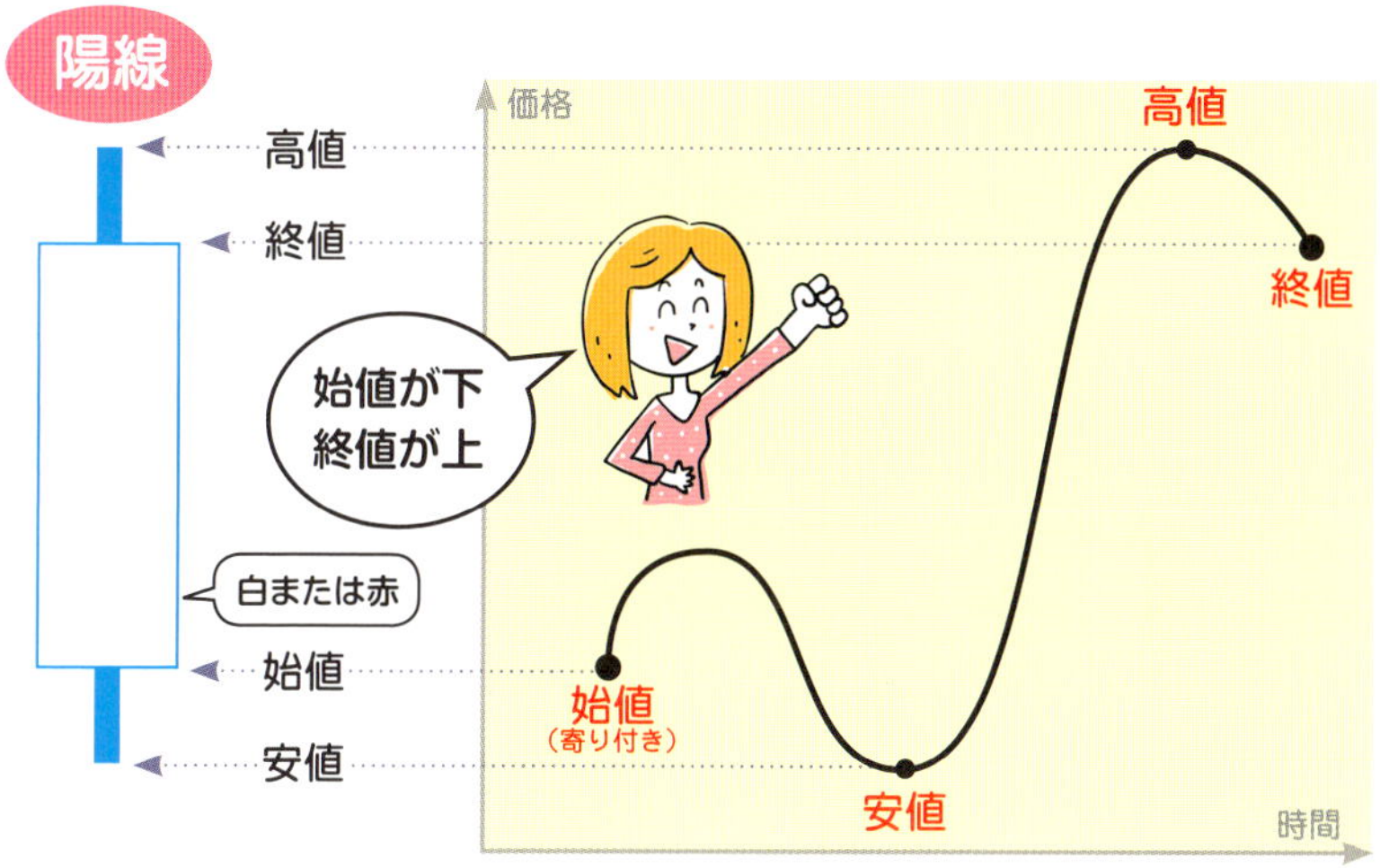

●始値より終値が安くなったとき

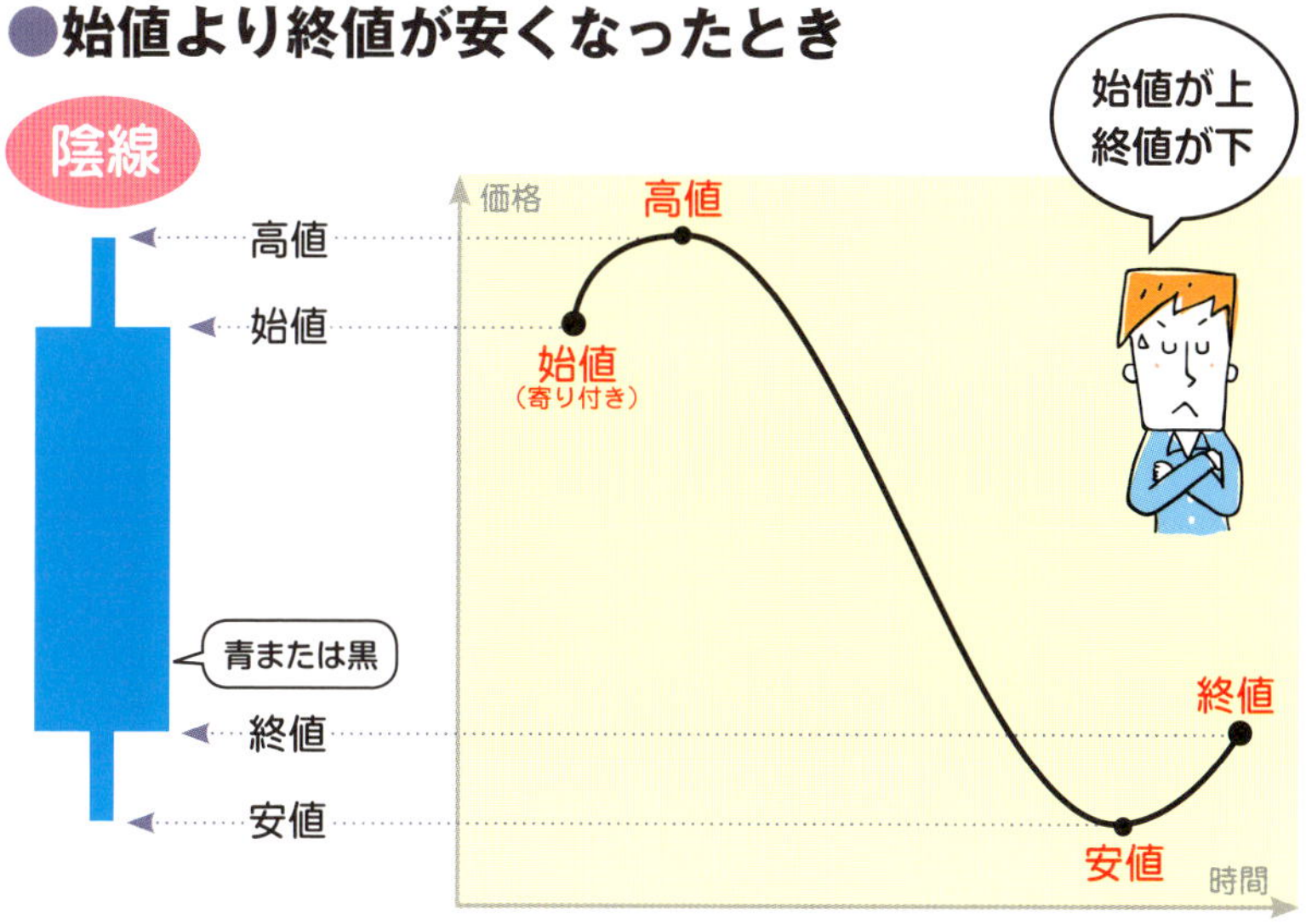

28 陽線と陰線について知っておこう

ローソクの色にも意味がある

始値より終値が高くなったときは、「ローソク足」の太い部分（「柱」といいます）は白（または赤）で記します。このローソク足をとくに「**陽線**」といいます（99ページ参照）。

終値が始値を下回ったとき「柱」は黒（または青）で記します。このローソク足を「**陰線**」といいます。

また、始値と終値の間、つまり柱の部分から上下に線が伸びているケースがあります。この部分をとくに「ヒゲ」といいます。陰線なら始値より高値をつけた部分、あるいは終値より安くなった部分です。高値部分をとくに「上ヒゲ」、安値部分を「下ヒゲ」といいます。

ローソクの形状で上昇・下降が読める？

ローソク足一つひとつの足型は、その形状から「大陽線」「大陰線」「小陽線」「小陰線」「十字線」に大別できます。

「大陽線」は始値から終値まで大幅に上昇したときの足型です。

逆に**始値から終値まで大幅に下落したときの足型を「大陰線」といいます。**

小幅な値動きのときは、それぞれ「小陽線」「小陰線」といいます。「十字線」は始値と終値が一致したケースです。

これにヒゲがどのようにつくか、あるいはその有無などで、相場の先行きも占えます（102～103ページ参照）。

ワンポイント　陽線と陰線はそれぞれどんな状態にあるか

陰線は始値より終値が安くなったケースで、陽線はその逆。チャートで上昇相場がつづけば、陽線が増える傾向にある。逆に下落相場がつづくと、陰線が増える。チャート図が白っぽければ（モノクロのケース）上昇相場。

ローソク足、五つの基本形

大陽線

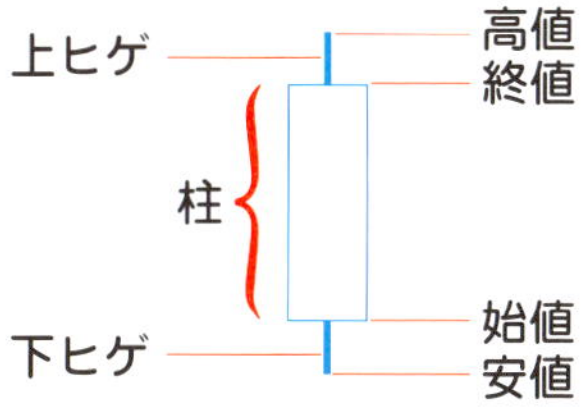

始値から終値まで大幅に通貨の価格が上昇したときにあらわれる。柱の部分が長い。

大陰線

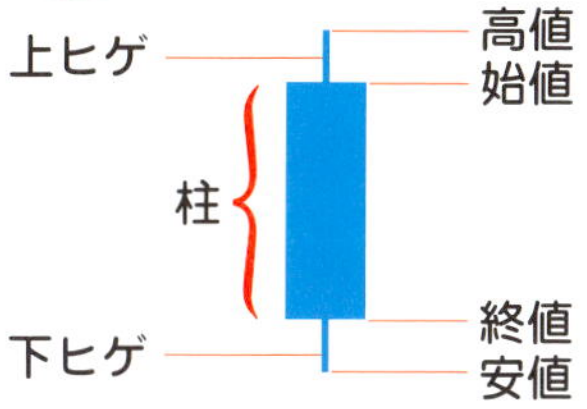

始値から終値まで大幅に通貨の価格が下落したときにあらわれる。柱の部分が長い。

小陽線

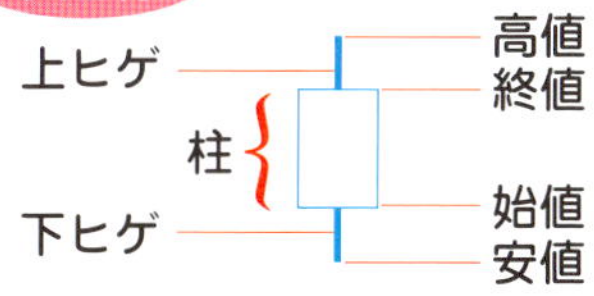

始値から終値までの上昇幅が小さいケース。大陽線と小陽線との明確な区分はない。

小陰線

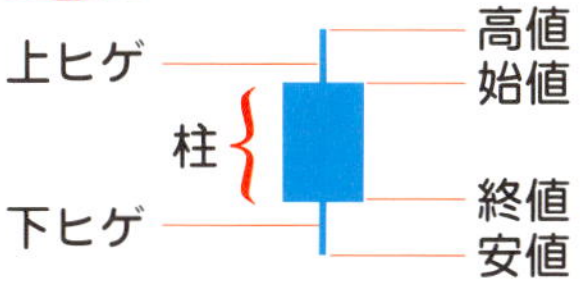

始値から終値までの下落幅が小さいケース。大陰線と小陰線の明確な区分はない。

十字線

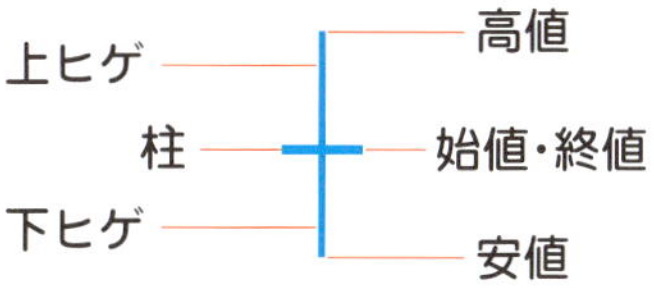

始値と終値が同じ価格のときにあらわれる。柱がなく、横一線であらわされる。

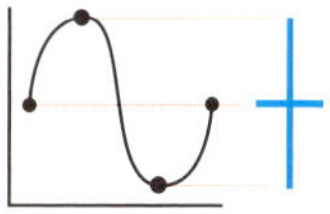

あらわすシグナル

上昇気運　下落気運

大陽線のバリエーション

陽の丸坊主

始値が最安値、終値が最高値となったケース。上ヒゲ、下ヒゲがない。買いの勢いが強いシグナル。

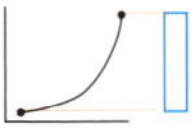

陽の大引け坊主

寄り付き後に安値となり、その後上昇。終値が高値となった。さらなる上昇が期待できる。

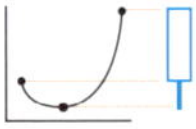

陽の寄り付き坊主

始値から一度も下がらず上昇、終値が高値をやや下回った。上昇相場で警戒感が出てきた。

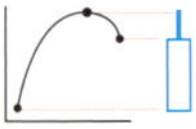

大陰線のバリエーション

陰の丸坊主

価格が大幅に下落。始値がいちばん高く、終値が最安値となった。さらなる下落の恐れ。

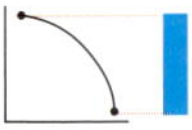

陰の大引け坊主

始値より少し上昇したものの、売りの勢いが強く大幅に下落。終値が最安値。さらに下落しやすい。

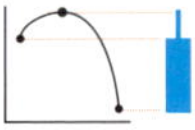

陰の寄り付き坊主

始値から大幅に下落。終値が最安値からやや上昇して引けた。上昇する可能性もあり。

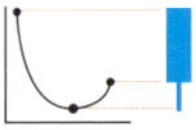

十字線のバリエーション ※トレンドの転換期にあらわれることも多い

一本線

始値、終値、安値、高値がまったく同じ。為替相場では、超短期線でない限り、めったにあらわれない。

足長同時線

十字線

長い上ヒゲと長い下ヒゲ。上下に激しく価格が動いた。

トンカチ

上ヒゲがなく、下ヒゲが長い十字線。

トウバ

下ヒゲがない十字線。

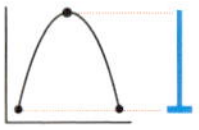

ローソク足の型が

小陽線のバリエーション

下影陽線

価格が大幅に下がったが、その後上昇。終値が始値をやや上回って引けた。

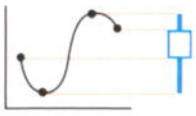

陽のカラカサ

終値が最高値となった。低迷している価格あたりであらわれると上昇に転じやすい。

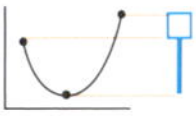

上影陽線

大幅に上昇したが、終値が始値よりやや高いところで引けた。

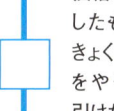

陽のコマ

価格が激しく上下したものの、けっきょく終値が始値をやや上回って引けた。

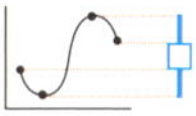

陽のトンカチ

価格が大きく上昇したものの、その後下落。終値が始値をやや上回って引けた。

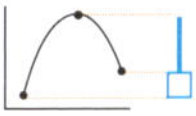

小陰線のバリエーション

上影陰線

価格が大きく上昇したものの、最後は始値より安く引けた。弱さのシグナル。

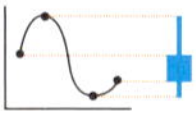

陰のカラカサ

始値が最高値で大きく下落したものの、高値近くまで戻した。

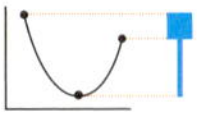

下影陰線

価格が大幅に下がったが、やや持ち直した形。

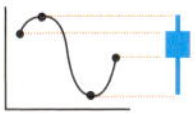

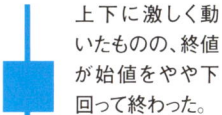

陰のコマ

上下に激しく動いたものの、終値が始値をやや下回って終わった。

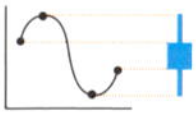

陰のトンカチ

大きく上昇したものの、最終的には始値より終値がやや下回った。

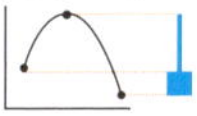

必ずしも
シグナルどおりに動くとは
限らないので
注意しよう

ローソク足の組み合わせをチェック

上昇と下落のパターンがある

一つひとつの足型で為替動向を占うことができますが、**複数の足型の組み合わせでも**、為替が上に動くか、下に動くか、ある程度の確率で予測できます。

ここでは、そのいくつかのパターンを紹介します。

前の足型（日足なら前の日、1時間足なら前の1時間）の大陽線、大陰線の「柱」の範囲に小陽線、小陰線が入ってしまうのを「**はらみ線**」といいます。

足型の組み合わせによって「陽の陽はらみ」「陰の陰はらみ」「陽の陰はらみ」「陰の陽はらみ」の4種類のはらみ線があります。

上げのポイント、下げのポイント

「はらみ線」は、とくに相場の転換点になる場面であらわれやすいパターンです。さらに、どの為替水準で出現したか、**次の足がどの位置に出現するか**でも、先行きを占うことができます。

「陽の陽はらみ」が高値圏であらわれたときは、下落する確率が高くなります。

「陽の陰はらみ」が上昇局面で出現したときは、次の足型がポイントになってきます。下寄り（低位）で出現したら下げ、上寄り（上位）で陽線があらわれたら、さらに上昇する確率が高くなります。

ほかのパターンも左ページで解説します。

用語解説 **はらみ線**

前の足型の大きな動きを「母体」とみなし、次の小さな足型を「はらんだおなかの子」と見立てることによって「はらみ線」という呼び方をする。相場においても新たな「生命の誕生」（転換点）といえる。

はらみ線の上げ下げポイント

陰の陽はらみ

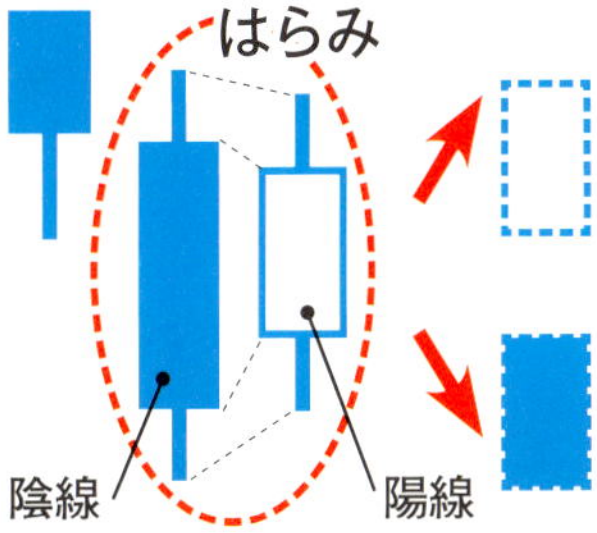

大陰線が出現。次は前の足型の終値より高く寄り付き、陽線となったものの、前の始値を上回ることなく引けた形。売りもの出尽くしともいえるが、次の足型次第でさらに下落も。

陰の陰はらみ

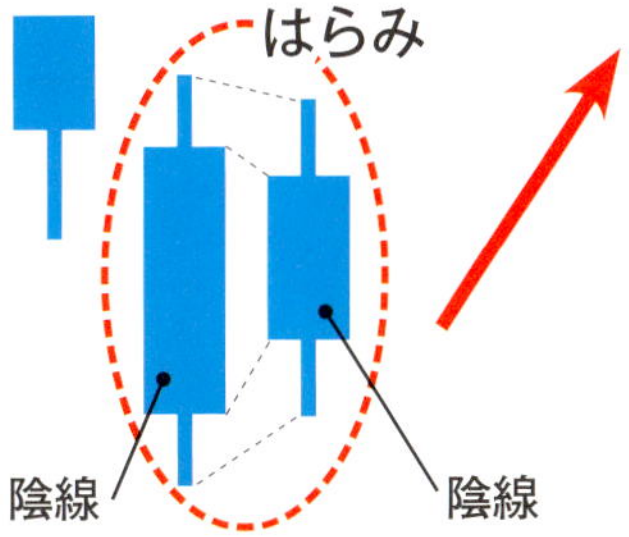

大陰線の次、終値より高く寄り付いたものの下落して引ける。が、前日の終値を下回ることなく引けた。「売り方」のパワーが尽きてきた状態を示し、反転上昇のきざしとなる。

陽の陽はらみ

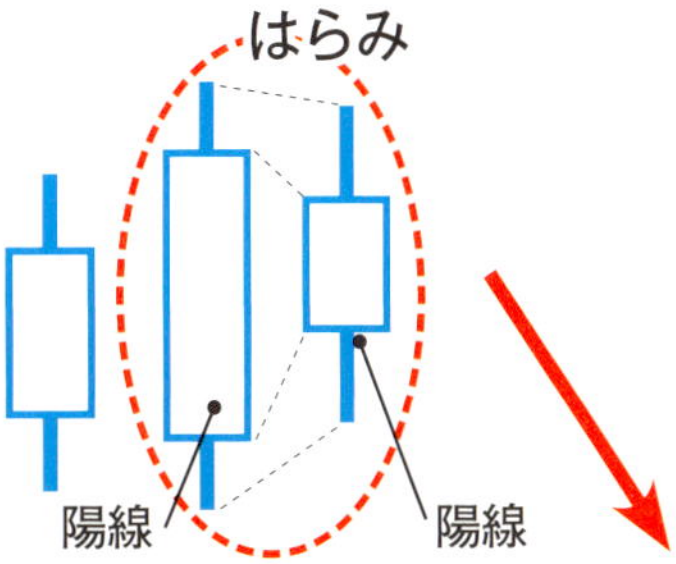

大陽線が出現。次は終値を下回って寄り付き、陽線となったものの、前の足型を超えずに引ける。高値圏であらわれると買い方のパワーが衰えたことを示す、下落のシグナルとなる。

陽の陰はらみ

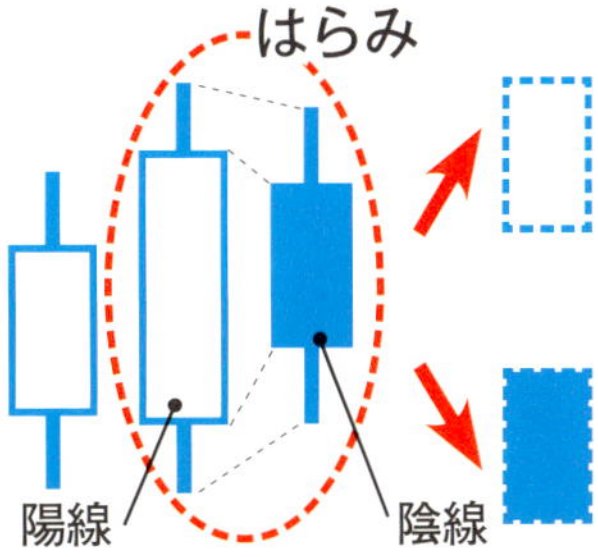

大陽線の次に安く寄り付き、陰線となって引けたものの、前の始値を下回らずに引けた形。買い疲れを示して下落しやすいが、次の足型が陽線なら、買いの勢いが持続することも。

上昇のシグナル　①三《さん》手《て》大陰線

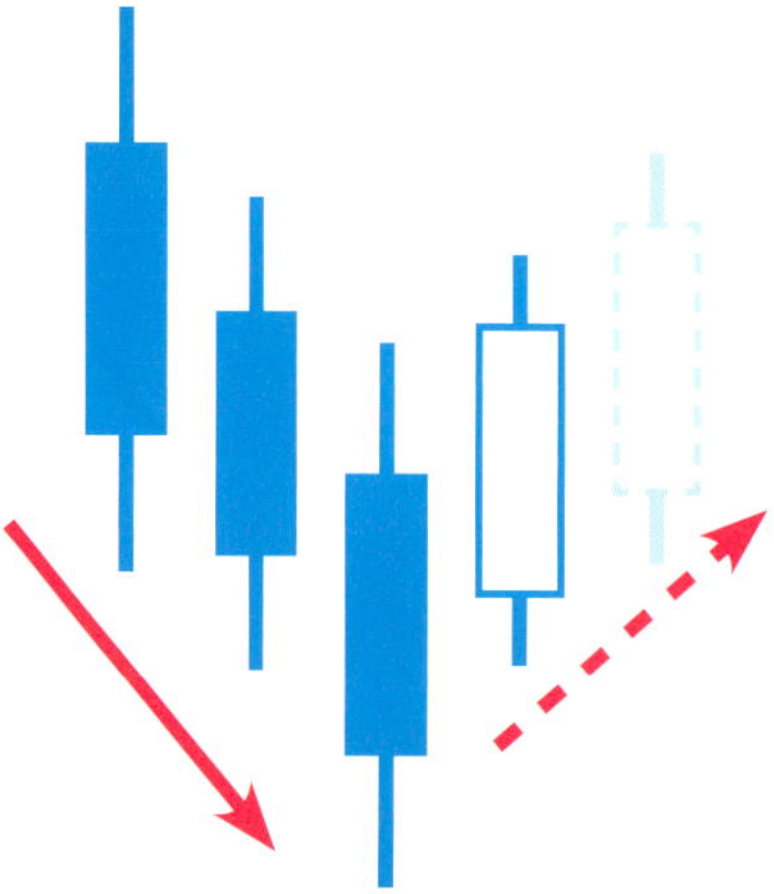

下落相場において３本つづけて大陰線が出現したときは、反転して上昇となる確率が高い。ただし、高値圏で出たときは、さらなる下落の兆候なので要注意。

上昇のシグナル　②たくり線

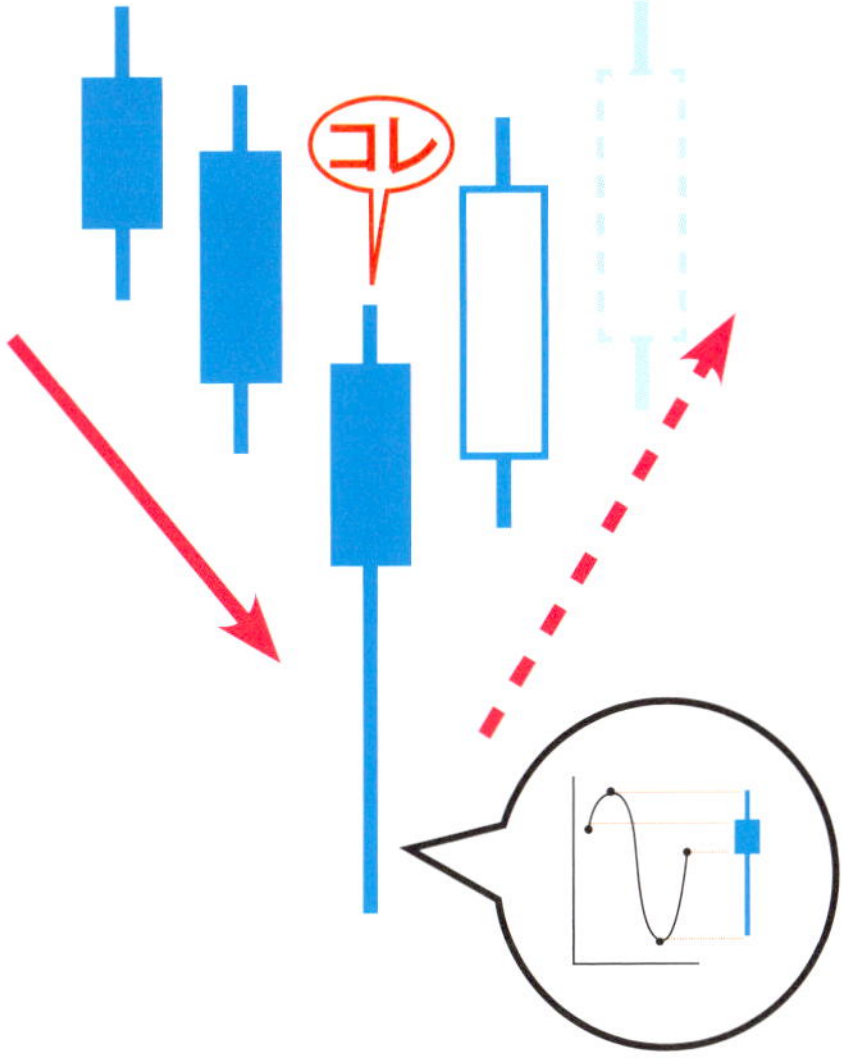

寄り付きから安く、大きく突っ込んだものの急反発して小安く終わった形。**大陰線のあとに出る下影陰線、あるいは陰のカラカサのこと。**下ヒゲが長いほど、反発力は強い。

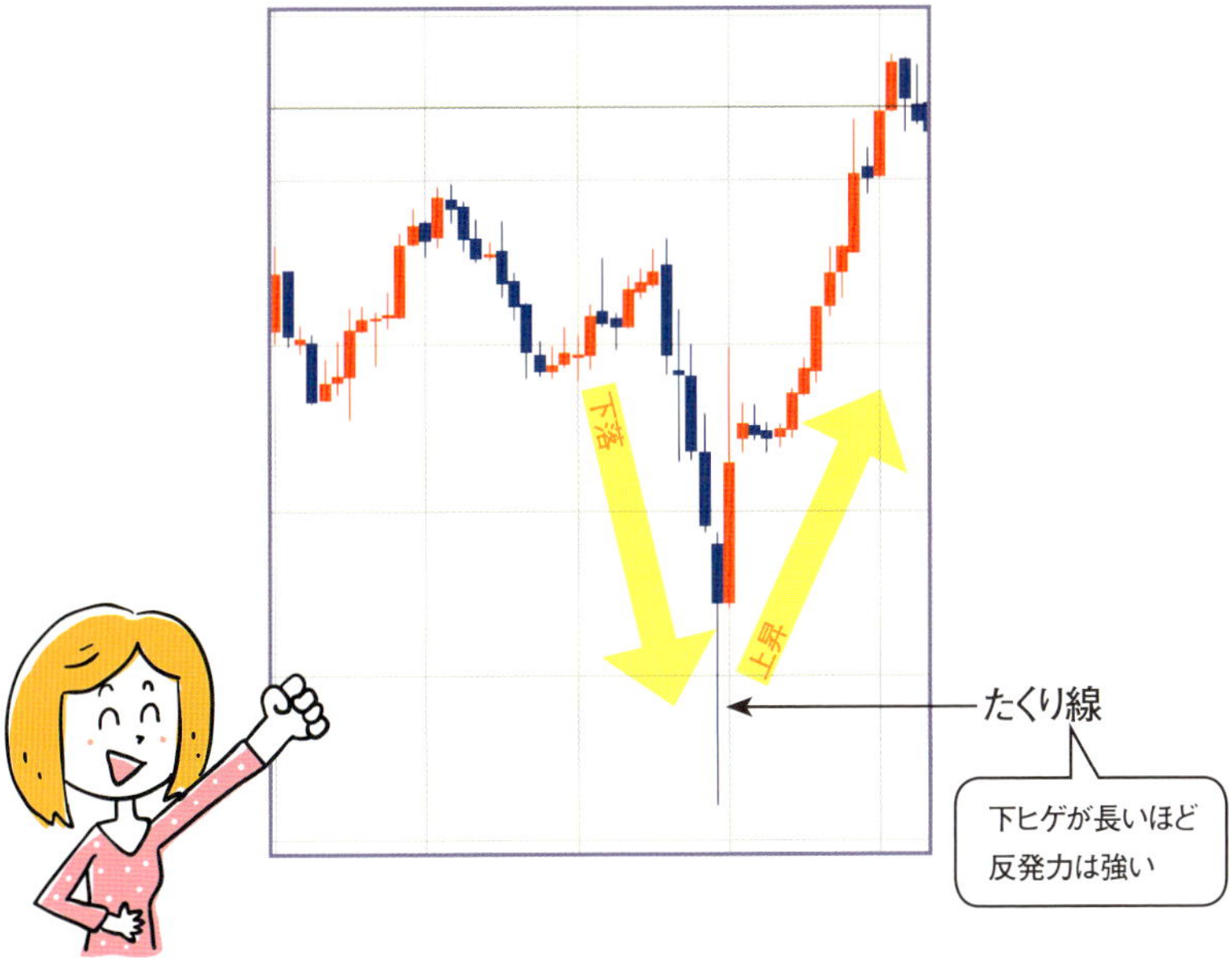

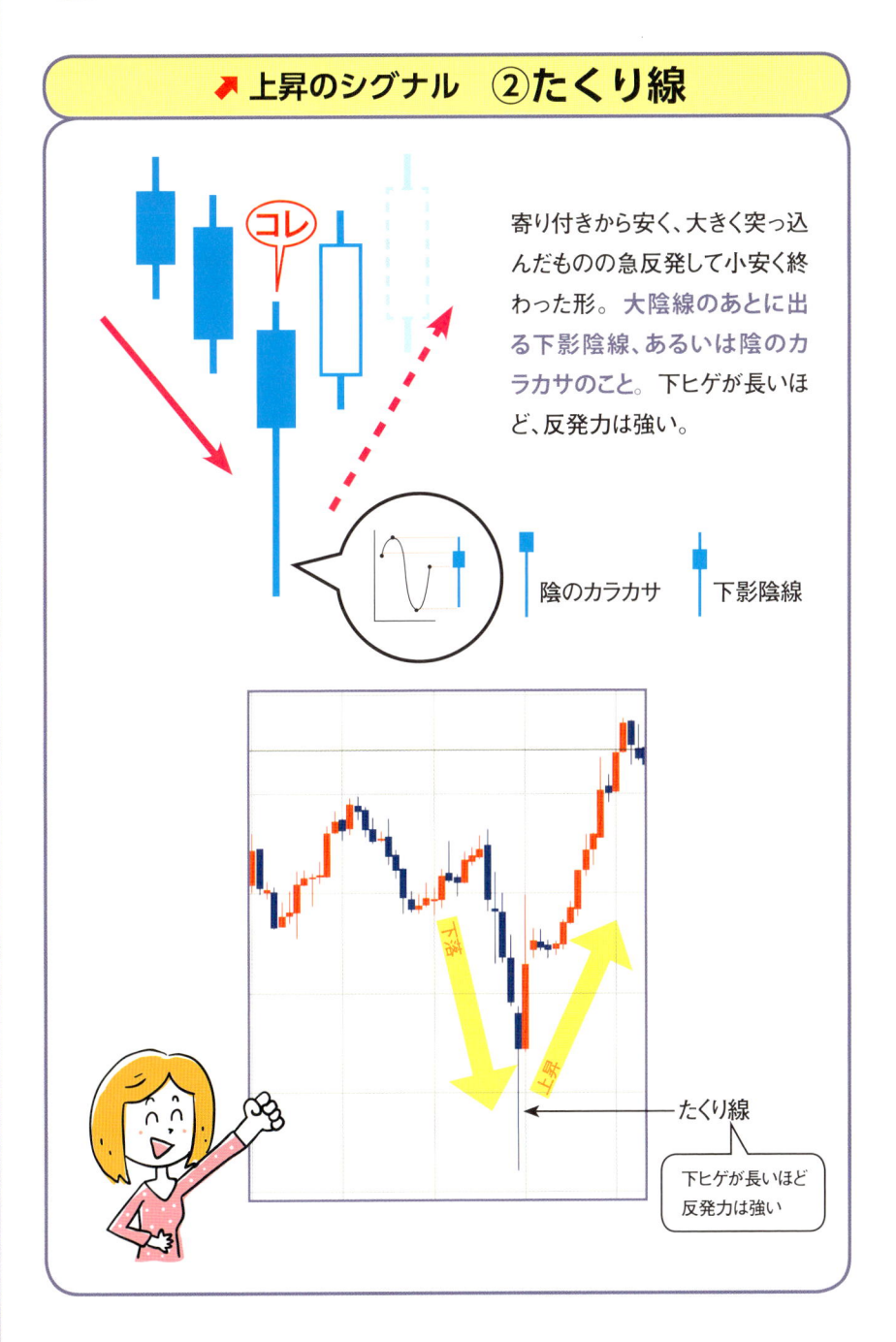

↗ 上昇のシグナル　③やぐら底

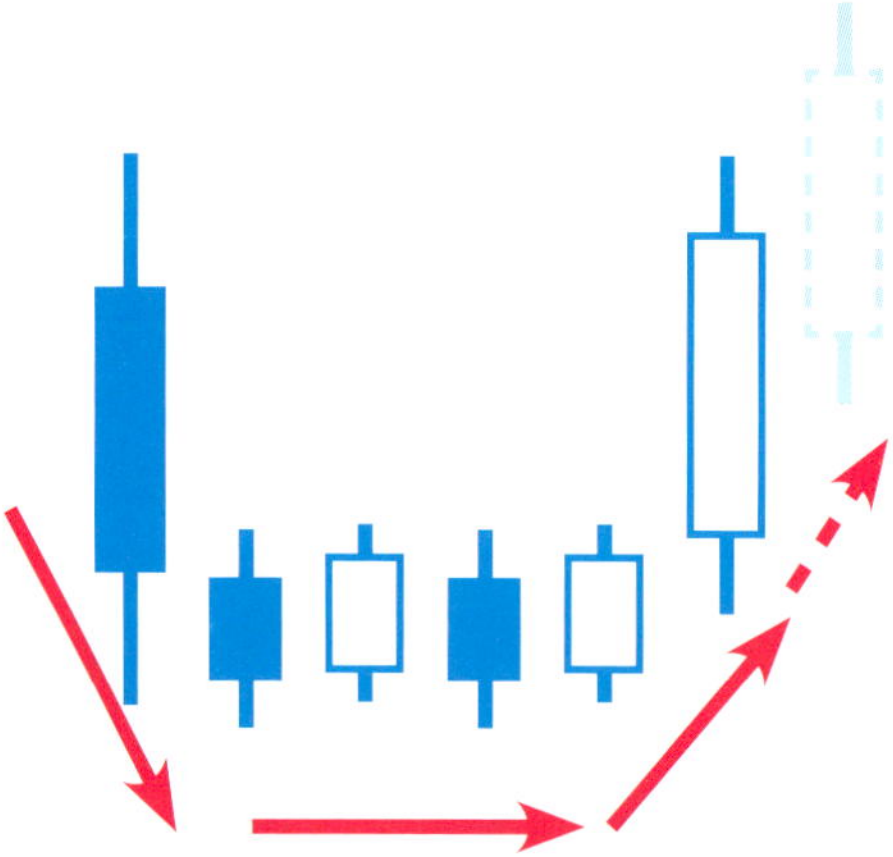

大陰線が出たあと、底値付近で為替が煮詰まる。上にも下にも行かない「保《も》ち合い（横ばい）」がつづいたあと、**大陽線があらわれる**と「やぐら底」が完成。上昇相場へ。

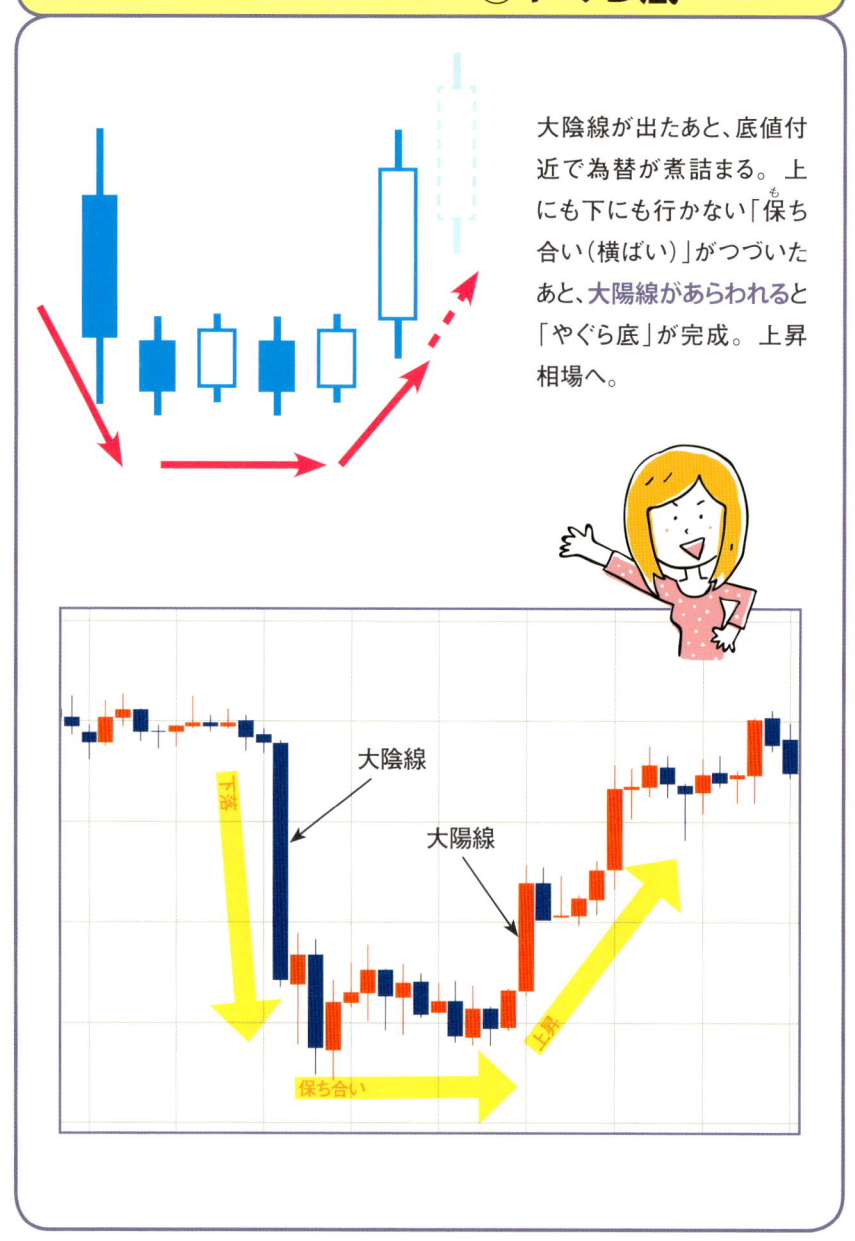

↗ 上昇のシグナル ④逆襲線

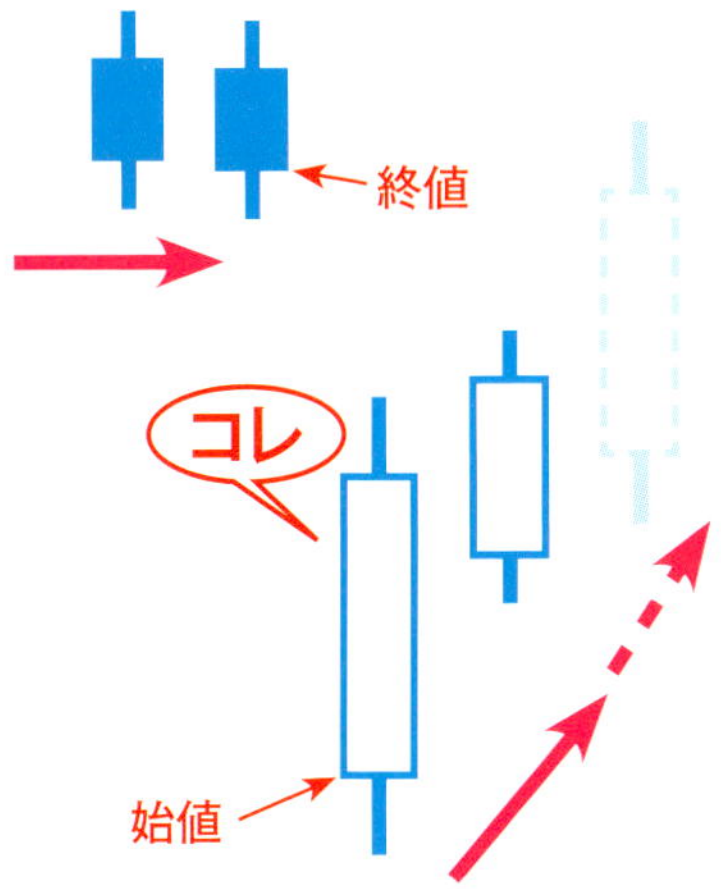

いきなり大きく下放《したっぱな》れして寄り付いたあと、**急反発**。大陽線をあらわしたものの、前の足型よりは下値にある。
これを逆襲線と呼び、為替は反発する。

【下放れ】
前のローソク足の終値よりもはるか下で寄り付いたもの

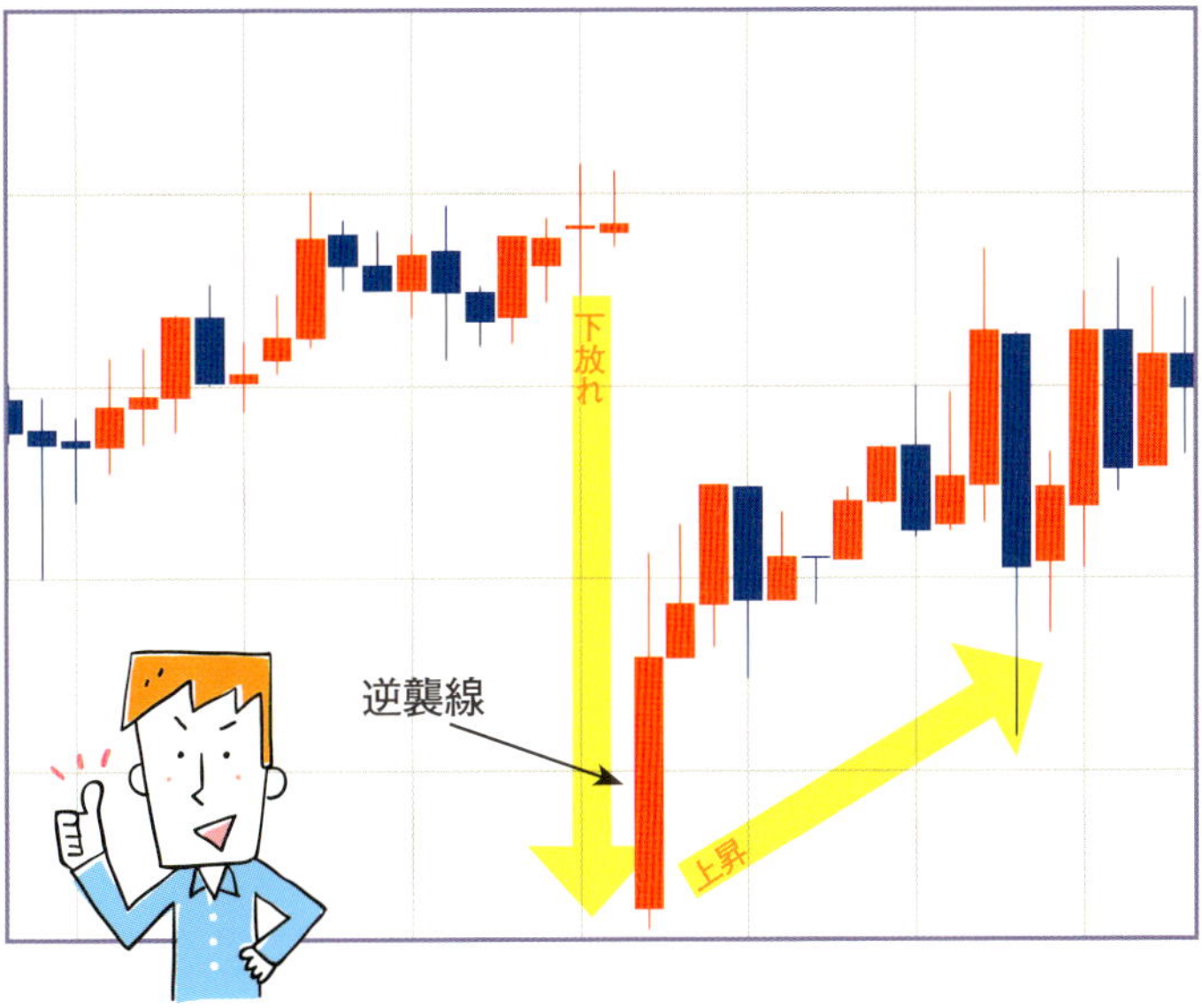

上昇のシグナル　⑤上《うわっ》放《ばな》れタスキ

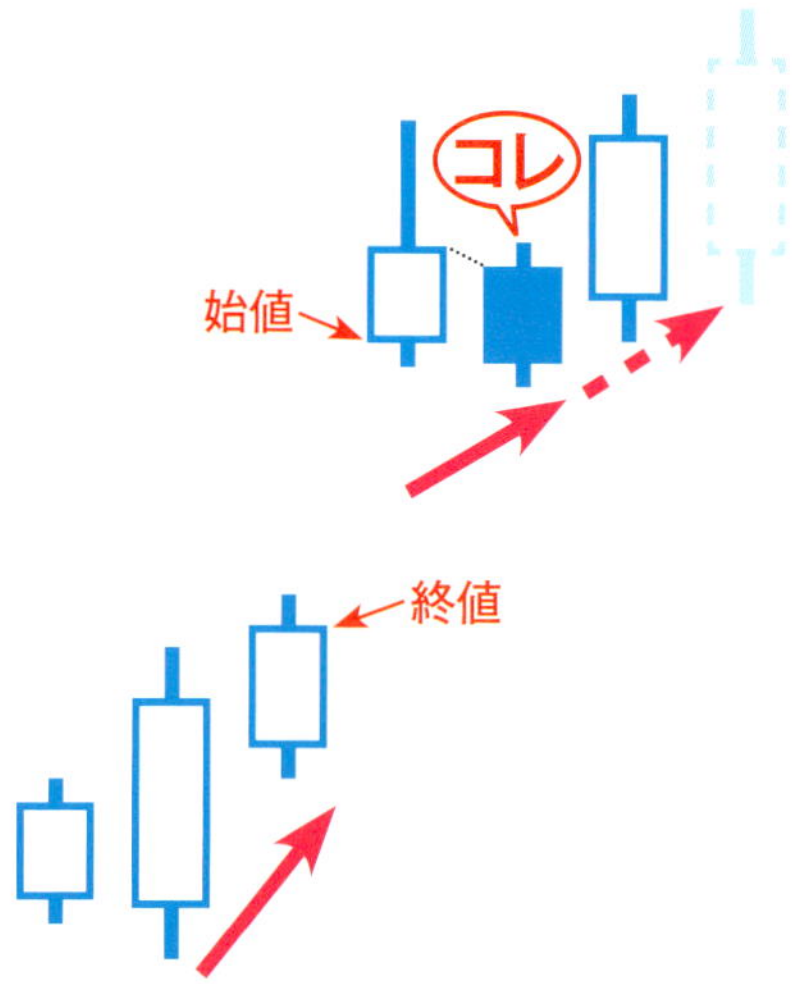

「タスキ」とは、上昇相場なら陽線のあと、次の足型が前のローソク足の範囲内から寄り付き、陰線となったケース。**上放れ陽線のあと**タスキとなれば、上昇が加速。

【上放れ】
前のローソク足の終値よりもはるか上で寄り付いたもの

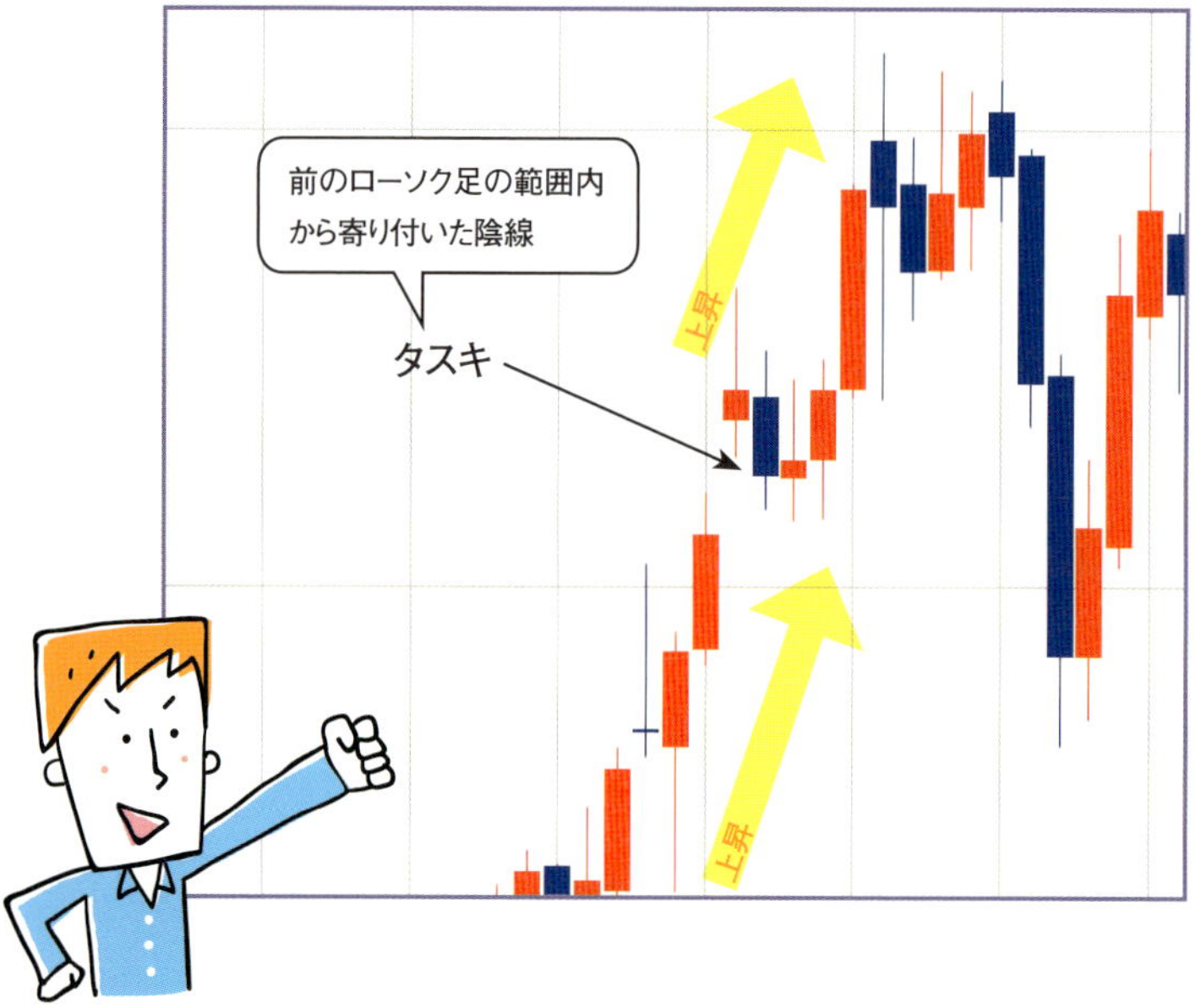

↗ 上昇のシグナル ⑥カブセを上抜く線

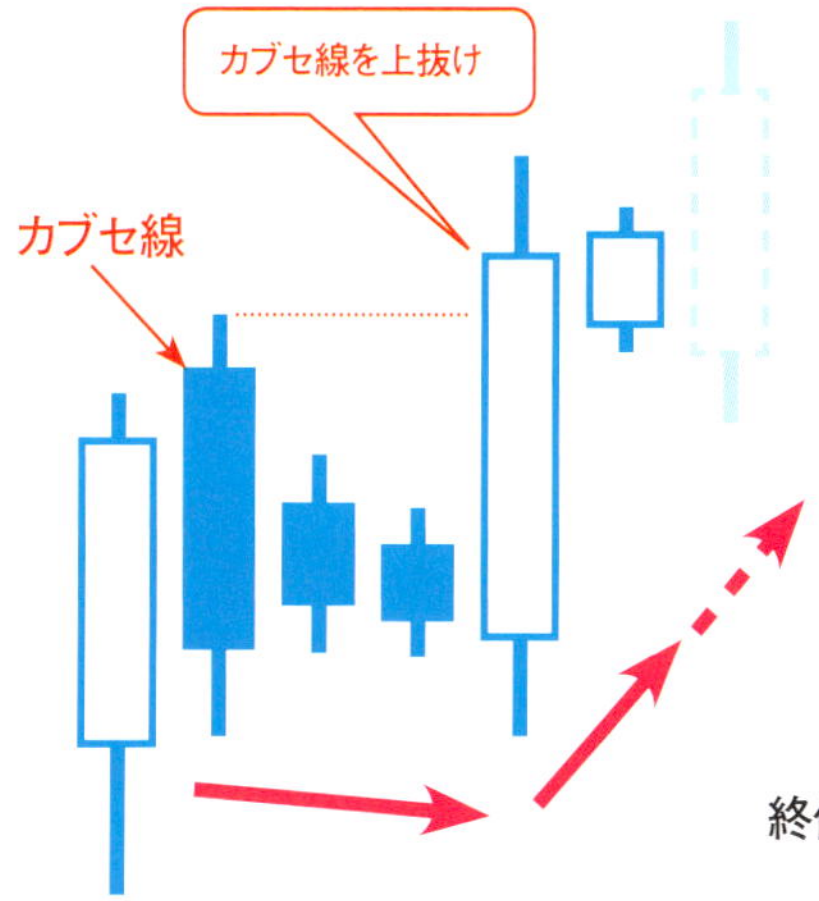

「カブセ」は、前の陽線の終値より高く寄り付いたが、その後反落して前のローソク足のなかに食い込んで陰線となった形。天井形成のケースだが、のちに上抜けすると上昇へ。

【カブセ】

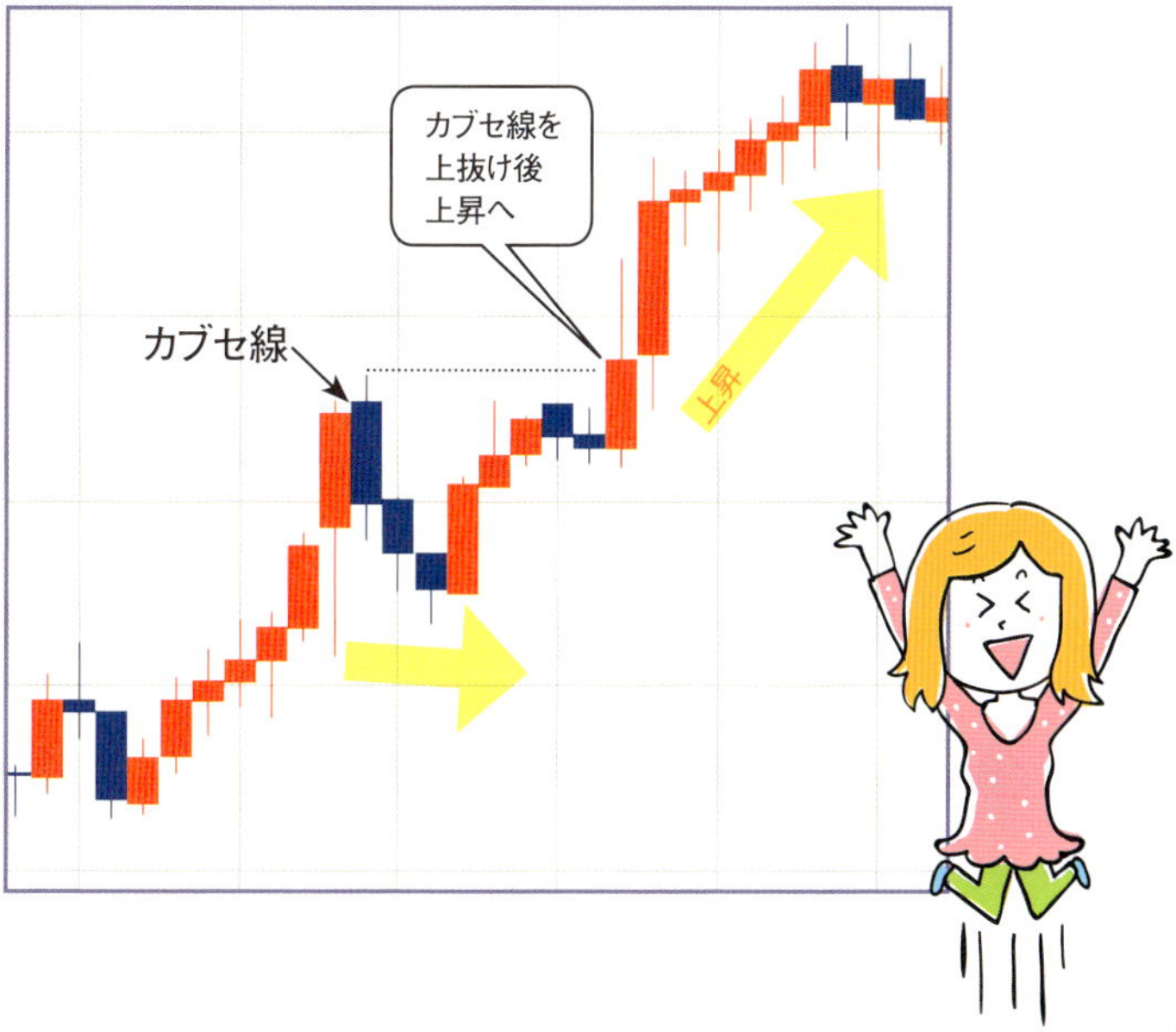

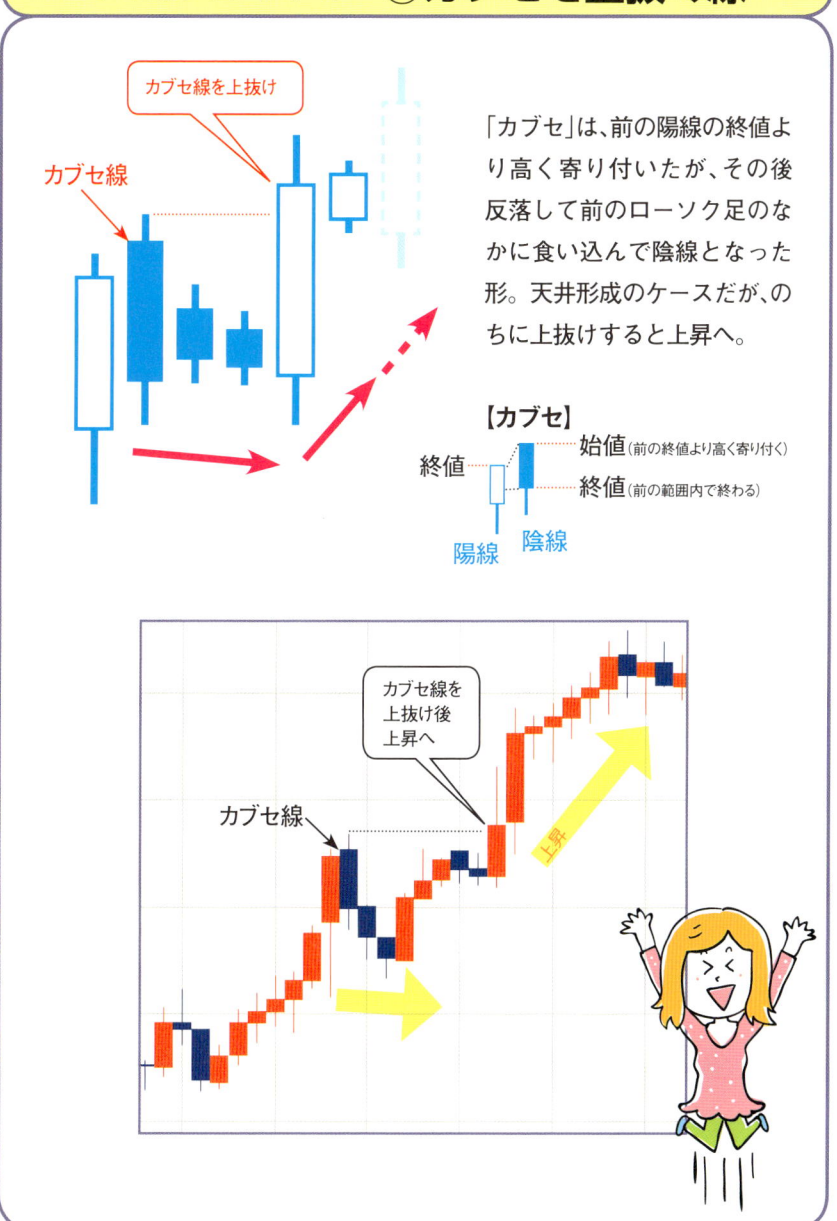

↗ 上昇のシグナル　⑦上伸途上の極線・寄せ線

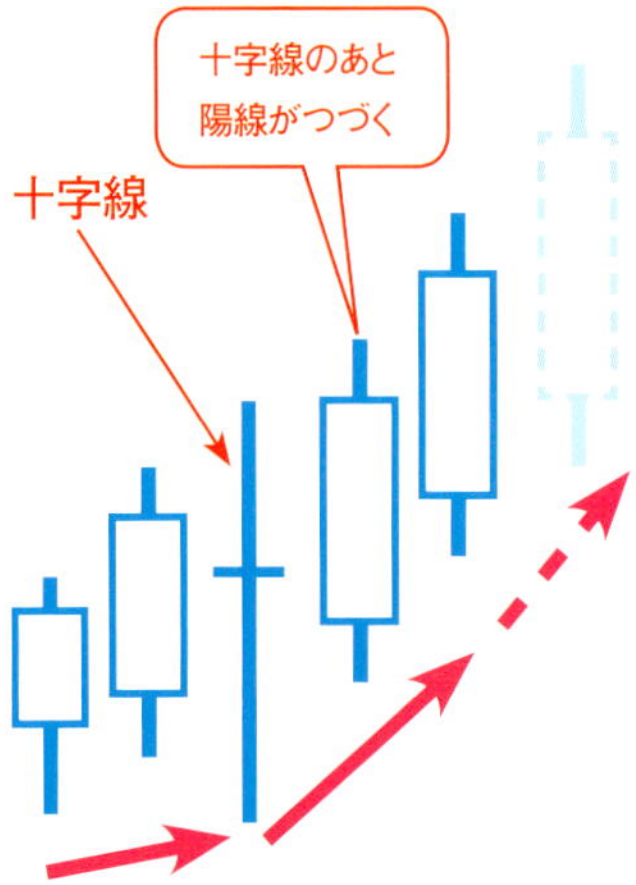

上昇相場の途上で、大陽線につづいて「コマ」か「寄り付き同時線（十字線）」が出ると分岐点となる。その後、**さらに陽線が出る**と上昇は勢いづく。

【コマ】

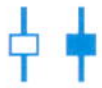 実体（柱）の短い陽線または陰線

【寄り付き同時線】

 十字線

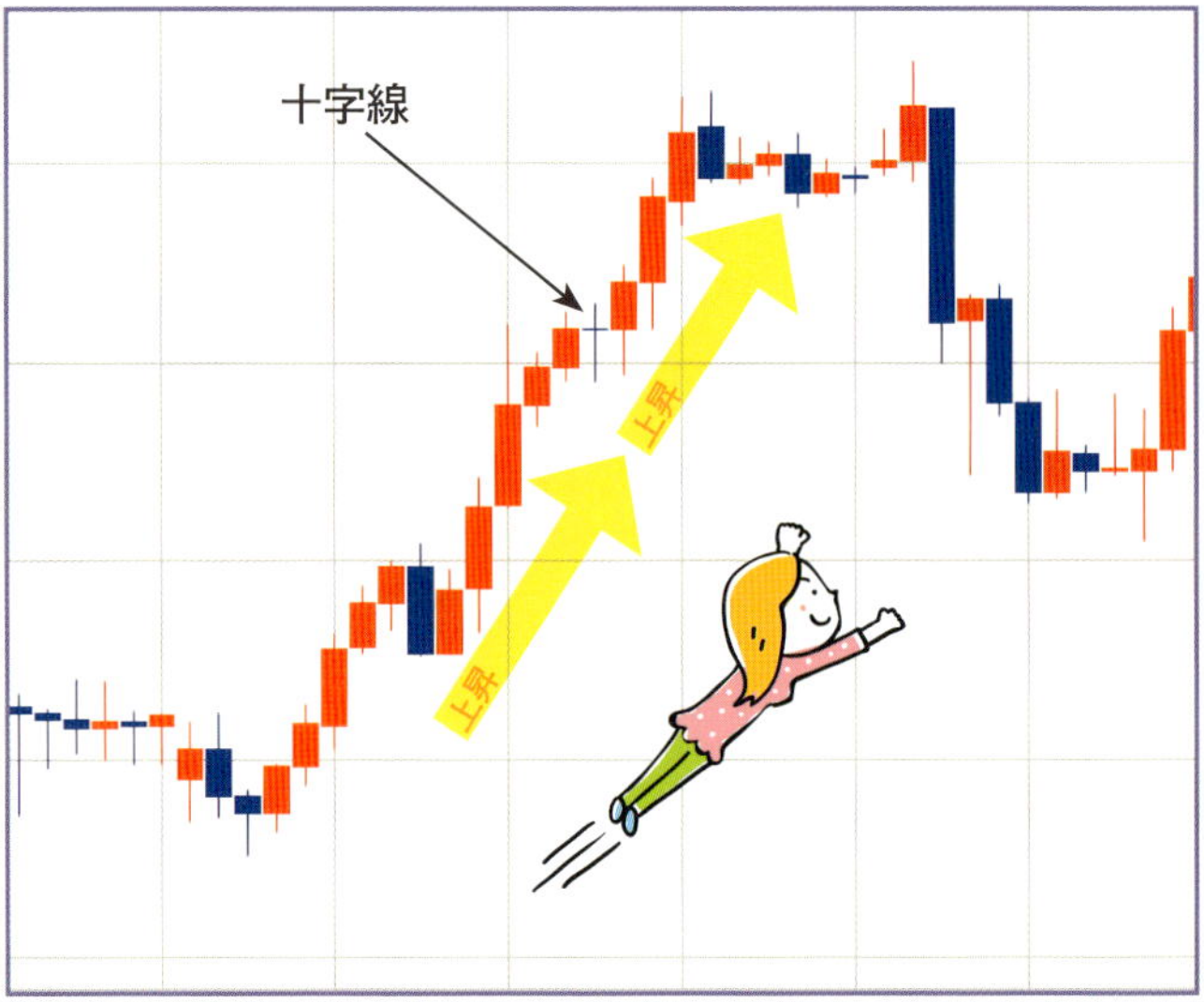

上昇のシグナル　⑧マド埋め

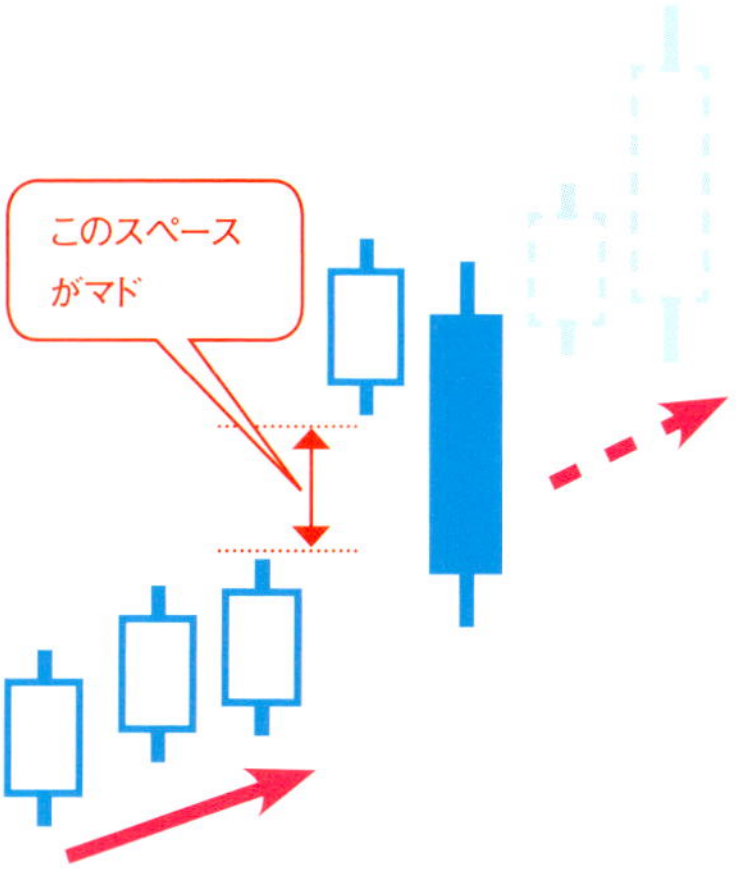

２本のローソク足の空間がマド。前の足型から放れて寄り付き、値動きが前の値幅内にかからないときにできる。上昇過程でマドが開いたあと、相場が反転して、**マドが開く前の値（マド埋め）に戻ったら**、さらに上昇する。

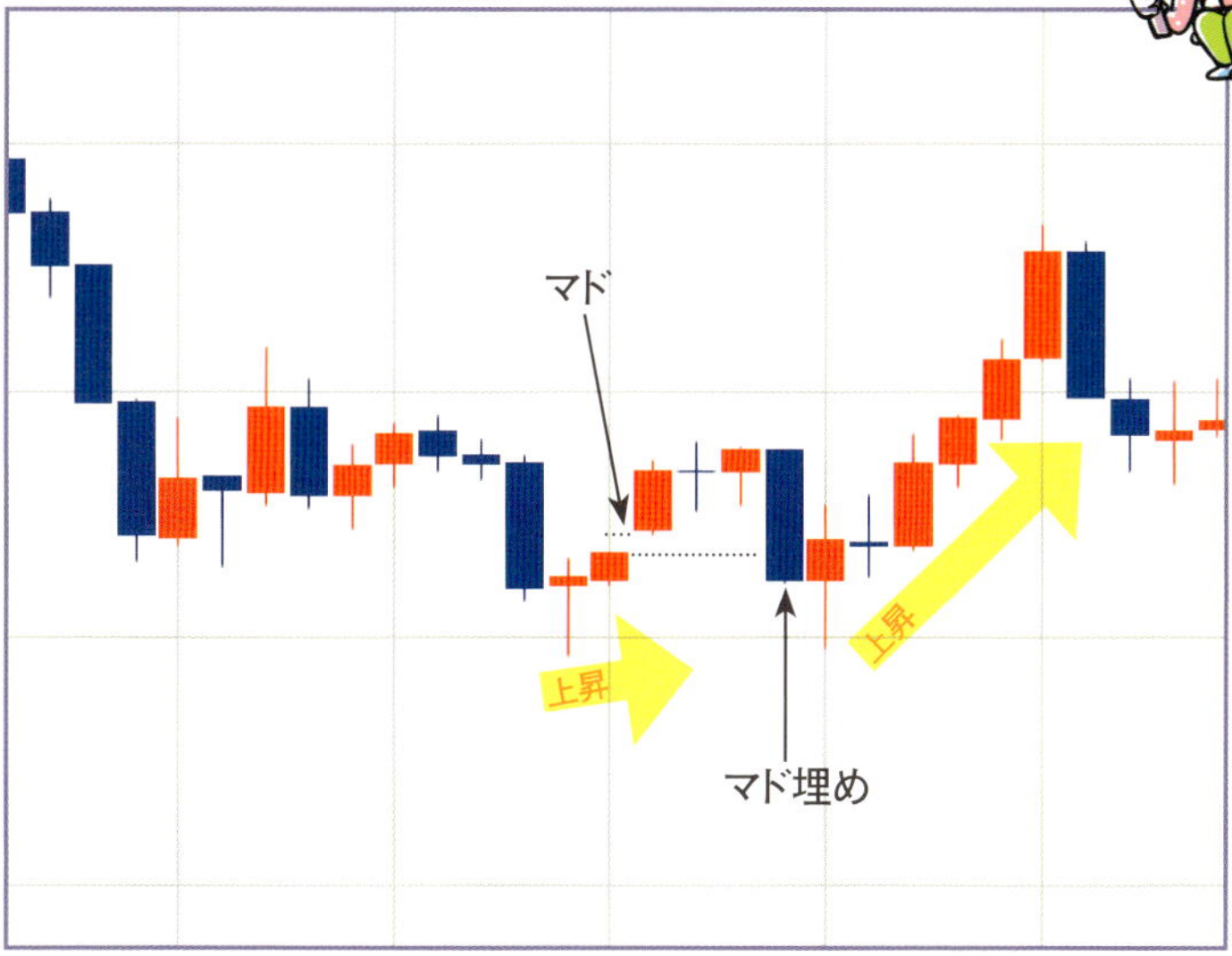

上昇のパターン ①逆ヘッド・アンド・ショルダー

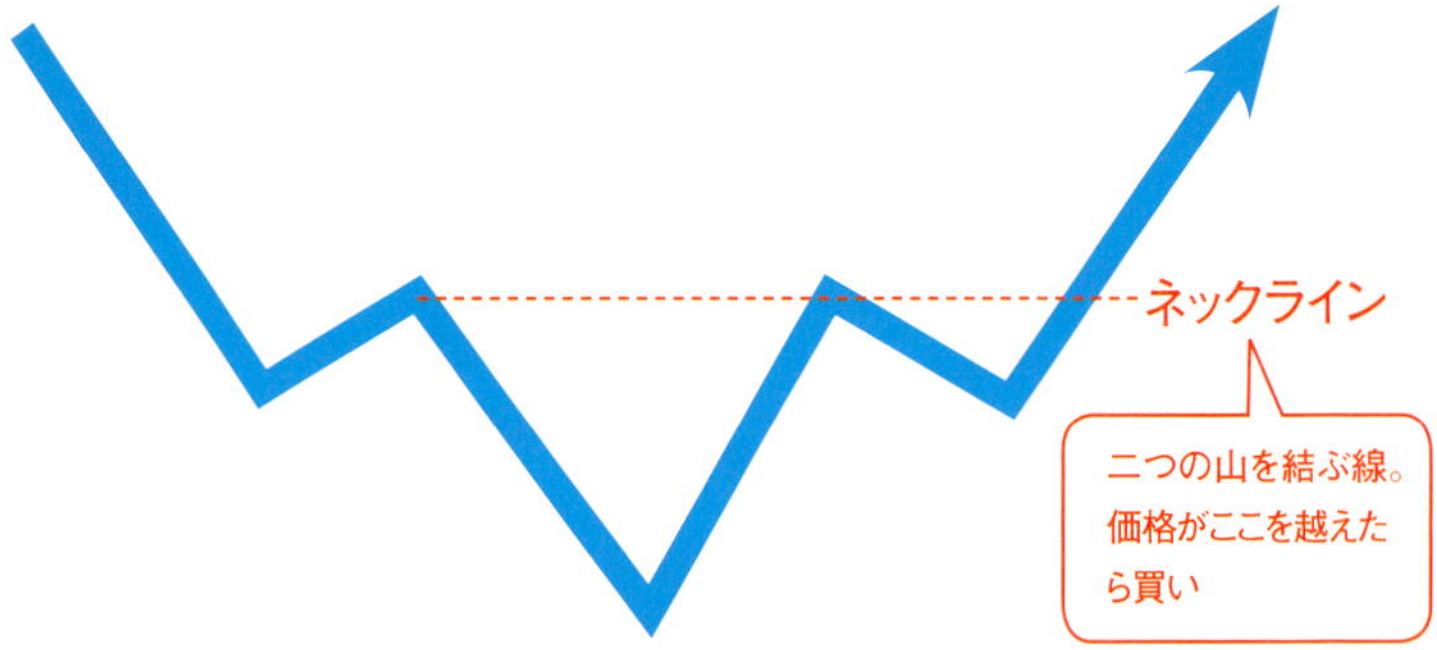

底値で3回「谷」を形成し、そのなかで２番目の谷が最も安値になるパターン。最初の谷に向かって為替水準は安くなり、一度反転したあと、再度下落。**反発して三たび下落したのちに上昇する**。二つの「山」を結ぶ線をネックラインという。

必ずしもきれいな形になるとは限りません。

上昇のパターン　②ダブル・ボトム

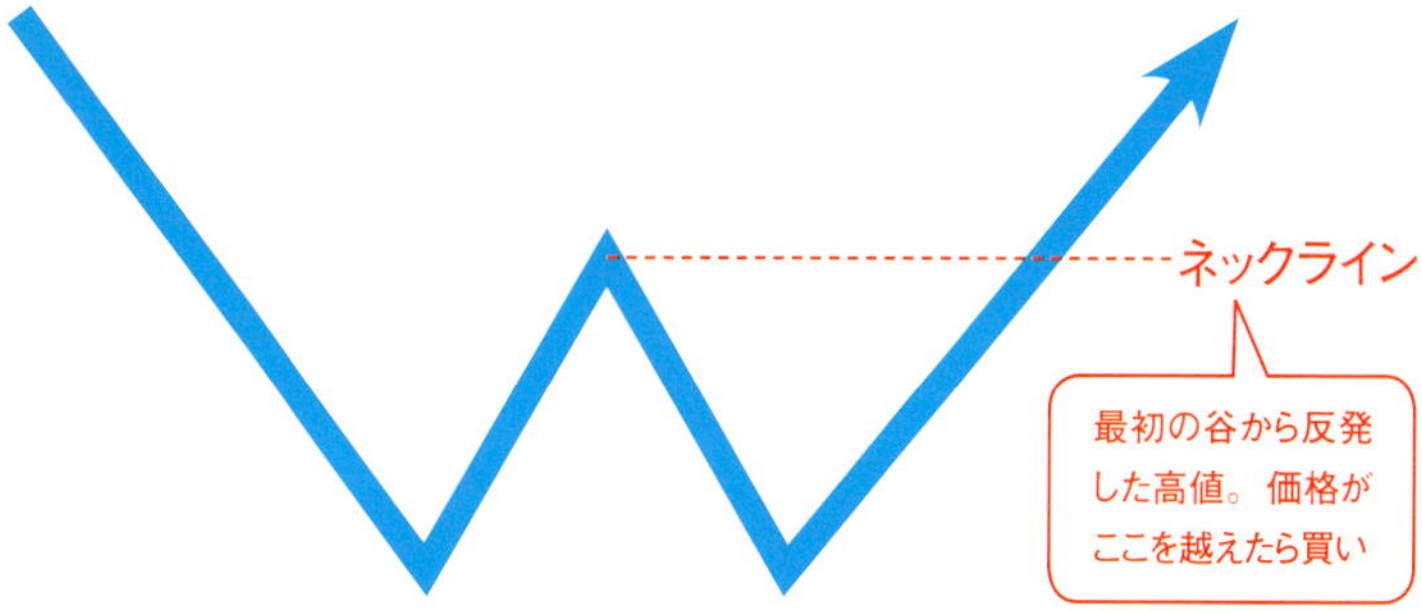

チャートの形が「W」の形を描くように二つの「谷」を形成するパターン。
最初の谷から小反発した高値がネックライン。
２番目の底値から上昇し、**ネックラインを越えたところから本格的に上昇する。**

必ずしもきれいな形になるとは限りません。

上昇のパターン　③ソーサー・ボトム

なだらかな「なべ底」のような曲線を描くチャート形。高値からだらだらと為替水準を切り下げたあと、**下げ幅が縮まり、やがて上昇に転じていく**。買いのチャンスは明確ではないものの、大きめの陽線が出たときをねらう。戻りの水準は下落前の高値。

上昇のパターン ④V字形

急激に為替水準が切り下がったあと、急回復するパターンである。チャート形が「V」字形を示す。

底値の確認は難しいが、**上向いたとき**が買いのタイミング。戻りの水準は、急落前の高値を目安にする。

➘ 下落のシグナル　①三羽ガラス

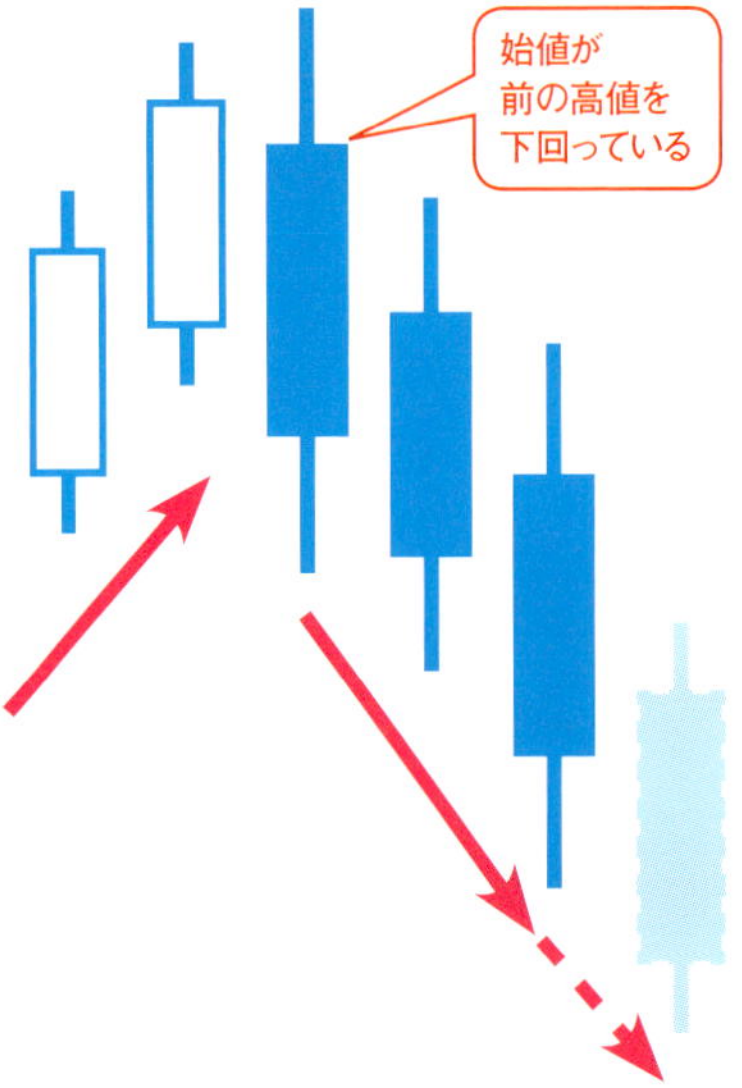

上昇相場がつづいたあと、陰線が連続し、為替水準が下落するパターン。最初の陰線の始値が前の高値より下回っていると下落する。上放れしていると上昇の可能性あり。

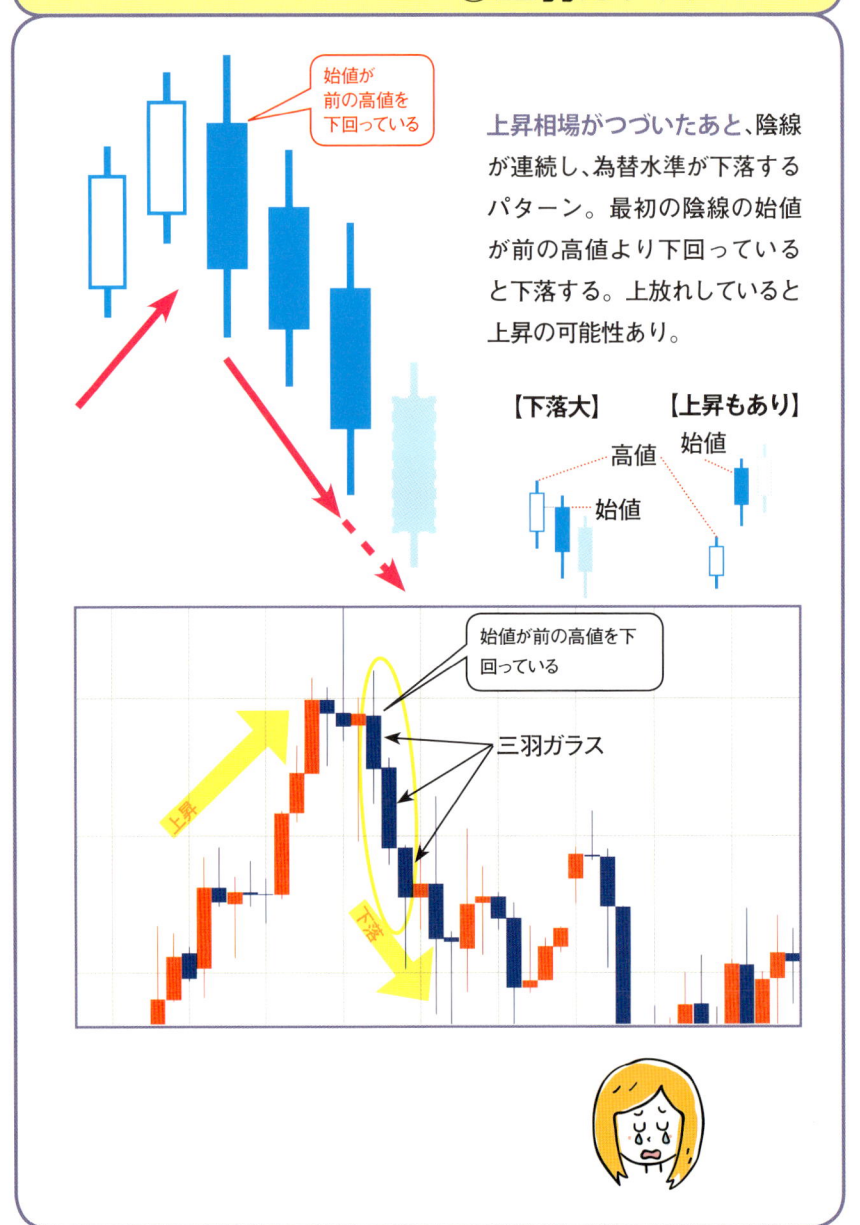

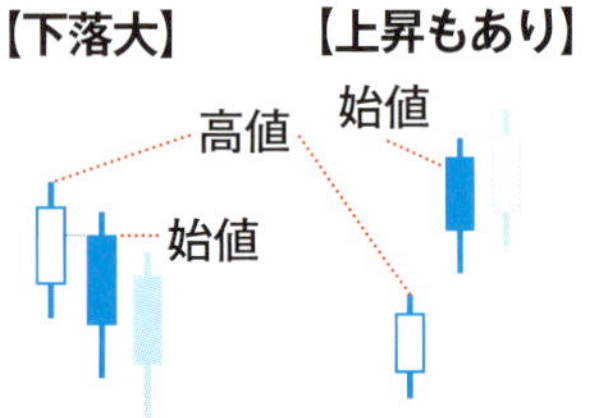

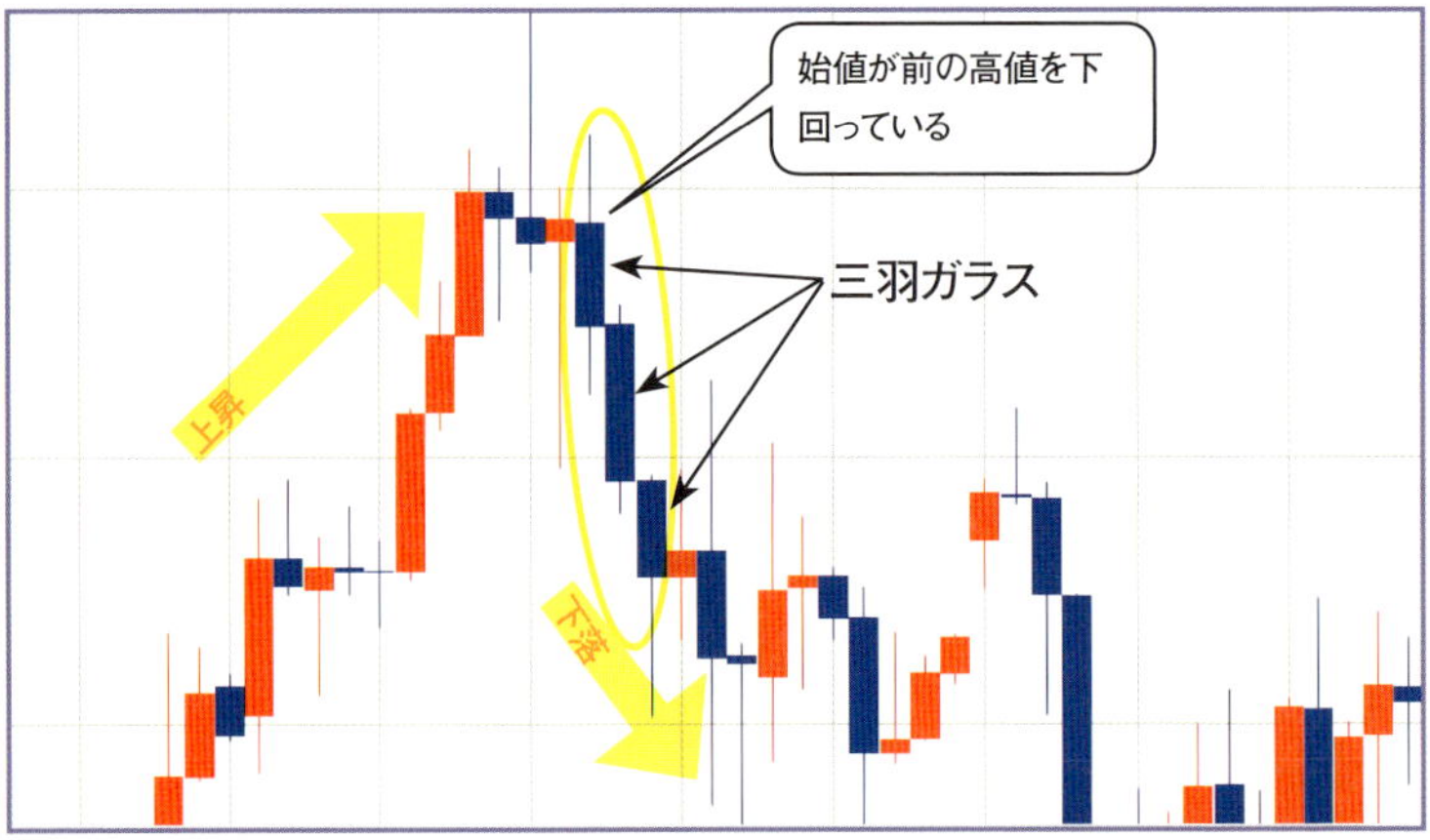

下落のシグナル ②カブセ線

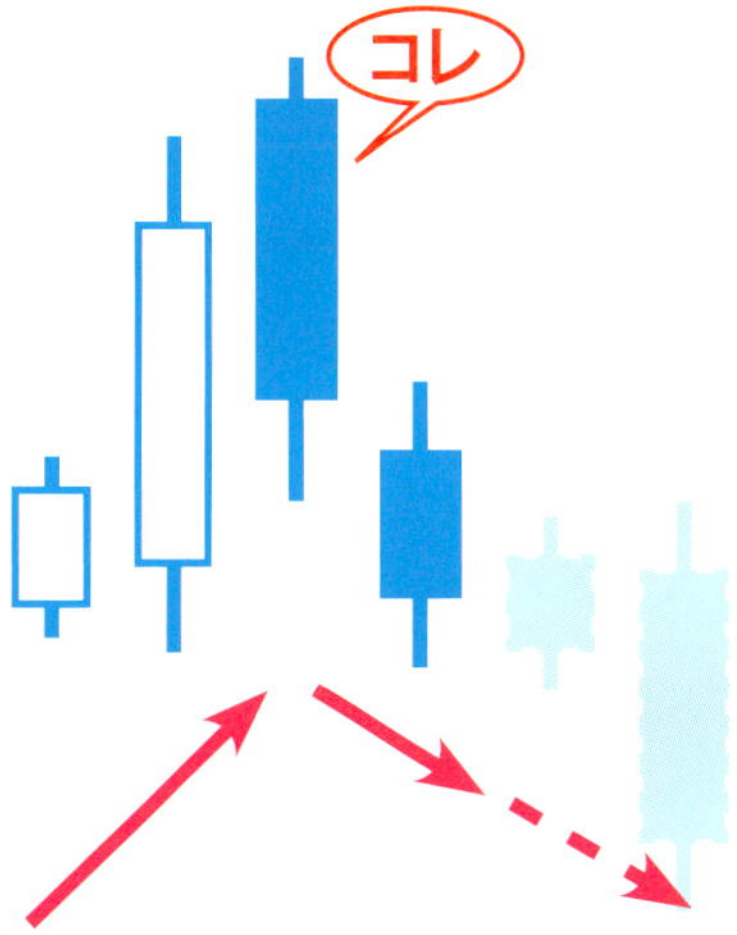

上昇しつづけていた為替相場が、勢い余って次の足型で高く寄り付いたものの、買いがつづかず、**反落して前の陽線に食い込んで**陰線となったもの。
下落の兆候となる。

【カブセ】

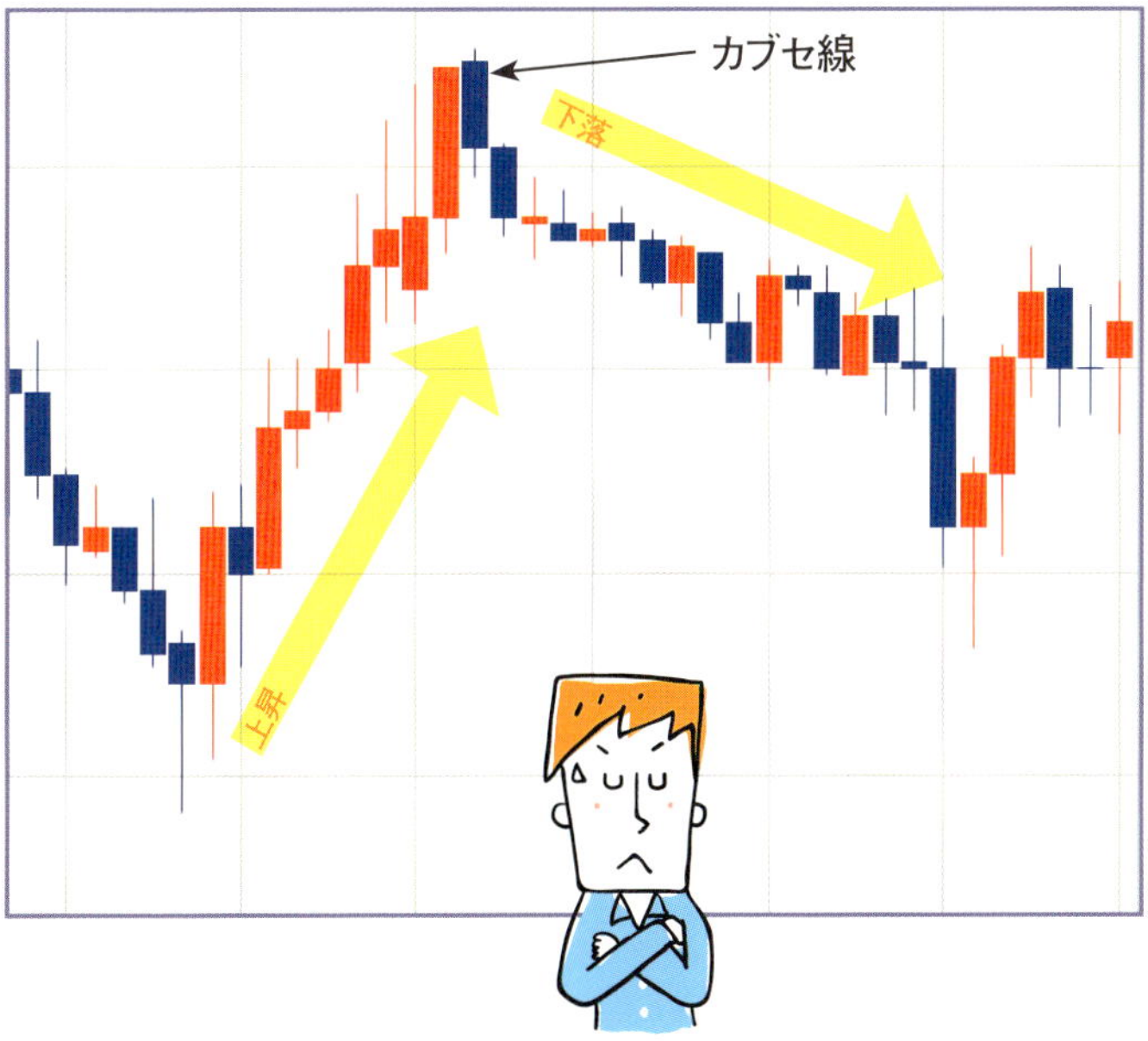

➘ 下落のシグナル　③はらみ寄せ線

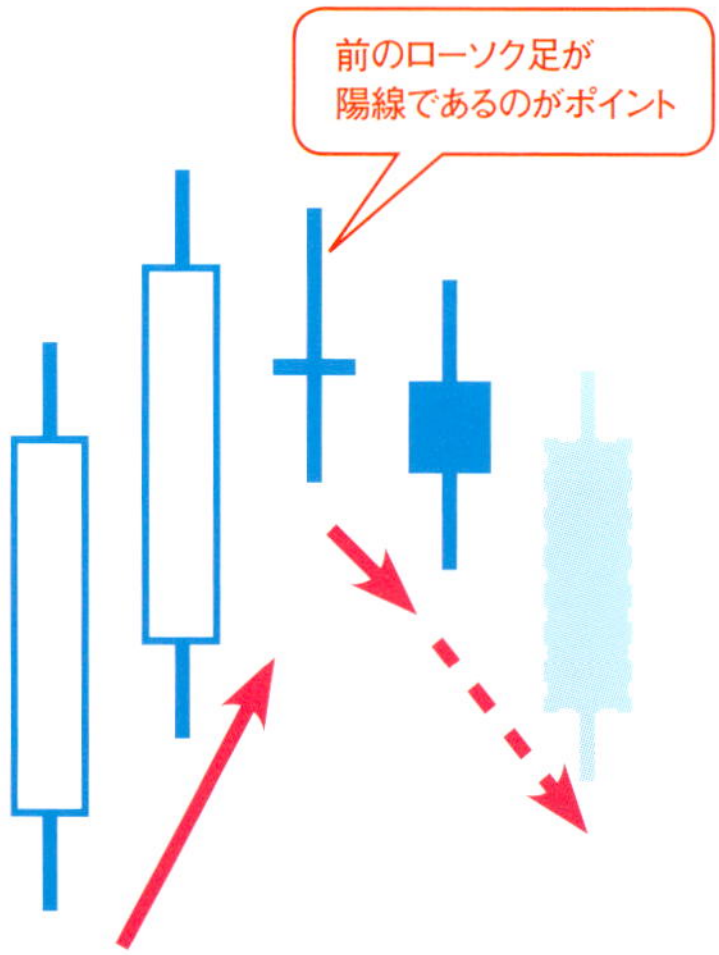

前の陽線・陰線の柱の部分に次の足型が入ってしまったのが「はらみ線」（104ページ参照）。**前の陽線が次の十字線をはらんだよう**になると「はらみ寄せ線」となり下落へ。

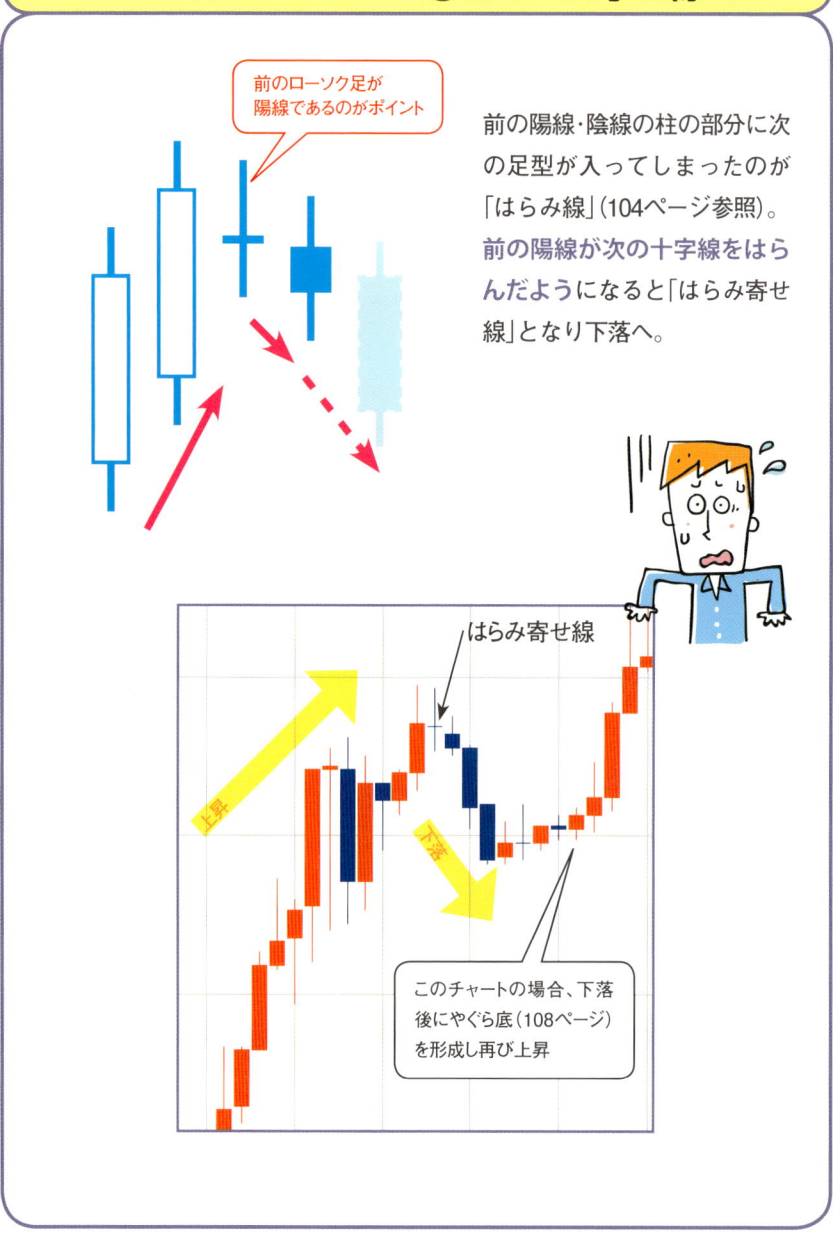

↘ 下落のシグナル　④上位での陰の寄り切り線

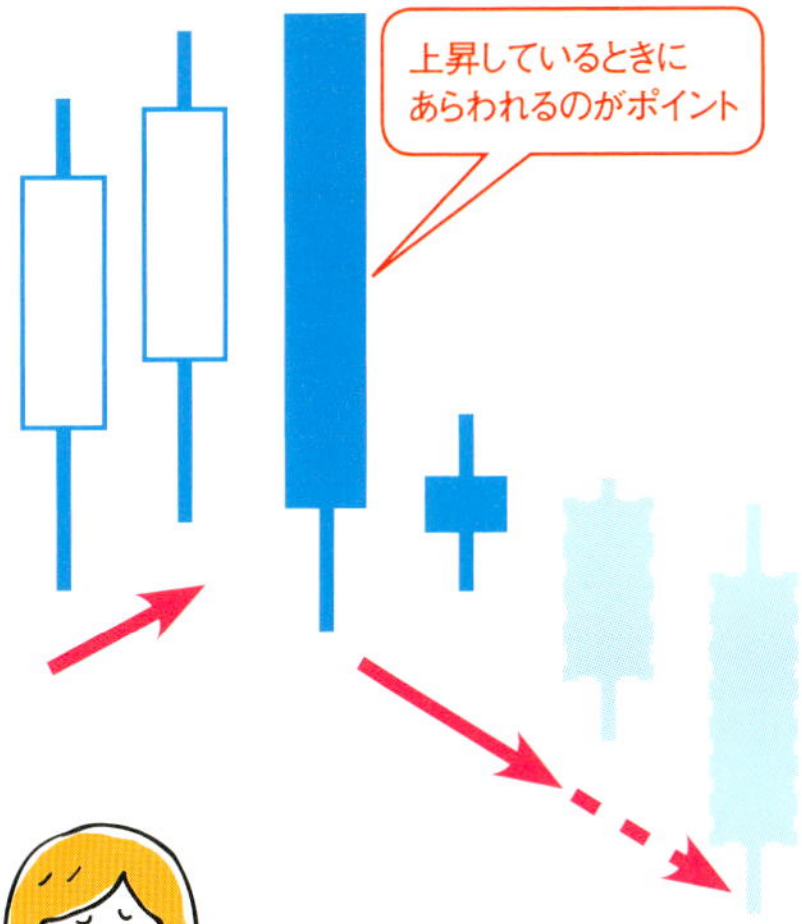

「寄り切り線」とは、**上昇しているときは、「陰の寄り付き坊主」を指す**。高値圏で寄り付き、大幅に下落した陰線を形成すれば、下落の可能性大。

【陰の寄り付き坊主】

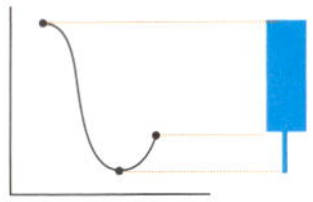

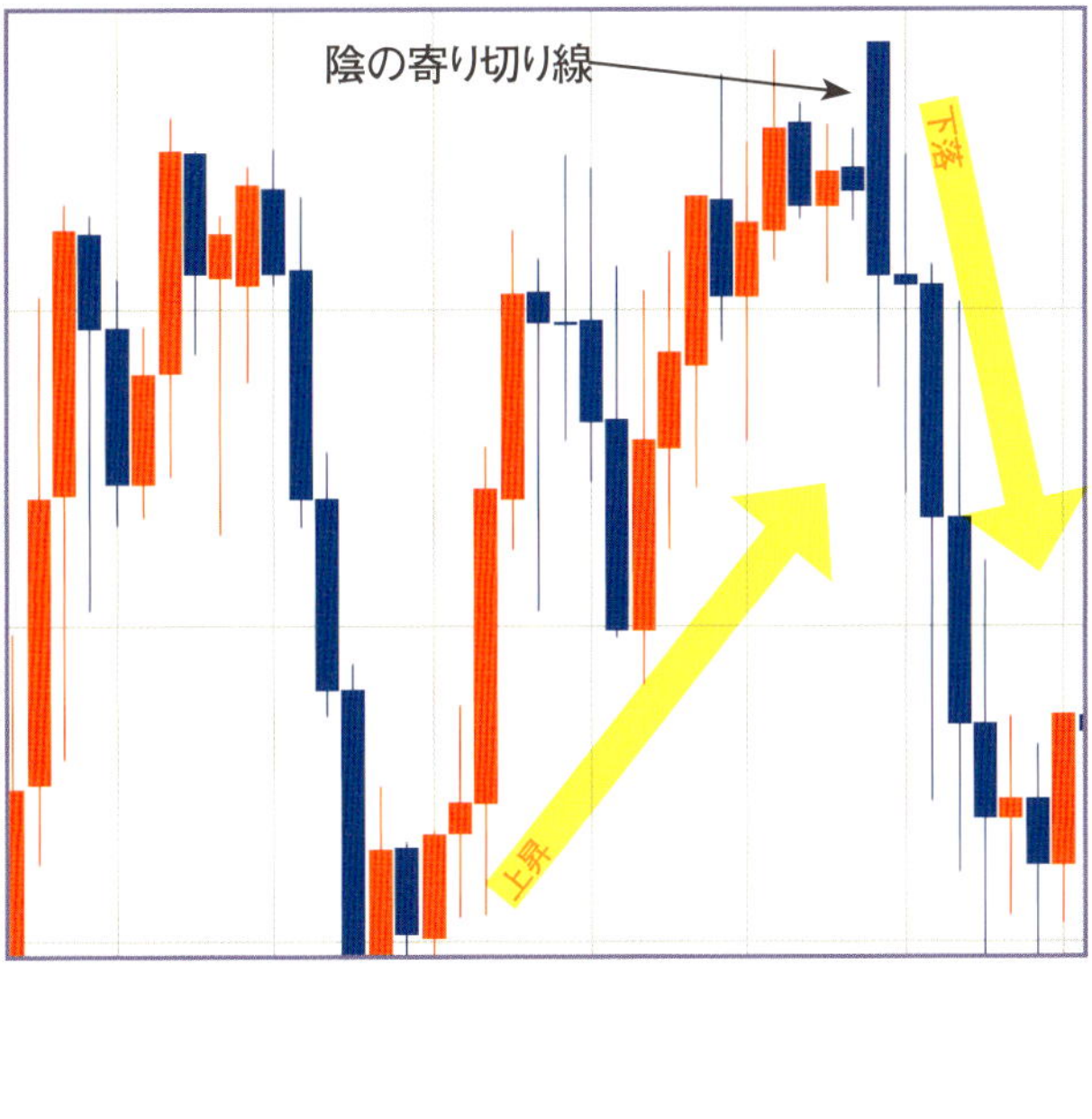

↘下落のシグナル　⑤下げ足の寄せ線

下落相場の途上で、「十字線」があらわれると「下げ足の寄せ線」。為替相場はその段階から一段と安くなる可能性が高く、売りの好機となる。

【十字線】

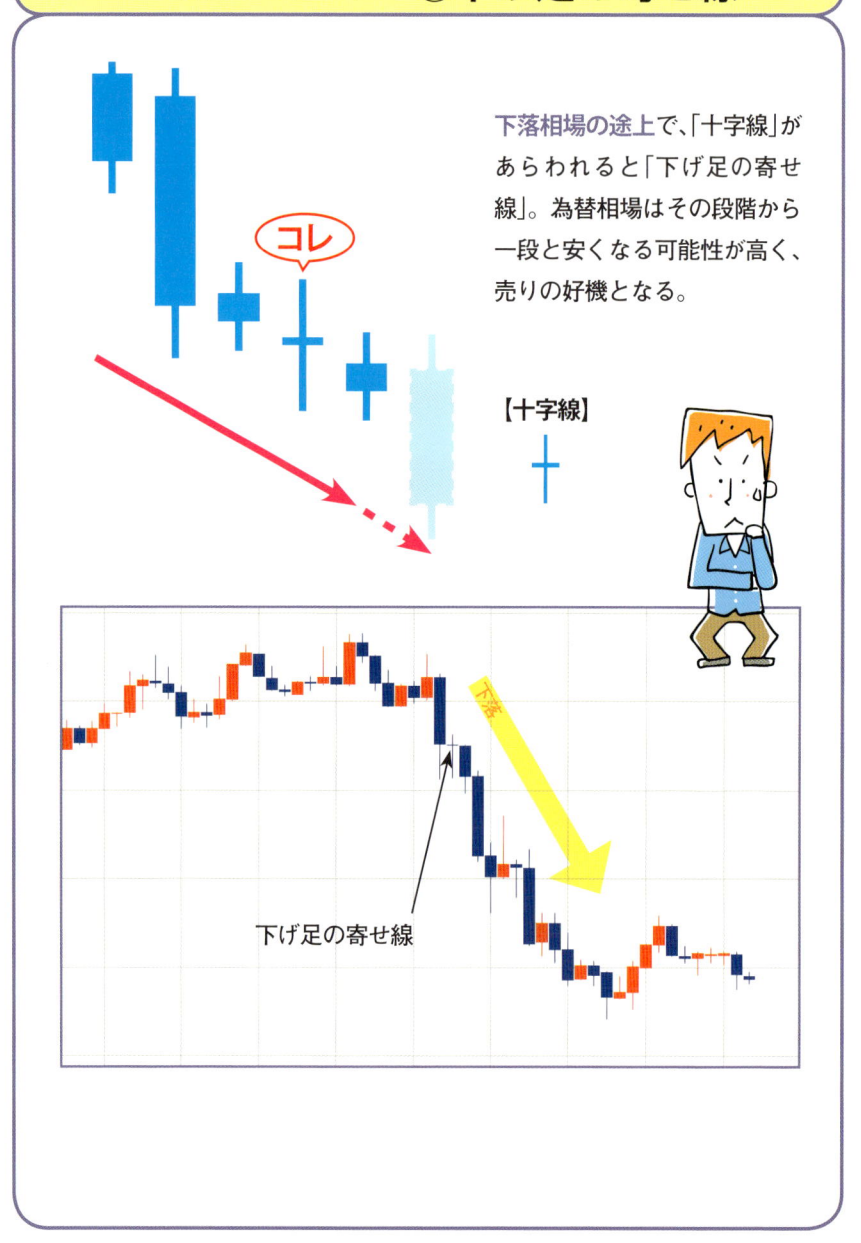

➘ 下落のシグナル ⑥行き詰まり線

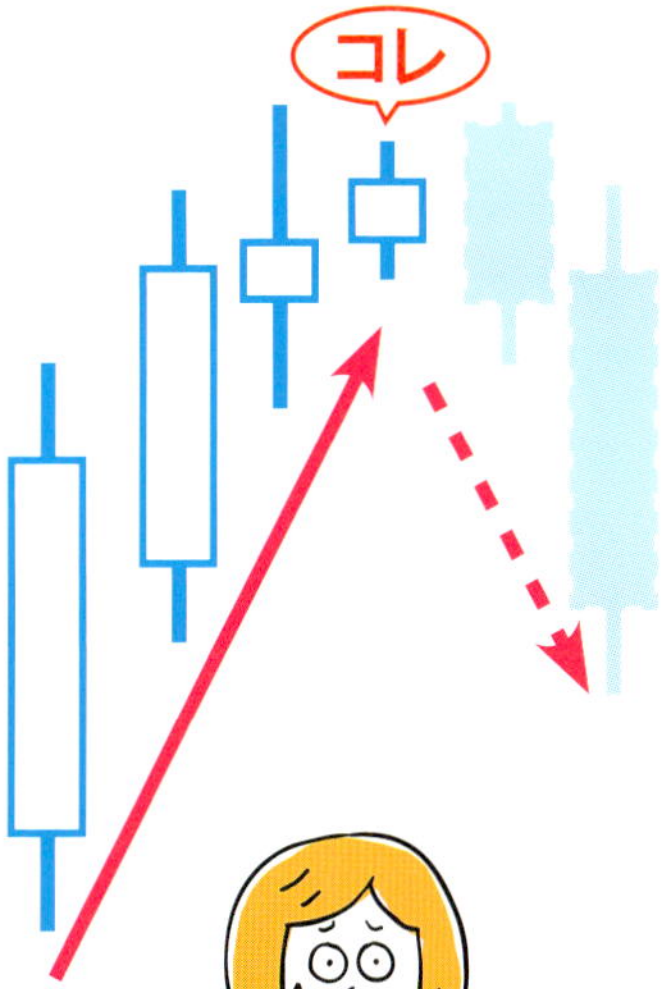

上昇相場がつづいて**新高値をつけたあと**、次の足型も陽線となる。しかし、前の高値よりも下位で寄り付き、高値を更新せずに陽引けした形。
反落のきざしとなる。

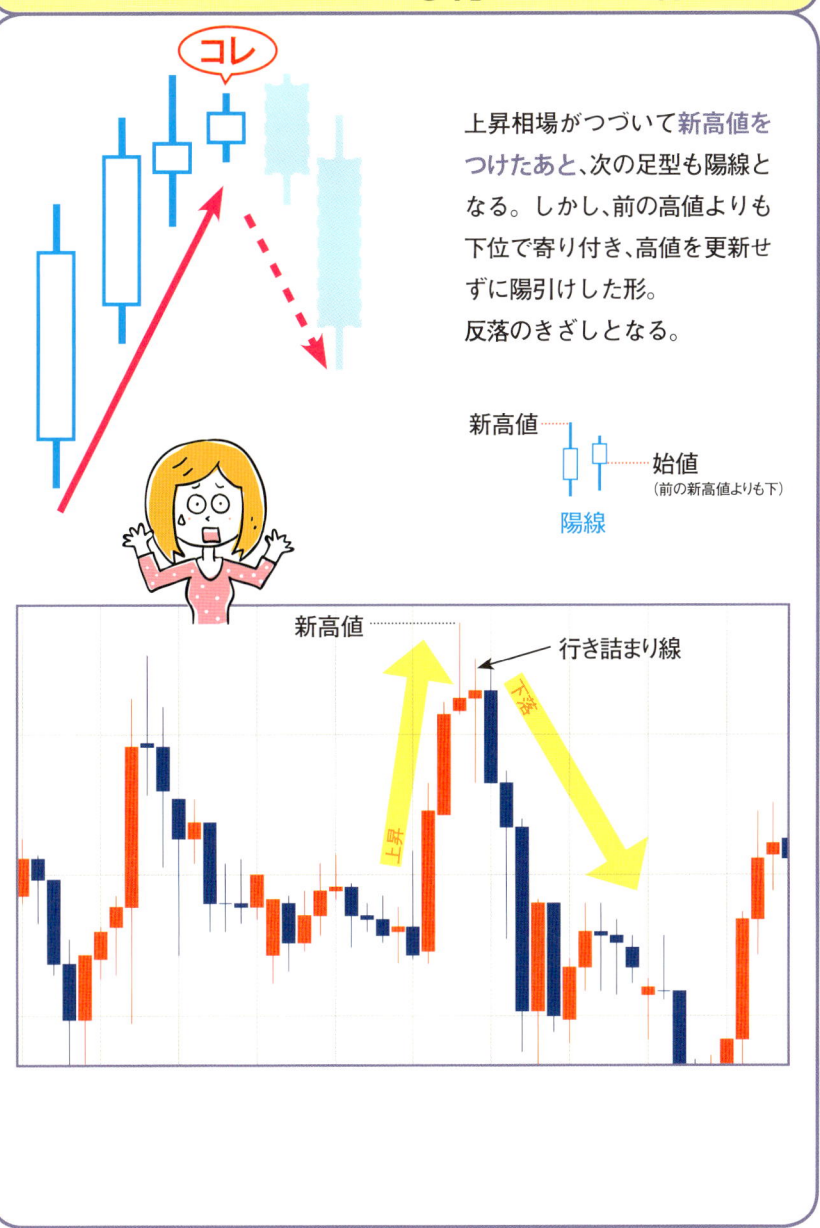

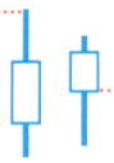

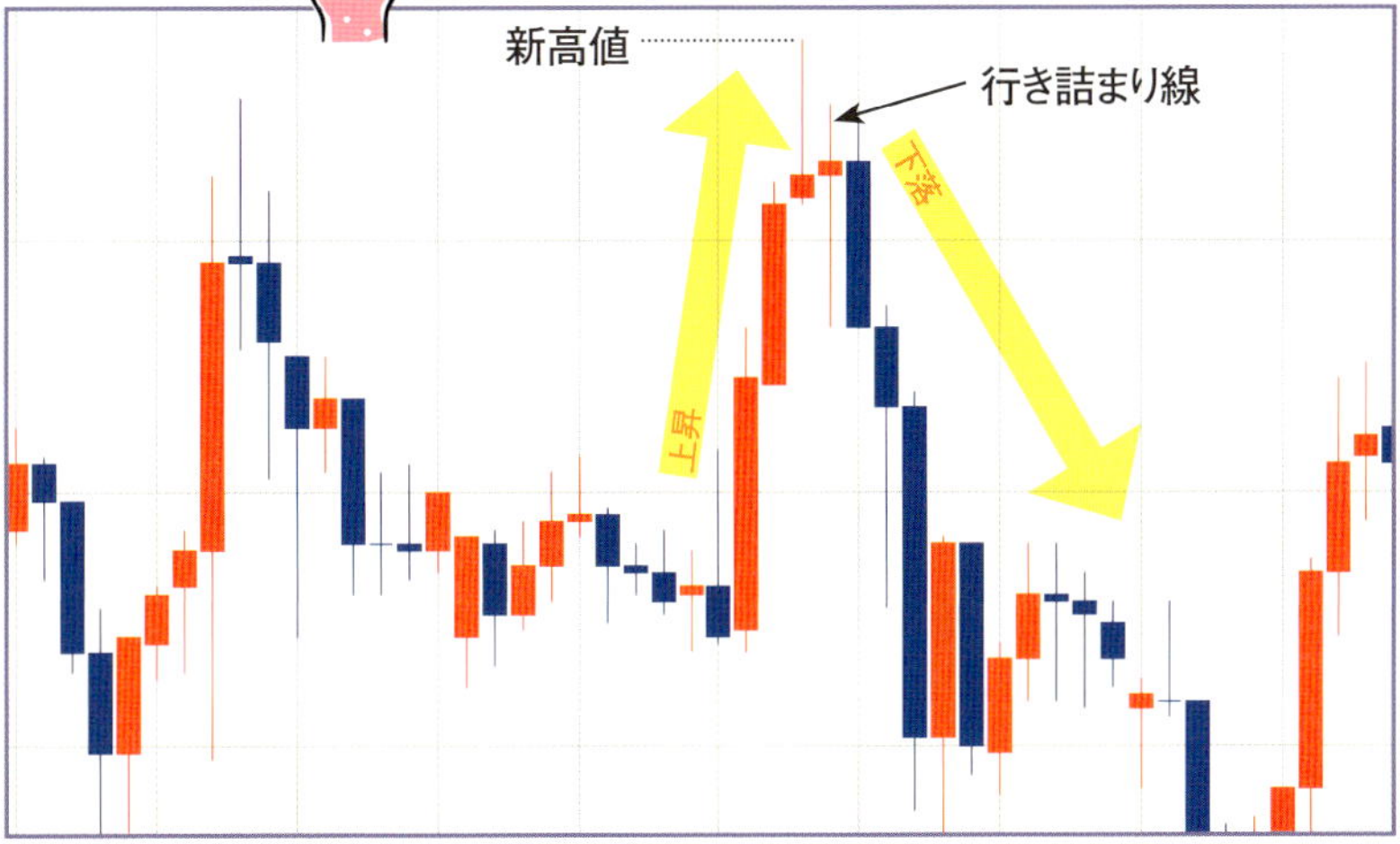

➘ 下落のシグナル ⑦上位の上放れ陰線

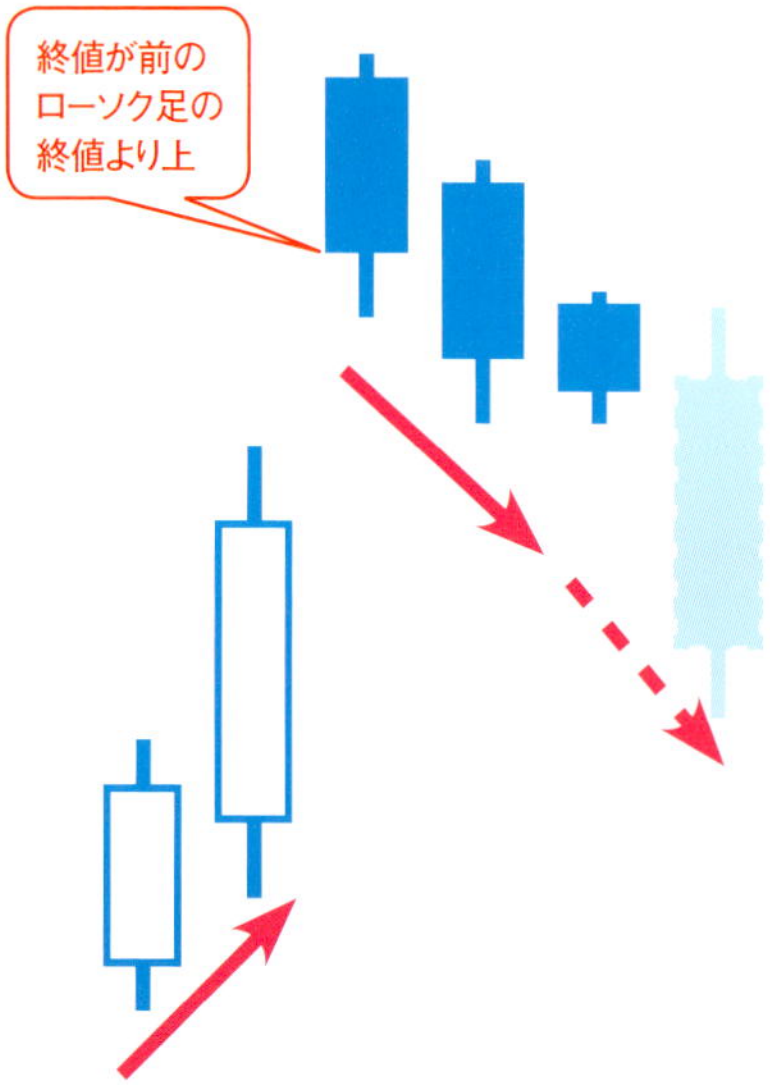

上昇相場の途上で上放れして寄り付いたものの、売りに押されて陰線で引けた場合。
それでも終値が前のローソク足の終値より上にあるのを「上位の上放れ陰線」といい暴落のきざし。

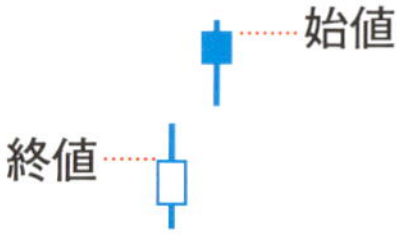

【上放れ《うわっぱな》】
前のローソク足の終値よりもはるか上で寄り付いたもの

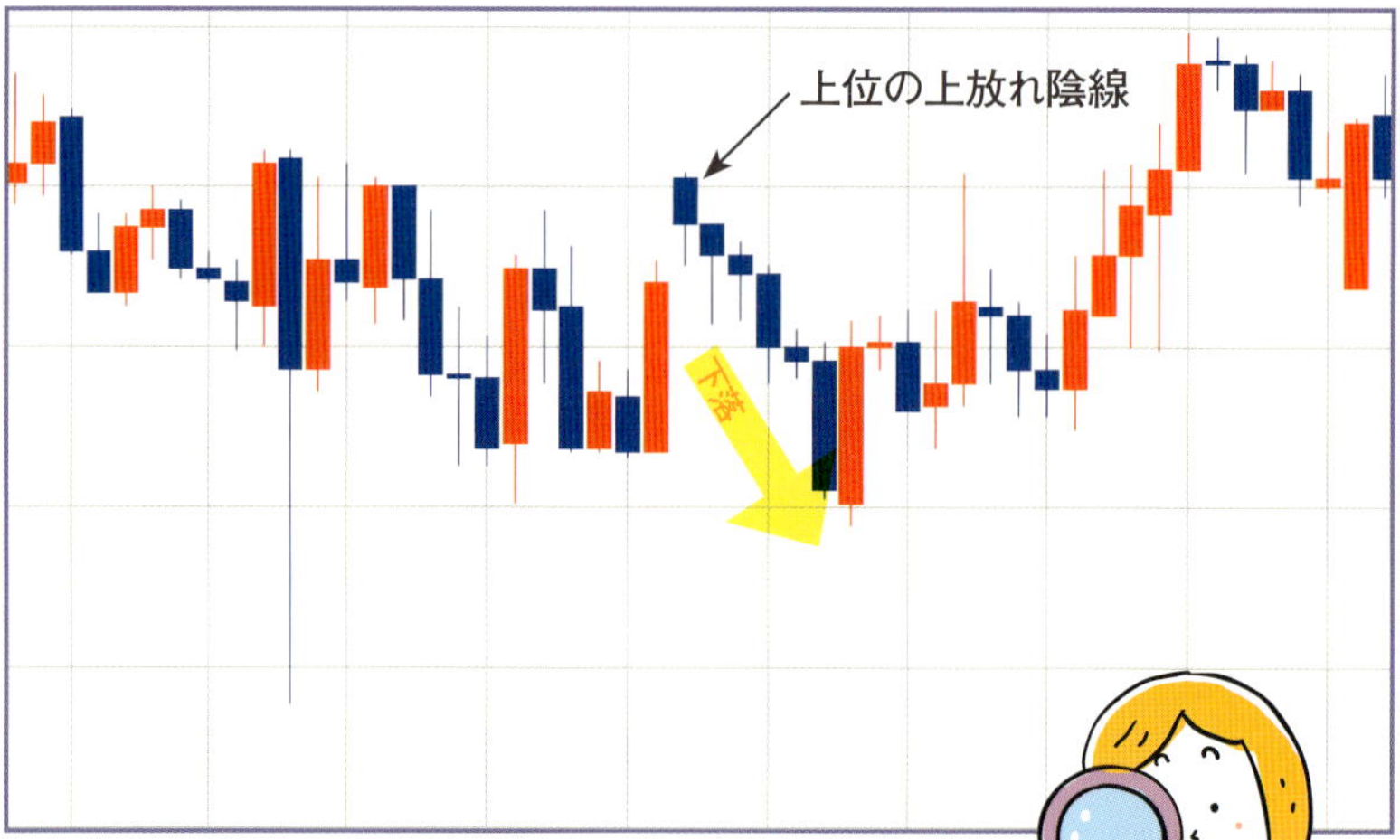

↘ 下落のシグナル ⑧上放れ十字線

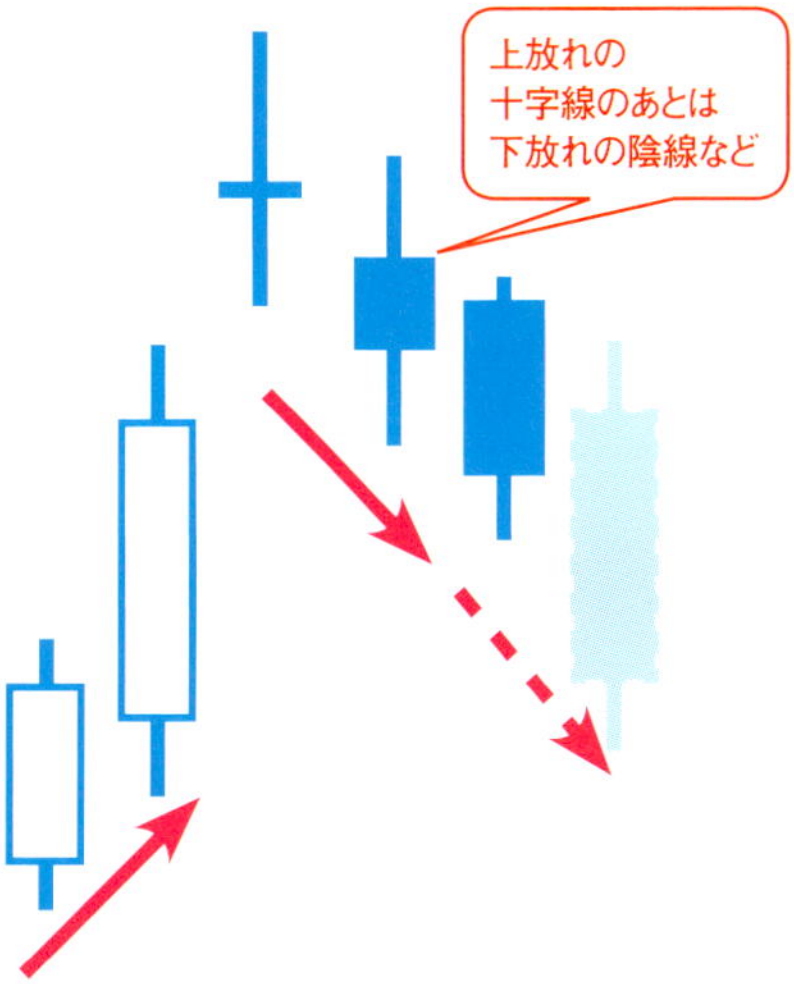

上昇相場のなかで、上放れて十字線が出現。**次に下放れして陰線が出たときなど**を「上放れ十字線」（あるいは捨て子線）という。大暴落のきざしとされる。

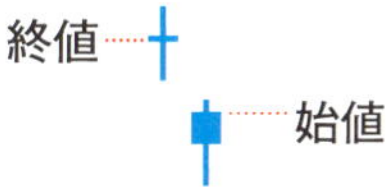

【下放《したっぱな》れ】

前のローソク足の終値よりはるか下で寄り付いたもの

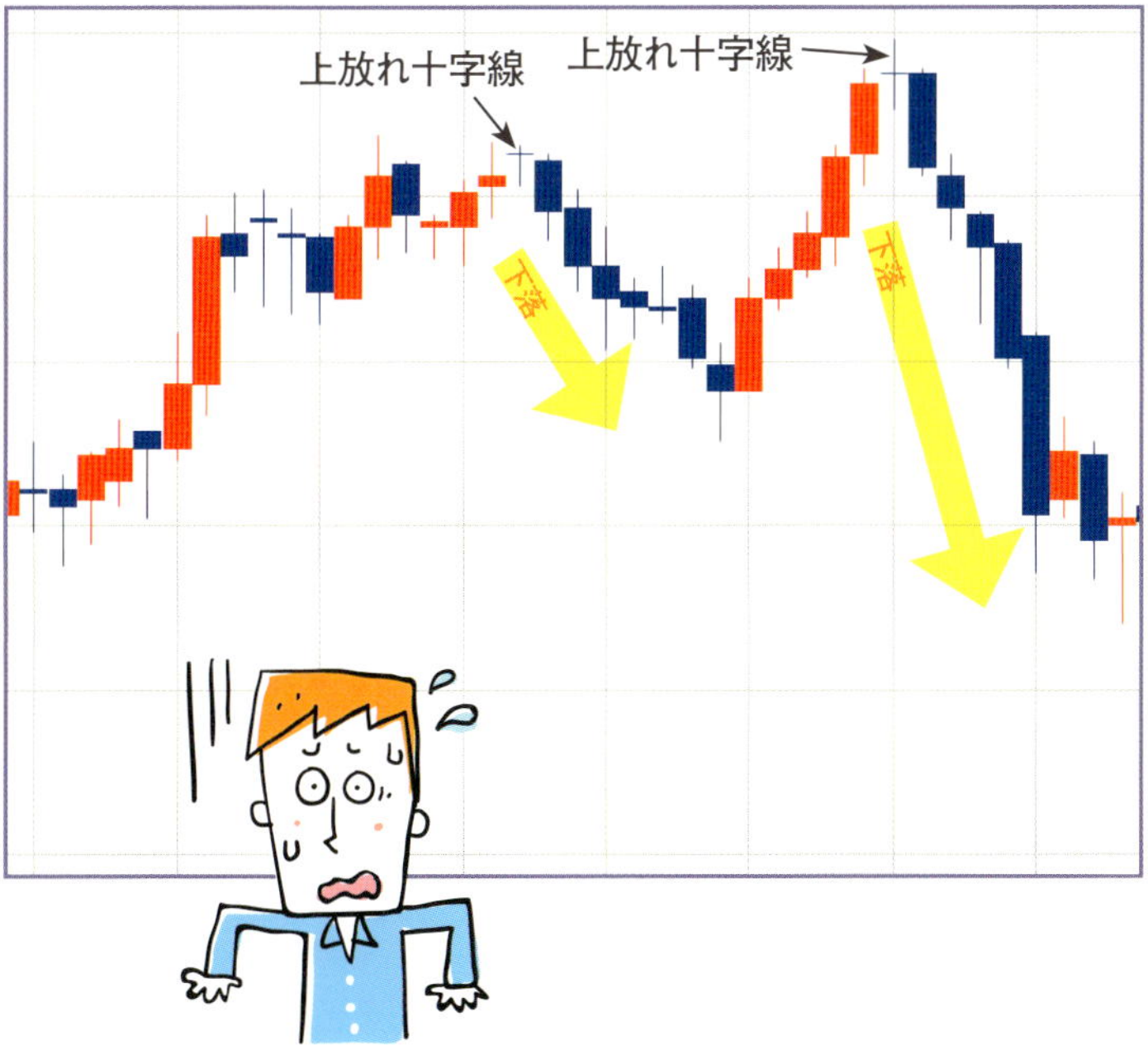

➘ 下落のパターン　①ヘッド・アンド・ショルダー

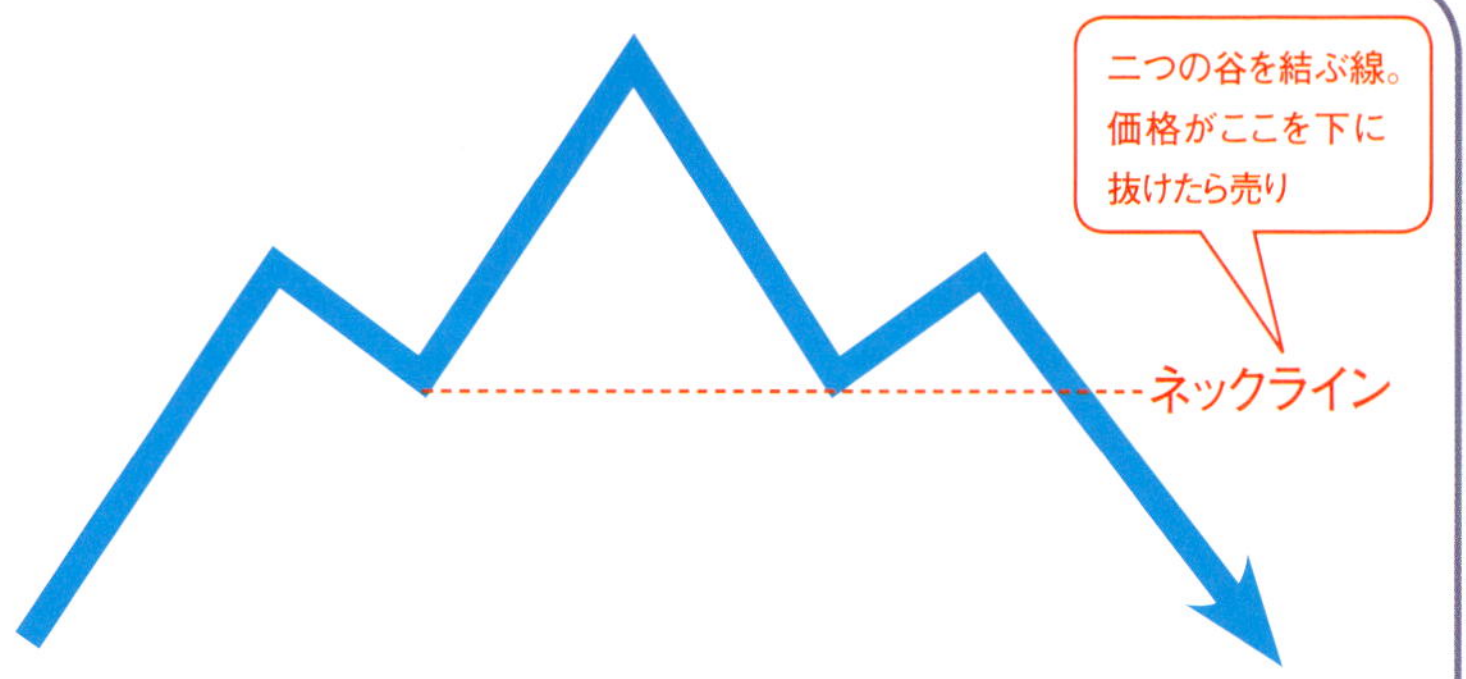

チャートが三つの山を形成、そのなかでも真ん中の山がいちばん高いパターン。

為替が上昇をつづけ、最初の山を築いたところで反落。再度、高値を更新したものの反落。三たび上昇したが、**直近の高値を更新できず**に反落する。

必ずしもきれいな形になるとは限りません。

↘ 下落のパターン　②ダブル・トップ

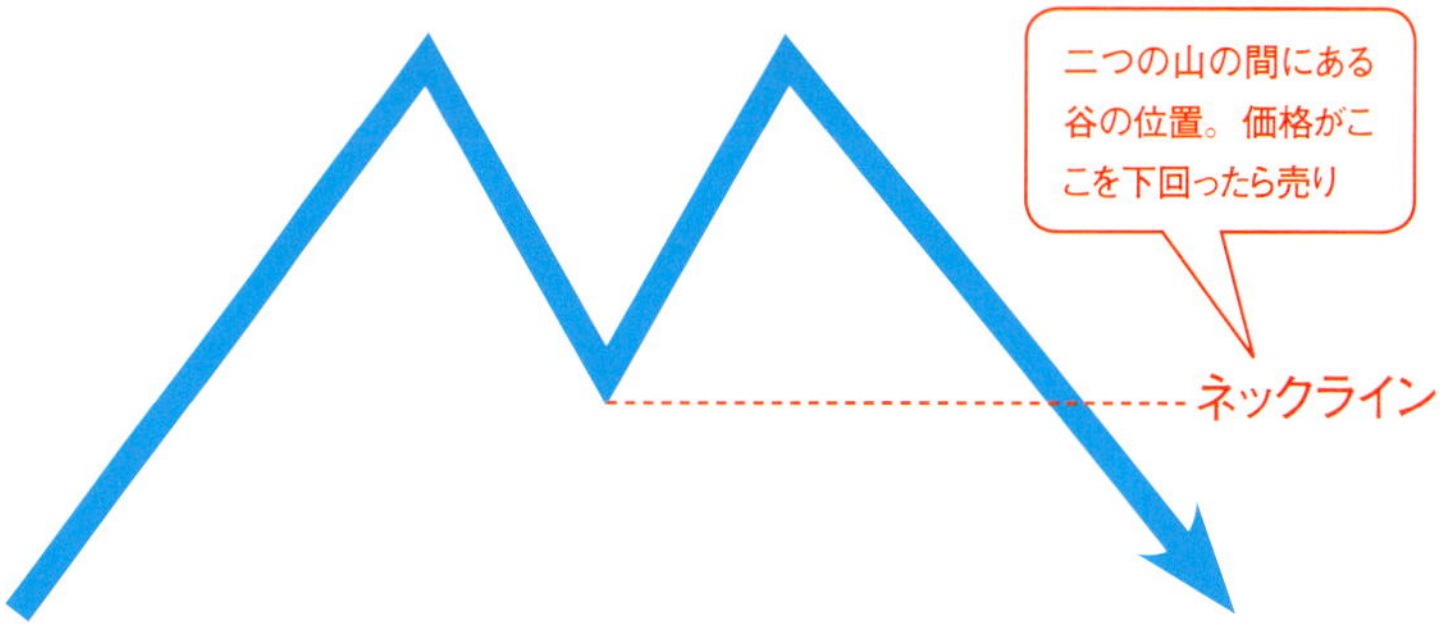

ほぼ同じ高さの山を形成。上昇が長くつづいたあとに出やすい。**天井を形成したあと**、いったん調整、再度高値に挑戦して山を形成する。

しかし、そこから上値を追うほどに勢いがつづかず、反落。為替の下落に拍車がかかる。

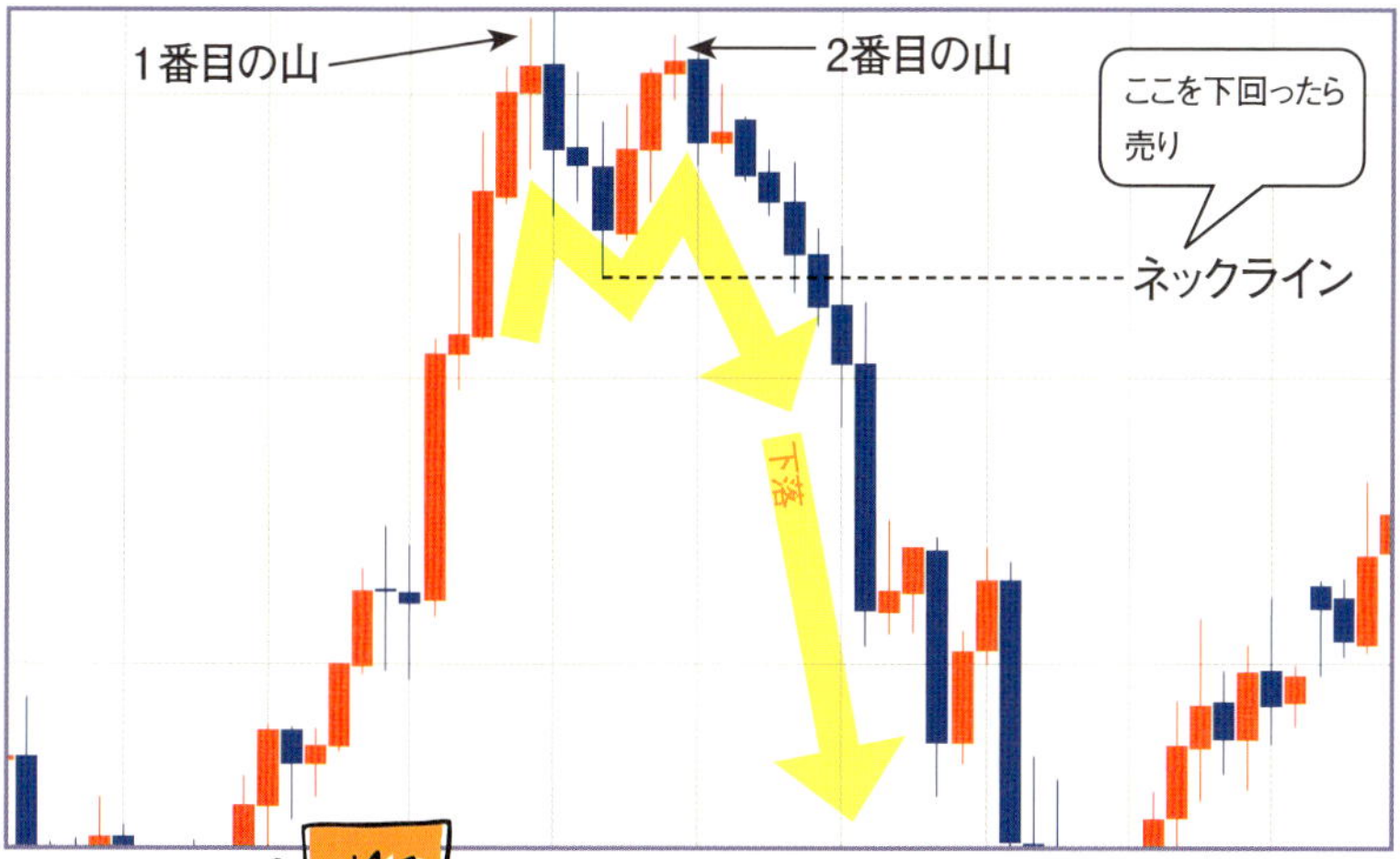

必ずしもきれいな形になるとは限りません。

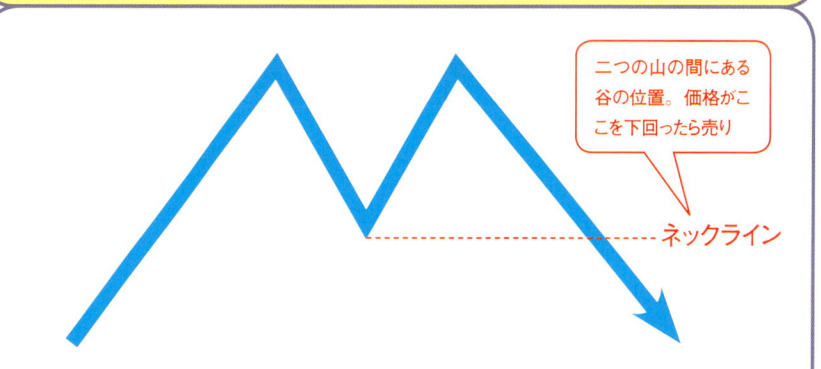

↘下落のパターン　③ソーサー・トップ

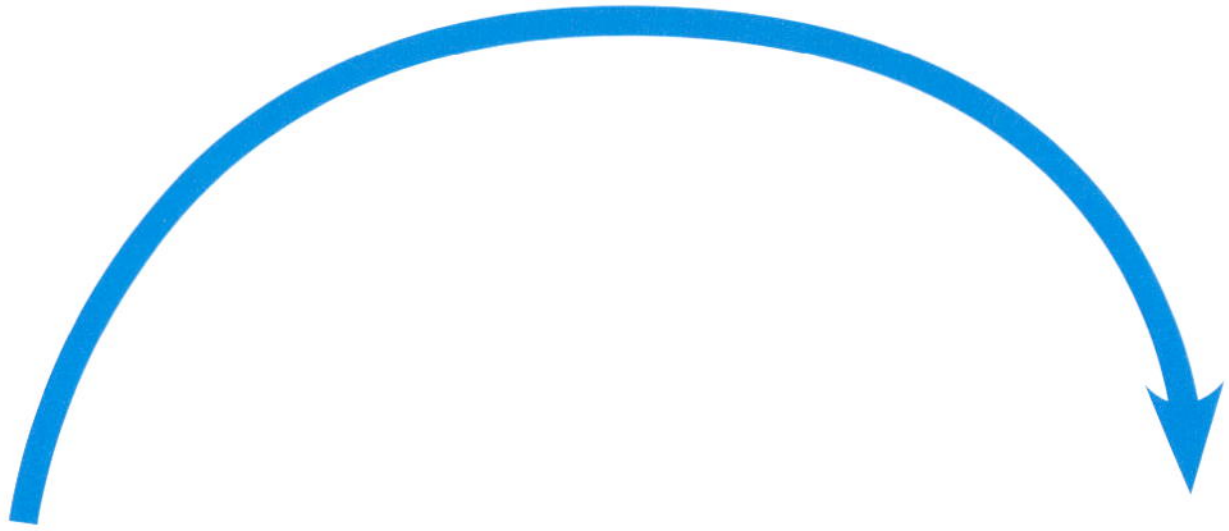

ソーサー・ボトム（116ページ）をひっくり返した形。
為替水準が少しずつ高まっていくものの、だんだん勢いが衰えてくる。

売りの勢いがやがてまさり、だらだらと下落に向かっていく。大きめの陰線が出たら見切りを。
その後、下落のスピードは増していく。

➘ 下落のパターン ④逆V字形

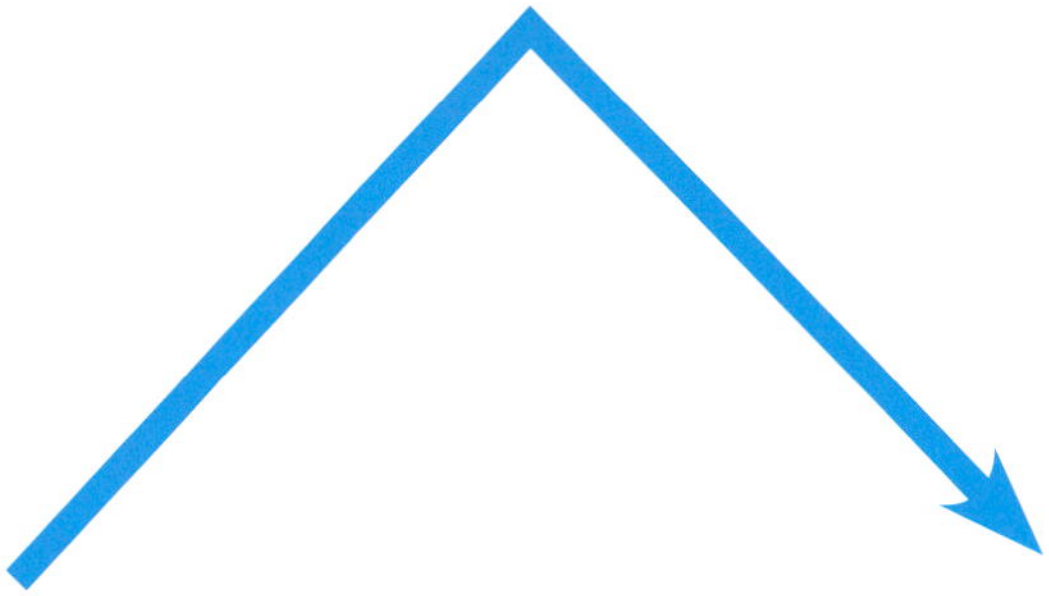

為替水準が一気に上昇したのち、高値警戒感が出たところで、今度は急下降していくパターン。

一本調子で上がったあとに出やすい。上昇ピッチと同様に下落のスピードも速い。

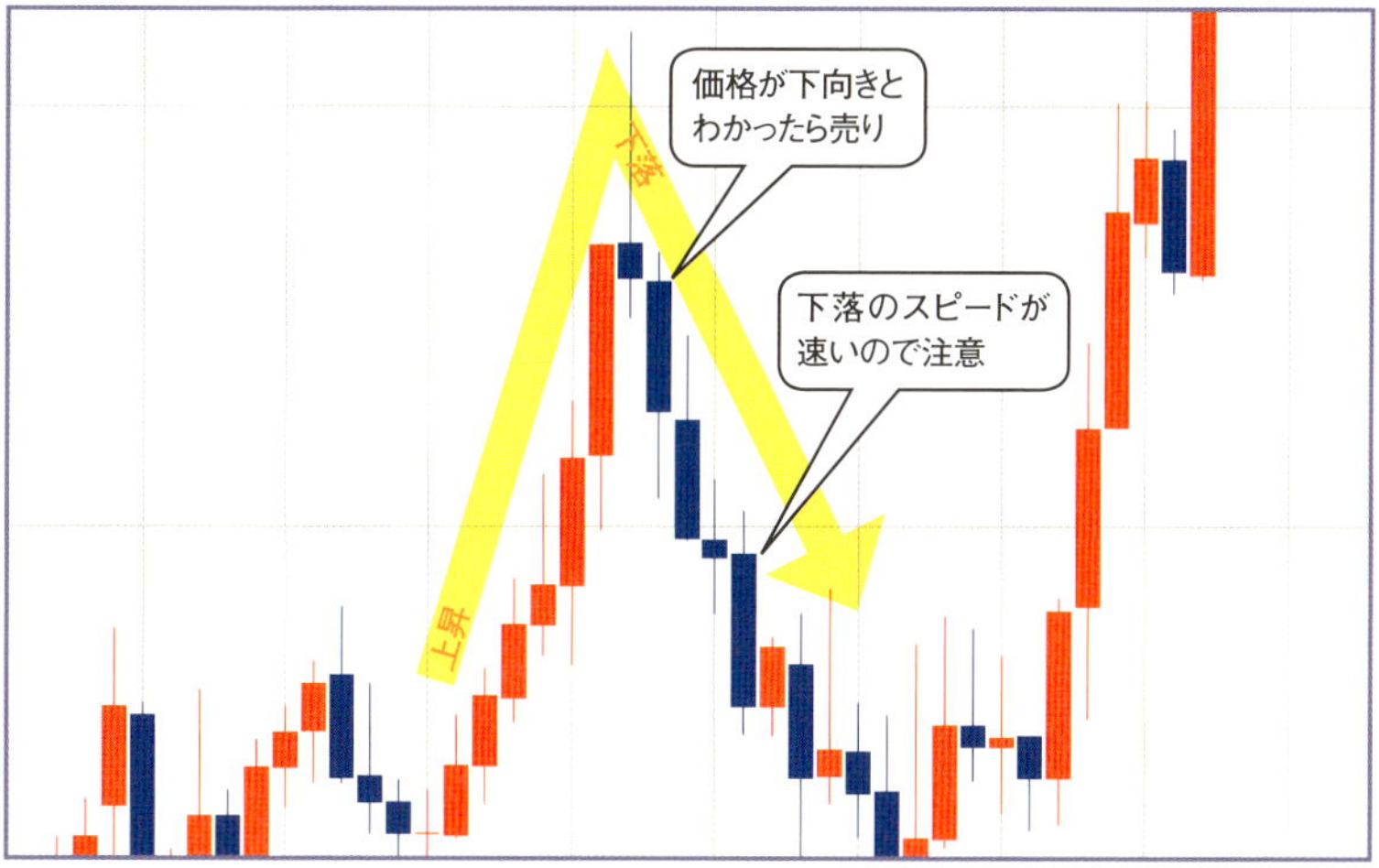

30

チャートの流れを読む①

トレンドラインで動く方向を探る

トレンドラインに沿って為替は動く

為替は刻一刻と動いており、上がったり下がったりを細かく繰り返しています。この小さな動きのほかに、「トレンド」という大きな流れがあります。

為替は一つの方向に動き出すと、しばらくその方向に動きがつづくというパターンが多いのです。

FXでは、このトレンドを読むことが大事になってきます。

上昇基調なら「上昇トレンド」、下降基調なら「下降トレンド」、値動きが一進一退で上下に動かなければ「横ばい」と、おおよそ三つのトレンドがあります。

動きの上限・下限が予測できる

チャートを見ると通貨の価格は、小さい「山」と「谷」を形成しながら変動します。

上昇相場のときは、切り上がっていくおもな「谷（安値）」と「谷」を結んだ線が、トレンドライン（下値支持線）となります。

下降相場のときは、切り下がっていくおもな「山（高値）」と「山」を結んだ線がトレンドライン（上値抵抗線）になります。

横ばいの場合は、おもな「山」と「山」、「谷」と「谷」をつないだ線がトレンドラインです。

このトレンドラインを引けば、上下する為替相場のなかで、下値で買って上値で売ることができ、利益を出せます。

ワンポイント　トレンドラインを引くときのポイント

トレンドラインを引くときは、上値、下値ともに引いてみる。上昇トレンドでも下値支持線だけでなく、上値抵抗線が引けるケースもある。このケースでは値動きの幅（レンジ）がある程度読めるので、投資しやすい。

三つの大きなトレンド

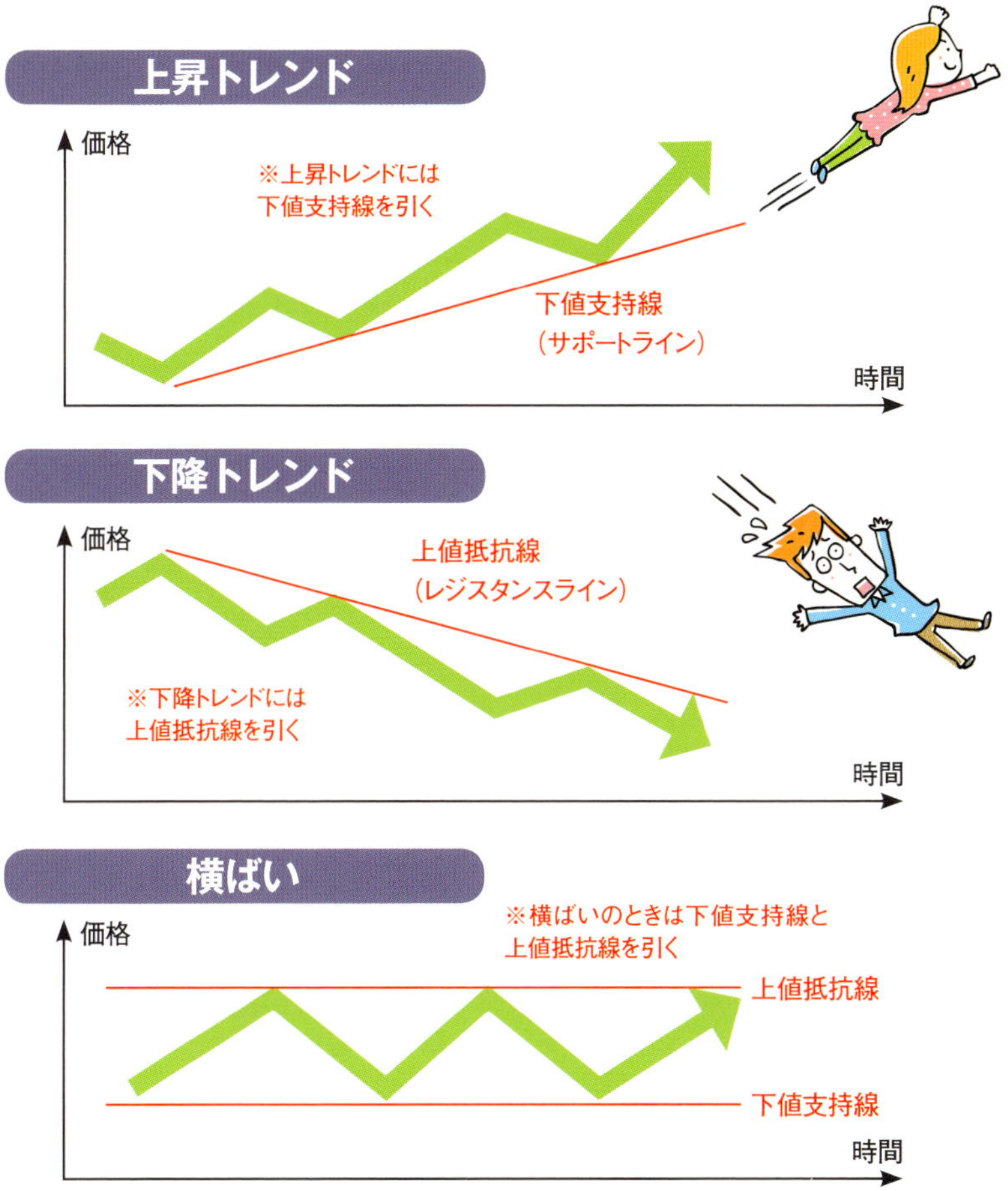

トレンドはいつまでも継続することはない（132ページ参照）。経済状況で大きな変化が起これば、トレンドは変わる（トレンド転換）。
また、ファンダメンタルズの変化がなくても、トレンド転換は起こる。
いつまでも上昇しつづけることはなく、また逆に下落しつづけることもない。トレンドの転換点を見逃さないようにしよう。

31

チャートの転換期を読む①

トレンドが変わる「ブレイク」

▼いつまでもトレンドはつづかない

為替のトレンドは一定期間つづく傾向があると述べましたが、際限なくつづくわけではありません。1ドル＝100円から70円台まで円高が進行したことはあっても、それが50円、40円……となることはありませんでした。

いつかトレンドは変わるものです。下降トレンドから上昇トレンドに、あるいは上昇トレンドから下降トレンドに転換するのです。

「さすがにこの円高はいきすぎだ」と市場が判断するテクニカル的な要因や、金融政策の変更といったファンダメンタルズにおける要因などから転換します。

では、トレンド転換をどう見抜けばいいのでしょうか？　**トレンド転換を見抜ければ、それに合わせた投資法で利益を上げられます。**

▼トレンド転換後は長つづきする

トレンド転換は、**為替水準がトレンドラインを突き抜けたとき**に確認できます。

つまり、下降トレンドであれば上値抵抗線を上に突き抜けたとき、上昇トレンドであれば下値支持線を下に突き抜けたときに、トレンド転換になります。

横ばいなら、上値抵抗線を上に抜ければ上昇トレンドに、下値支持線を下に抜ければ下降トレンドになります。**トレンド転換後は、まだ「若い相場」だけに長くつづきやすく、利益を上げるチャンスです。**

ワンポイント トレンド転換とともに新発想を

トレンド転換後は新しい気分で臨むことが重要。たとえば横ばいトレンドで、1ドル＝118円で買い、119円で売ったとする。その後、ブレイクアップして120円で新規で買うのには勇気がいるが、発想の転換を。

トレンドラインから転換期を読む

ブレイクアップ　下降トレンドから上昇トレンドへ

ブレイクダウン　上昇トレンドから下降トレンドへ

移動平均線を使えばより確実になる

▼移動平均線の求め方

ローソク足は、為替の先行きを占うツールですが、大きな流れをつかむには、ちょっと使いにくい部分があります。

そこでトレンドラインに加え、**「移動平均線」を使えば、勝率はより高まります。**

移動平均線（以下、平均線）とは、過去の一定期間の取引価格を平均化してつないだ線をいいます。

たとえば「5日平均線」なら過去5日間の取引価格の平均値をその日ごとに算出し、一本のラインにしていきます。

期間の取り方は、デイトレードかスキャルピングかなど、投資法によって異なってきます。スキャルピングなら5分線（5分移動平均線）や15分線といった超短期線を使うことになります。

▼位置関係で動きが読める

平均線と取引価格の位置関係も、先行きの予想に使えます。上昇トレンドのとき、平均線は右上を向き、さらに**価格は平均線の上にありがちです。**

逆に下降トレンドのときは、平均線は右下を向き、かつ取引価格が下にあります。

また、取引価格と平均線が大きく乖離《かいり》しているときは、その差を埋めようという動きが出たり、**両者がクロスしたら、トレンド転換点となる可能性も出てきます。**

ワンポイント　投資スタイルに合った移動平均線

いくつもある移動平均線のなかから、どのラインを選択するか。これは短期トレードか長期トレードかによって異なってくる。たとえば、デイトレードで25日平均線を使うのは、世界地図を使って隣町に行くようなものだ。

移動平均線からトレンドを見る

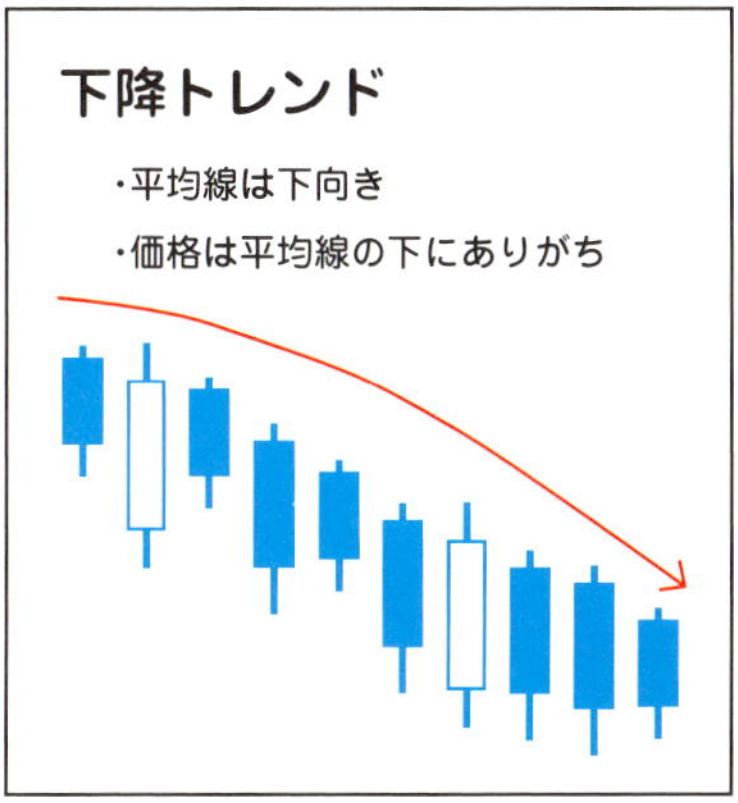

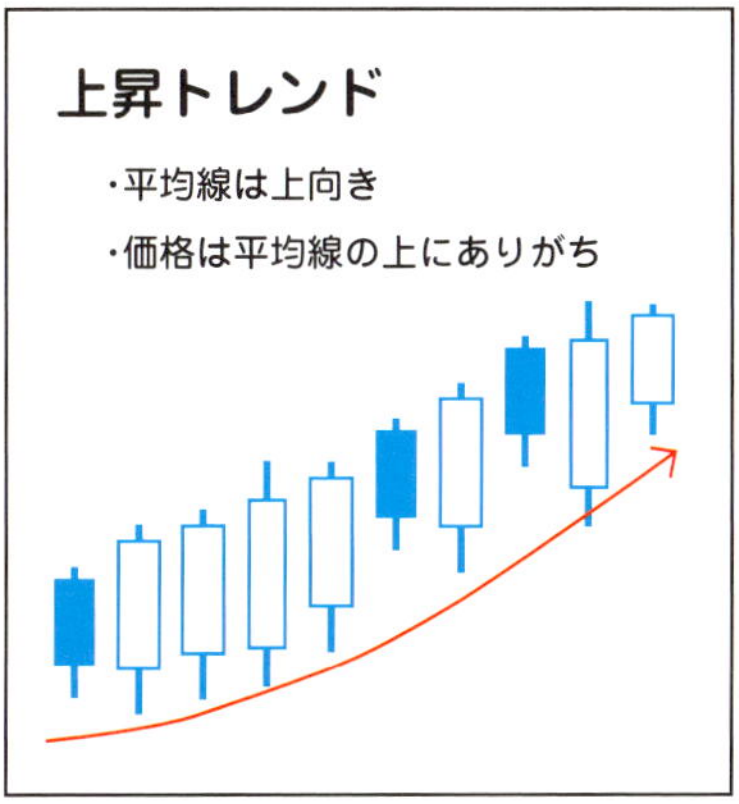

ローソク足チャートだけでは、
上昇か下降かの判断がつきにくいとき、
平均線を見ると便利

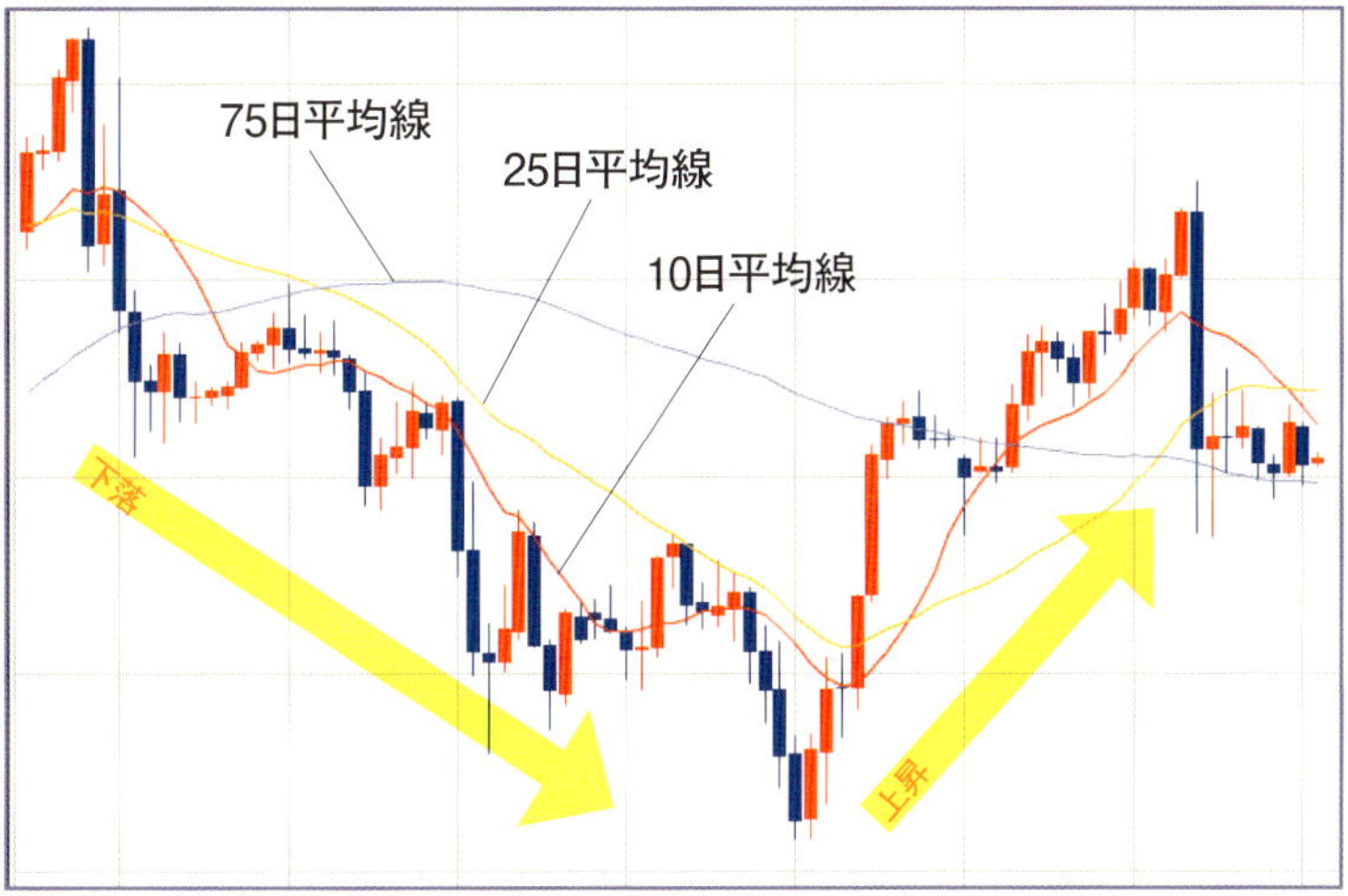

33

チャートの転換期を読む②

「ゴールデンクロス」「デッドクロス」を生かそう

▼ゴールデンクロスは「買い」のシグナル

移動平均線を使って、為替レートのトレンド転換を予測する方法もあります。

ゴールデンクロスとデッドクロスと呼ばれる現象です。

移動平均線は、短期移動平均線(短期線)と長期移動平均線(長期線)の2本の線を使います。

短期線が長期線の下に位置し、そこから短期線が上向き、**長期線を下から上に突き抜けたときが「ゴールデンクロス」です**。

トレンドが下降・横ばいから上昇に転じたときにあらわれやすいシグナルです。「**買いのシグナル**」となります。長期にわたって上昇相場となりやすいのです。

▼デッドクロスは「売り」のシグナル

逆に、長期線の上にあった**短期線が、上から下に突き抜けたときを「デッドクロス」といいます**。下降トレンドに移行したときにあらわれやすいシグナルです。デッドクロスがあらわれたあとは、為替水準は下がりやすくなり、「**売りのシグナル**」となります。

とくに緩やかに下降し始めた長期線の上から、急下降した短期線が下に突き抜けたときは〝強い〟売りシグナルといえます。

クロスしてから投資活動を起こしても利益は得られますが、平均線の動きを見ながら、クロスする前に投資したほうが、より大きな利益を生みます。

ワンポイント 移動平均線を使った買いどき、売りどき

ゴールデンクロス、デッドクロスがあらわれてから投資行動を起こしても利益は得られるが、事前に予測できれば大きな利益を得ることも可能。ゴールデンクロスのケースでは、短期線が上向いたところがねらい目。

ゴールデンクロスとデッドクロス

ゴールデンクロス

➡上昇のサイン／買いのチャンス

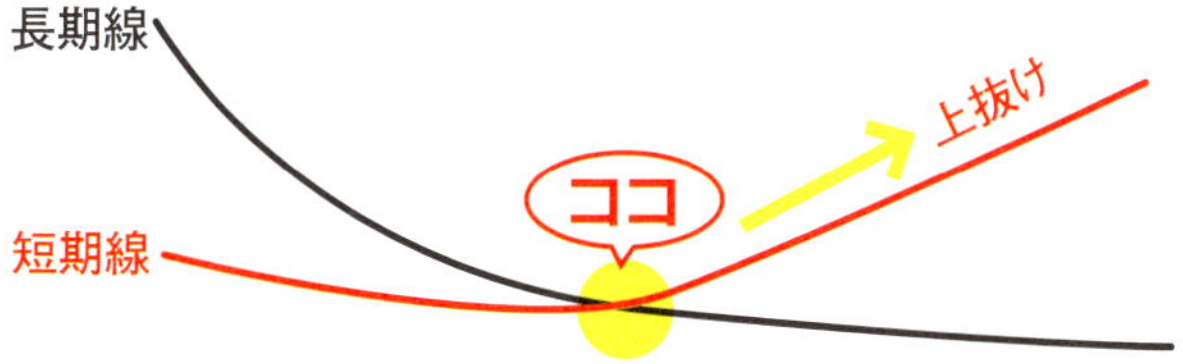

デッドクロス

➡下落のサイン／売りのチャンス

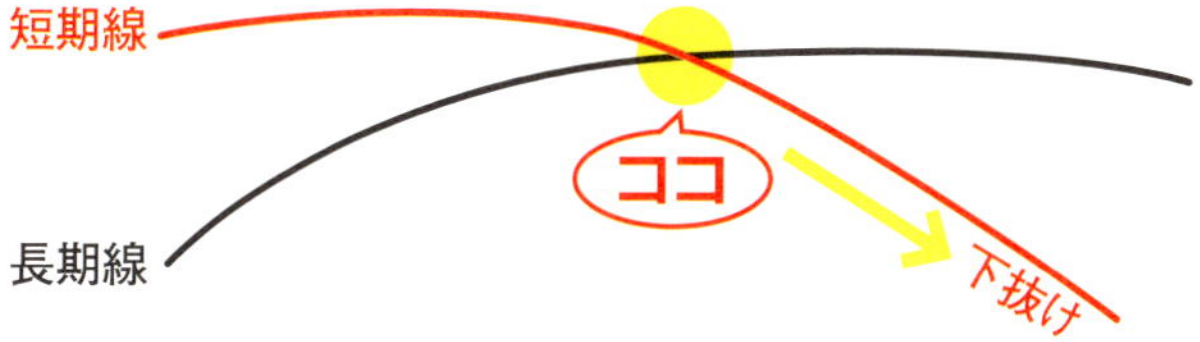

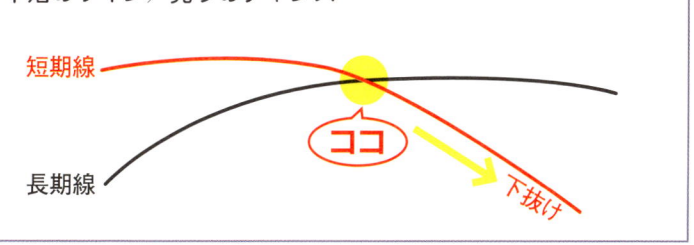

Column

ほかにもあるテクニカル分析

ここまで紹介したテクニカル分析は、「トレンド系」と呼ばれる指標で、為替水準から、為替の方向性を占う分析です。

これに対し、「相場の変化・転換点」を探るテクニカル分析に、「オシレーター系」という指標があります。「オシレーター系」分析には、「ＲＳＩ」「ストキャスティクス」「ＭＡＣＤ」など多数あります。

その多くは、相場の過熱感から、「買われすぎ」「売られすぎ」を数値であらわし、相場の転換点を探る指標です。

インターネットで為替チャートをチェックすると、オシレーター系のチャートも確認できます。

「ＲＳＩ」を例に挙げてみましょう。

「買われすぎ」「売られすぎ」を、０から１００までの数値であらわします。50が中立です。50から上で１００に近いほど「買われすぎ」、50から下で０に近いほど「売られすぎ」といわれます。相場の転換点を探るのに適しています。

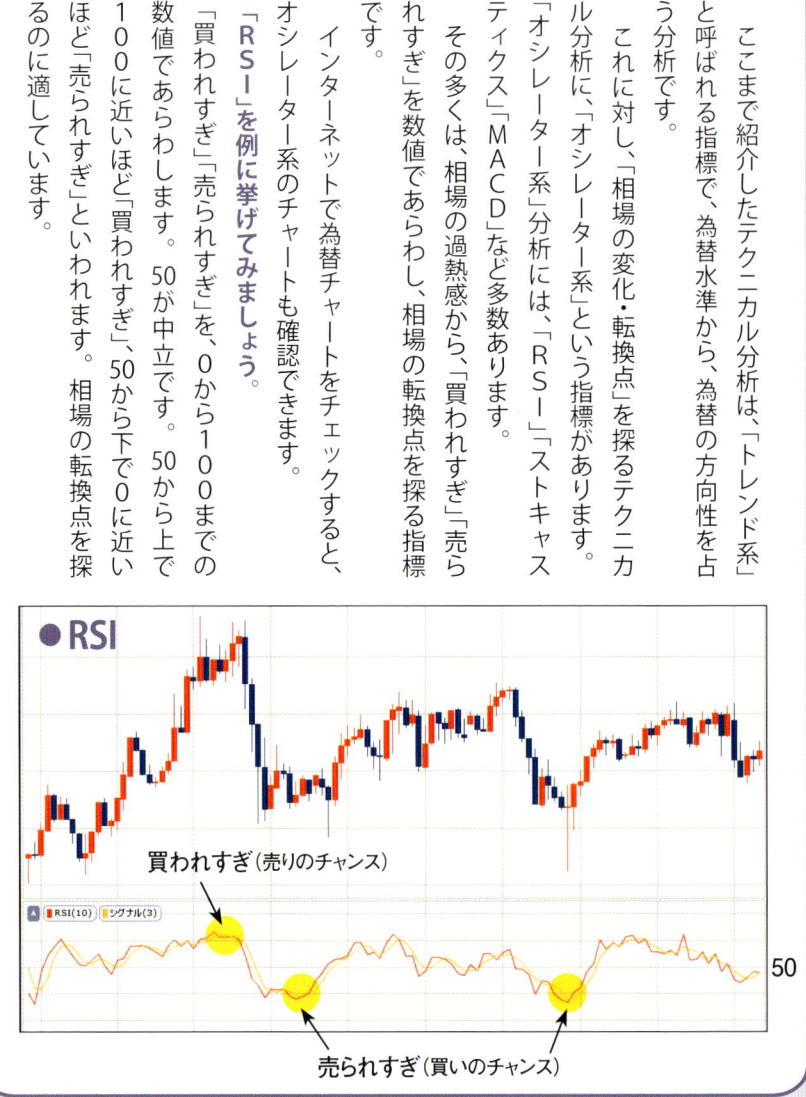

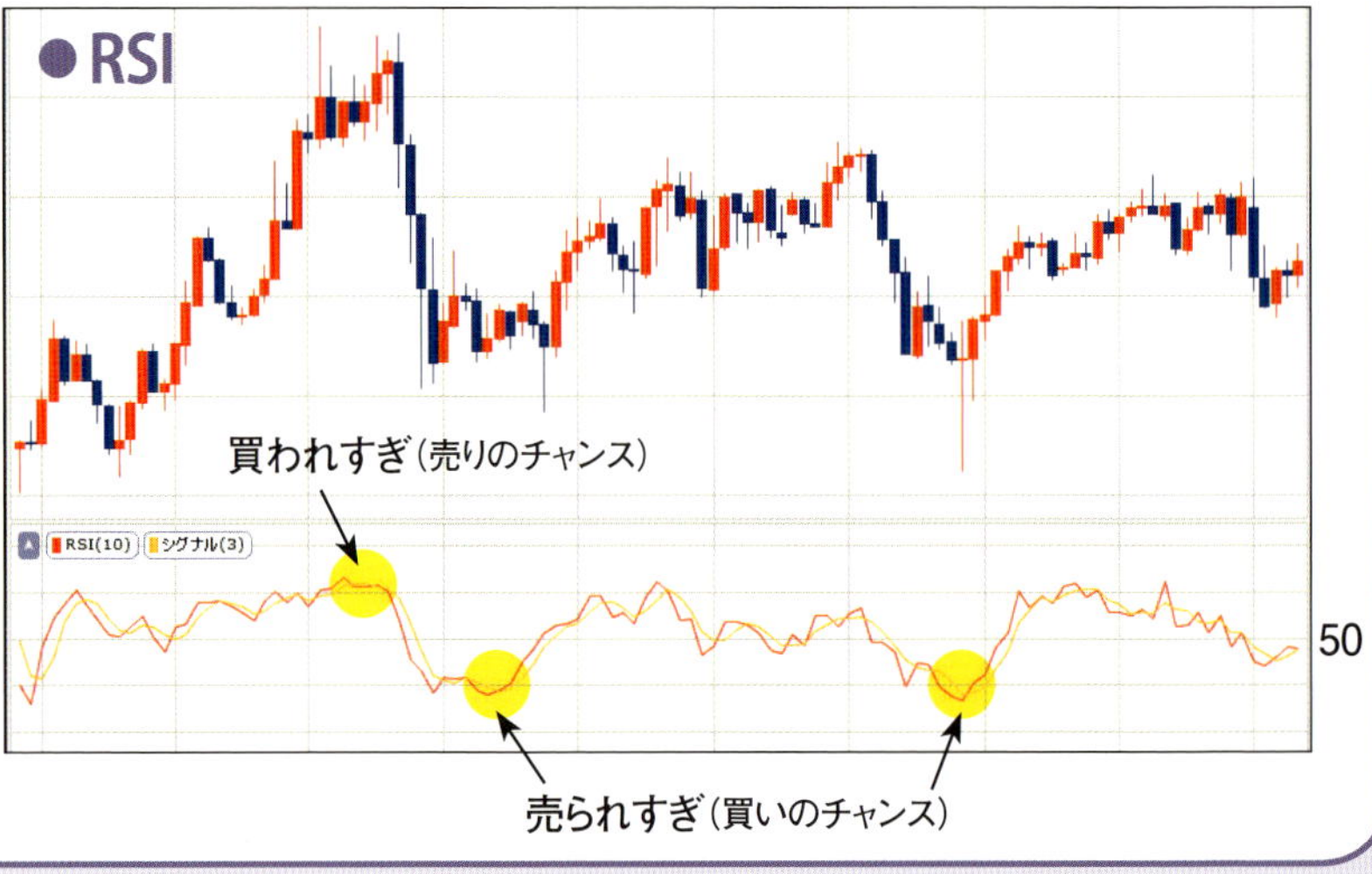

Part 5

初心者の陥るワナ

FXのリスクを学ぼう

Beginner's Trap

まずは取引に慣れよう

注文のしかたをマスターしよう

取引に慣れないうちは、注文ミスを犯しがちです。「売り」と「買い」を間違えたり、注文する「金額」を間違えたり……。

このような初歩的なミスを犯さないためにも、**まずは取引ツールに慣れることです。**

そこで、いきなりお金を使った取引をスタートさせるのではなく、ＦＸを疑似体験できる「**バーチャル取引**」（デモ取引）を使って取引のしかたに慣れましょう。

バーチャル取引でトレーニングを積む目的は次の二つです。

①取引に必要な操作に慣れる
②自分の投資判断が正しかったかどうかをチェックする

あせらず、まずはバーチャル取引にチャレンジしてみましょう。

売買のタイミングを計る

バーチャル取引は、専用のサイトやインターネット取引を扱っている取引業者のサイトでできます。バーチャル取引の画面上に表示される損益は、あくまで仮想なので、**たとえ損失をこうむったとしても実際のお金の損失はありません。**手順は通常の取引と同じです。

そこでは取引ツールに慣れるだけでなく、売買のタイミングを学んだり、自分の判断が正しかったかどうか、身をもって体験できたりするのです。

ワンポイント　失敗を活かす

ＦＸでコンスタントに稼いでいる投資家も、最初から成功したというケースは皆無に近いといっていい。失敗に失敗を重ねたうえで、自分なりの投資スタイルを確立している。デモ取引で失敗を重ね、分析しよう。

ほかにもある初心者が気をつけること

欲をかきすぎない

いきなり大儲けしようとレバレッジをかけすぎないようにする。

最初は小さなレバレッジからスタートし、儲けることより、損失を小さくすることに力点を置く。

一度に投資しない

投資スタイルには「集中投資」と「分散投資」があるが、まず投資資金は、小分けにする。

生活費には絶対に手をつけず、余裕資金で、なおかつ一度につぎ込まない。

自分なりの投資スタイルを確立する

人それぞれに生活スタイルがあるので、自分に見合った投資スタイルを確立しよう。

日中働いているサラリーマンは、デイトレードは難しい。帰宅後にスキャルピングなどを選択する。

自分の投資ルールを作る

損切りや利益確定の基準を自分なりに作っておく。

最初は試行錯誤の連続でルール作りには時間がかかるが、あせらず「成功ルール」を作り上げていこう。

リスクを防ぐ②

FXで失敗する人の特徴

▼初心者は冷静でいられなくなる！

バーチャル取引で取引ツールにも慣れて、ＦＸ投資の成績も上々になってきた。

そこで、いよいよ資金を投入し、ＦＸを実践してみると、なぜか成績が芳しくない、という声を耳にします。

その要因には、**メンタル面のコントロールがうまくいっていないケースが多くみられるようです**。バーチャル取引では、たとえ損をこうむったとしても、実際にお金が減ることはありません。

しかしリアルの取引となれば、刻一刻と投資資金が増減していきます。その様子を目の当たりにすると、初心者はなかなか冷静でいられなくなる場面も出てきます。

▼冷静でいられるかが勝負の分かれ目

ちょっとした値動きに敏感に反応し、あわてて「損切り」したものの、すぐに反転して儲け損ねてしまう。**損切りする為替水準なのに、なかなか決断が下せず、ずるずると傷口を広げてしまう**。

逆に、利益が出て**まだ上昇する余地があるのに、あわてて決済してしまい後悔する**。利益が十分にのっているにもかかわらず、「欲」が出て深追いし、けっきょく反落して儲け損ねてしまう。

ＦＸではつねに冷静な判断を下さなければならないのです。

ワンポイント **よく知らない通貨にかけてしまった!**

スワップポイントねらいで新興国の通貨に投資する人が多くいる。なじみが薄くニュースもあまり伝わってこないなか、金融緩和のニュースを見逃したために、大幅下落で損切りする間もなく、資金ゼロになることも。

FXで失敗する人の特徴と対処法

感情的に投資する

投資家のなかには、熱くなったり冷静な判断を下せなくなったりするタイプが多い。損失が膨らむと、とくに投資判断を誤りがちになり、損切りがしにくくなる。

対処法➡ あらかじめ参入後のシミュレーションを立てて、「出口戦略」も立てておこう。

いつでも投資したがる

投資チャンスは常時あるとは限らない。チャートを見ても、先行き不透明な時期が多い。そんなときに無理に参入しても損失をこうむるだけである。

対処法➡ 市場が読みにくいときは、「休むも相場」という格言を肝に銘じることだ。勝つチャンスは、じつは数少ない。

欲ばる

大きく儲けようとしてレバレッジを大きくしたがる。当然ながら損失も大きくなりがちだ。

対処法➡ いかに大きく勝つかを考えるより、勝率を高めるとともに、負けをできるだけ小さくすることに重点を置く。

あれもこれもといろんな通貨に手を出したがる

欲ばったあげく、あらゆる通貨ペアに投資したがる。当然ながら一つひとつの通貨へのチェックがおろそかになってしまう。

対処法➡ 投資スタイルの確立には、「得意」とする通貨を見つけることも大切。最初は、ドルやユーロなど、情報の入りやすい身近な通貨から取引する。

失敗から学ぶ①

パソコンから目を離していた間に

▼トレンド転換には要注意！

為替相場は、**一度方向転換するとそのトレンドがしばらくつづく傾向があります。**

そのため、とくにトレンド転換には注意しなければなりません。パソコンの前から離れていたため大きな損失をこうむった経験がある大木真紀子さん（仮名・投資歴8年）。

「**サブプライムローン問題**（２００７年夏）が起こる前に、ドルを保有していて、そこそこ利益が出ていました。問題が勃発してドルが下落に転じたとき、あわてて売りましたが、それでも利益はのっていました。このときの経験を活かせていれば……」。

木下さんが悔やむのは、その後のリーマンショックのときです。「ドルが上昇に転じた２００８年初めに再びドルを買いました。スワップポイントもあったので、やや長めに保有しようと思っていました」。

▼旅行の間に投資資金ゼロに！

「２００８年の秋、２週間ほど北海道へ旅行したのです。その間にリーマンショックが勃発。**あれよあれよという間にドルが暴落。気づいたときは、強制決済で、資金はほとんど残っていませんでした……。**当時はスマホがなかったこともあり、旅行中は常時チェックしていなかったのです。

よくＦＸで損することを『溶ける』というようですが、まさにそんな感じでした」。

ワンポイント **パソコンの前にいつもいられない！**

ポジションがあるにもかかわらず、パソコンから離れなくてはならないときがある。スマホの普及で〝どこにいても〟投資しやすくなったが、それでも常時チェックできるとは限らない。そんなときにこそ「自動売買」を使おう。

為替のチェックを怠ると痛い目に……

サブプライムローン問題

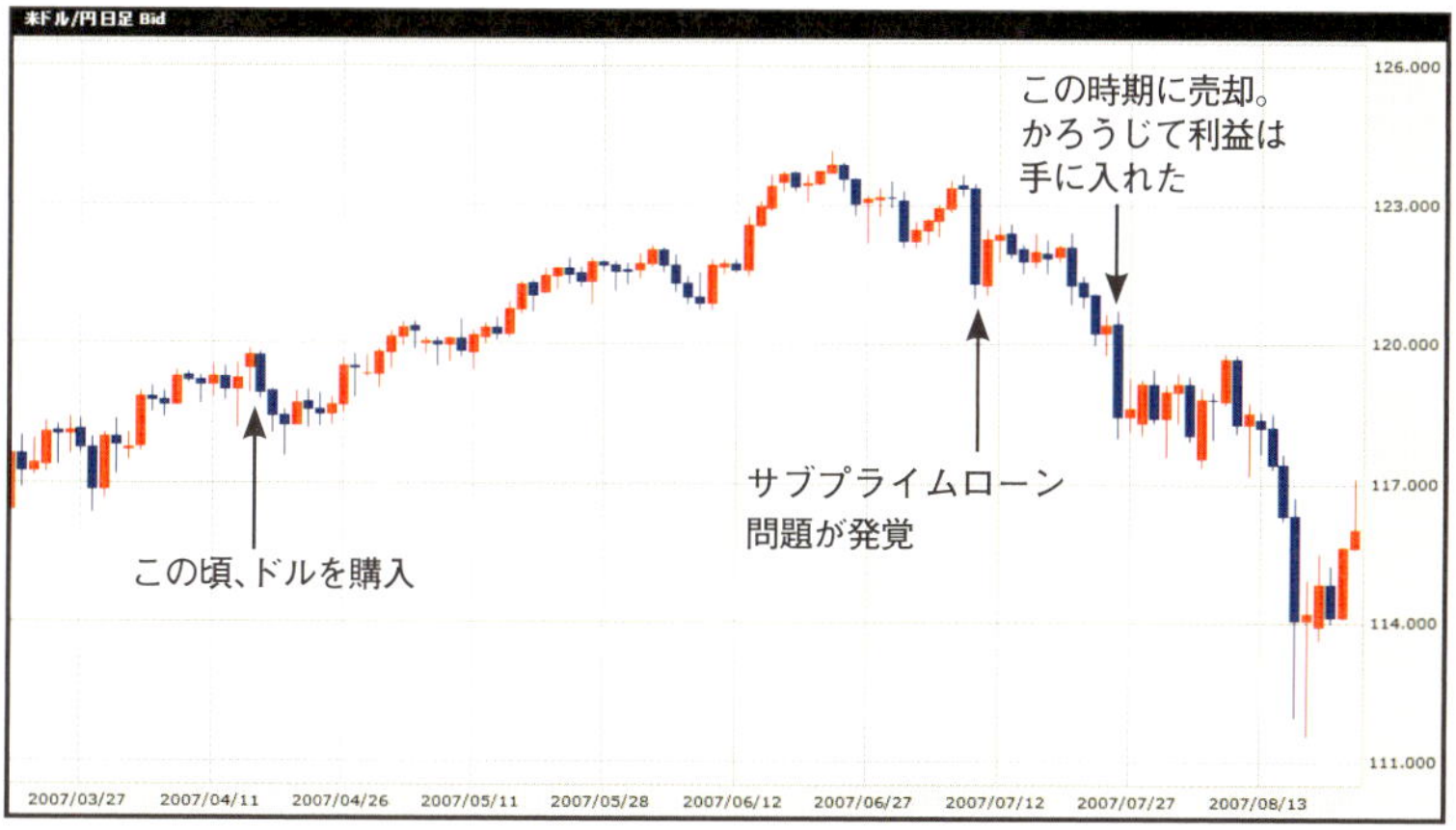

リーマンショック

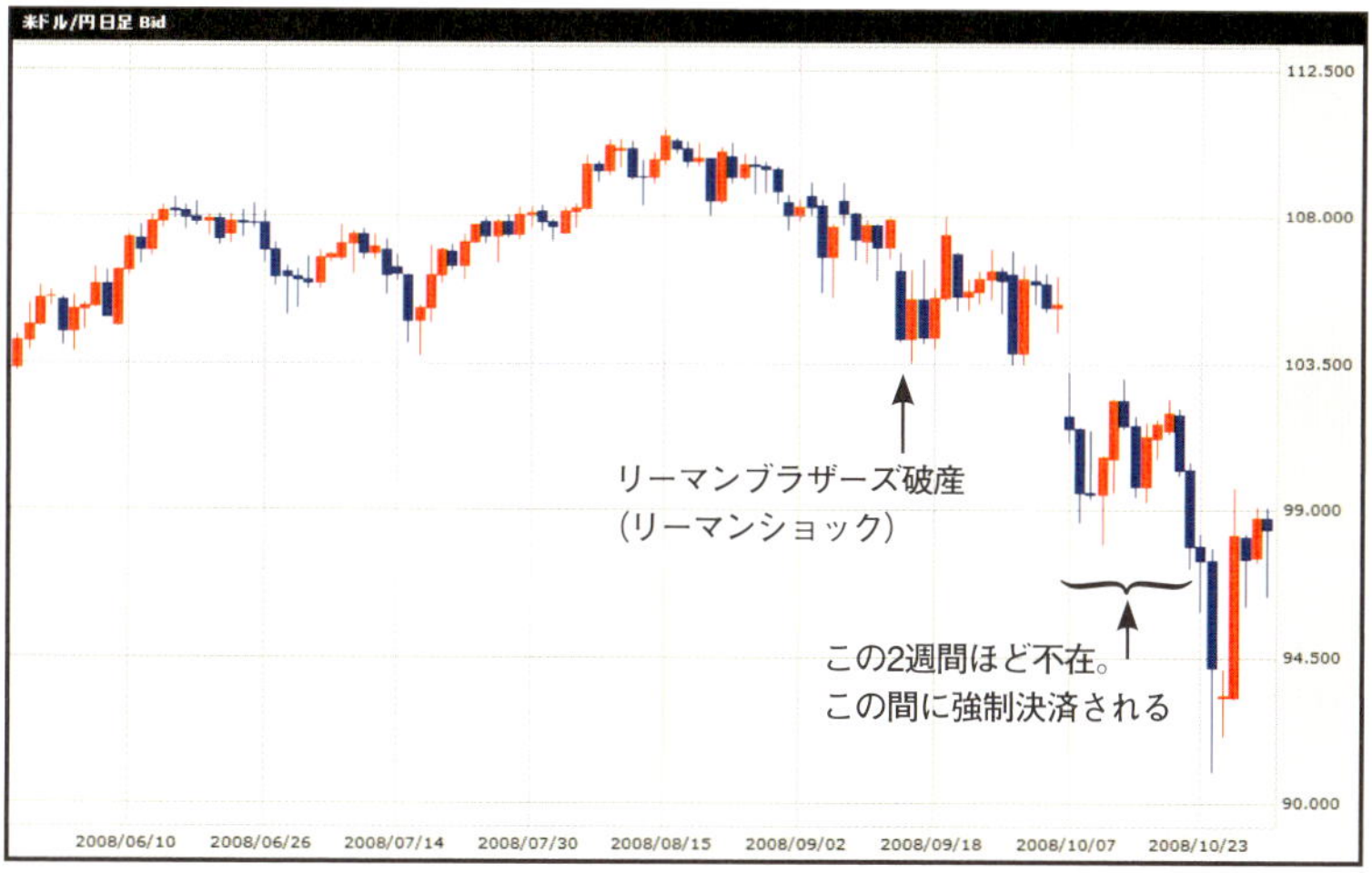

37

失敗から学ぶ②

スワップポイントより為替差損が大きい！

高金利の豪ドルを買ったが……

ＦＸで利益を上げるには、**為替差益のほかに、「スワップポイント」（24ページ参照）があります。**低金利国の通貨を売って高金利の国の通貨を買うと、1日ごとに利息がつきます。

大川千賀子さん（仮名・投資歴３年）は、スワップねらいで豪ドルを買いました。

「高金利の豪ドルに目をつけたんです。日本円を売って豪ドルを買ったのが、２０１４年の11月。（1豪ドル）１００円をちょっと下回ったところでした。チャートでチェックしたところ、豪ドルは日本円に対して上昇トレンドだったと記憶しています」。

大川さんの証言どおり、２０１４年11月までは、豪ドルは日本円に対して上昇トレンドを描いていました。

スワップポイントだけにとらわれない

しかし原油安と中国などの景気減速が、資源国であるオーストラリア経済に暗い影を落とします。２０１４年11月末を機に、豪ドルは下落に転じます。

「油断していました。スワップポイントがつくので少々下落しても損失は抑えられるのでは、という楽観は見事に外れました」。

スワップポイントの利益は、わずかな積み重ねですが、相場急変のときは、その「積み重ね」の利益を一気に吹き飛ばすほどの乱高下があるのです。

ワンポイント 高金利国の注意点

現在、高金利国といえば経済成長の著しい新興国が中心。低金利通貨を売って、高金利通貨を買うトレードも盛んだが、注意点として通貨の急落がある。スワップポイントの何倍も失うケースも往々にしてある！

スワップねらいで痛い目に……

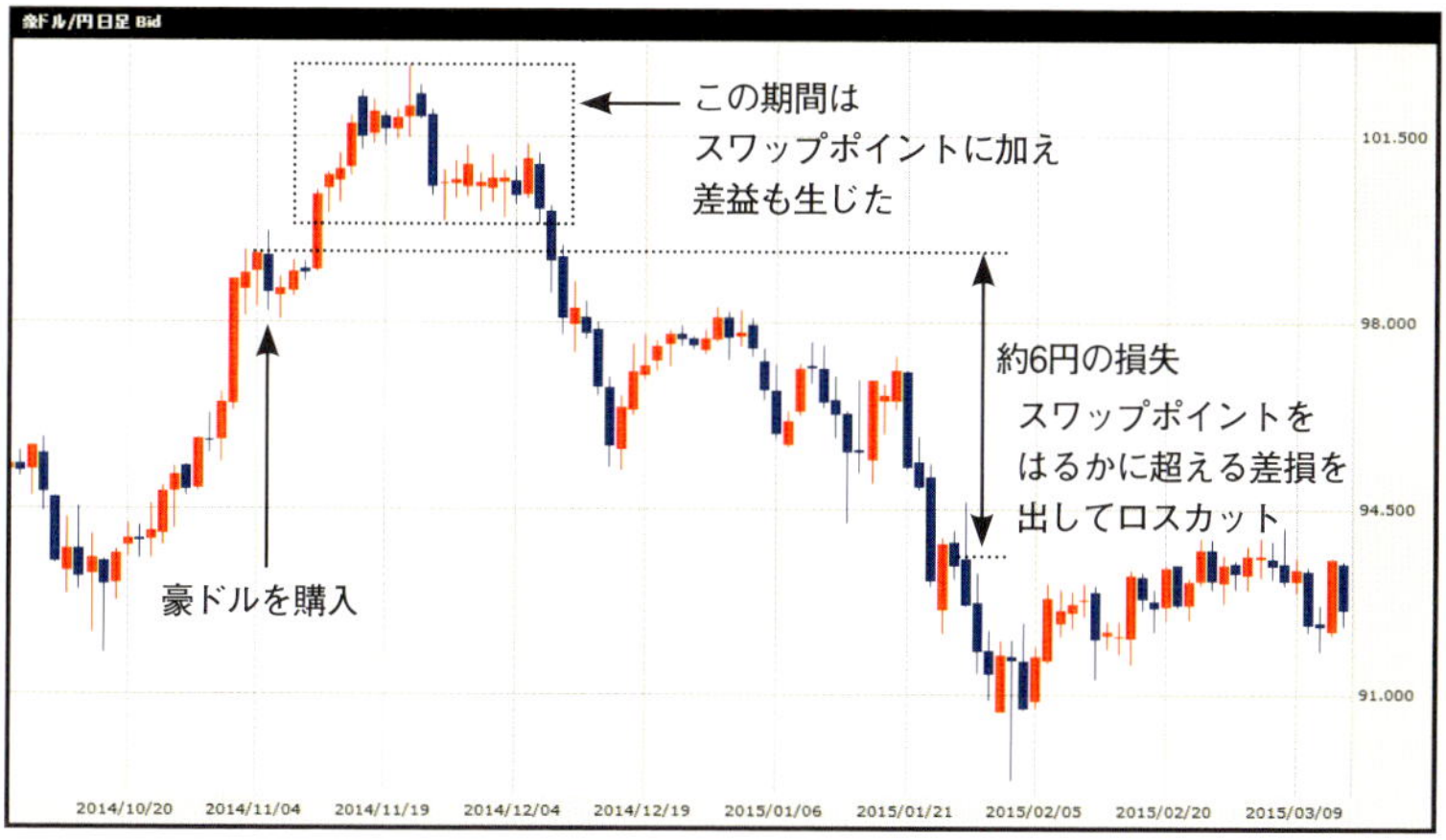

ケーススタディ

大川千賀子さん(仮名)の豪ドル投資収支

1豪ドル＝99.05円で2万ドルを購入

累計スワップポイント＝5万9160円

買 99.05(円)×20,000(豪ドル)=1,981,000(円)

売 93.05(円)×20,000(豪ドル)=1,861,000(円)

1,861,000(円)+59,160(円)−1,981,000(円)＝−60,840(円)

(6万840円の損失)

スワップポイント分

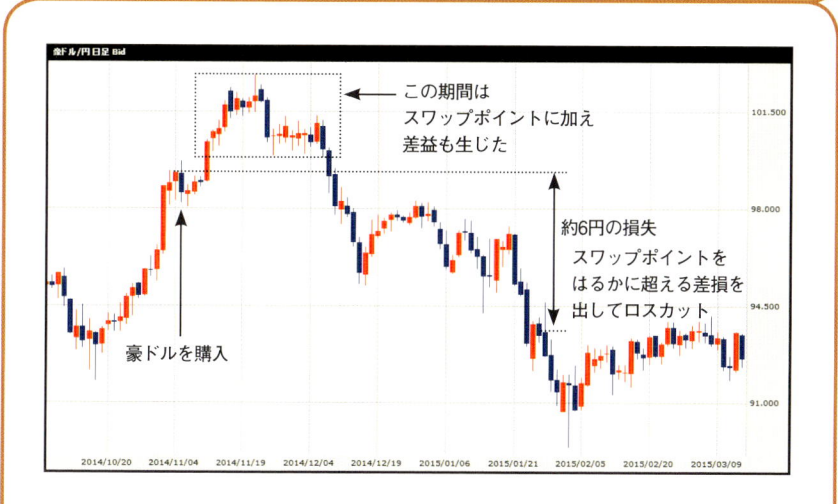

成功から学ぶ①

重要な指標発表だけをチェック

▼金融ニュースをチェック！

昼間はサラリーマンとして働いている茂木将太さん（仮名・投資歴９年）は、ふだんは夜に帰宅してからデイトレード、あるいはスキャルピングで取引を行なっています。

「しかし、数日からときには１週間以上も保有するスイングトレードを行なうときもあります」。

そんな茂木さんがとくに大切にしているポイントが、**アメリカの経済指標の発表、ＦＲＢ議長の会見などです**。

「この発表を機に、為替が上下に大きくブレやすいからです。そのため、発表があるときは、『ブルームバーグ』や『ロイター』などのニュースをチェックします」。

▼事前の市場予測と比較する

さらに大切なのが、**事前の市場の予測**。

「**事前の予想数値と実際に発表された数値の乖離が大きいほど、市場ではサプライズとして受け止められ、為替は大きく動きます**。その瞬間をとらえてトレンドに乗れば、かなり高い確率で利益を得られます」。

事前の市場予測は、『ブルームバーグ』や『ロイター』のほか、ＦＸ業者が流すニュースなどでチェックしているそう。

発表された経済指標が事前の市場予測の範囲内であれば、「『見（けん）』に徹して動かない」とのことです。

ワンポイント ファンダメンタルズで儲けるコツ

ファンダメンタルズで大きな変化が起きたとき、トレンド転換も起きやすい。その変化のサプライズが大きいほど、そのトレンド転換は強く、長くつづく傾向がある。このときはその流れにのってみることだ。

ファンダメンタルズをうまく活用して成功

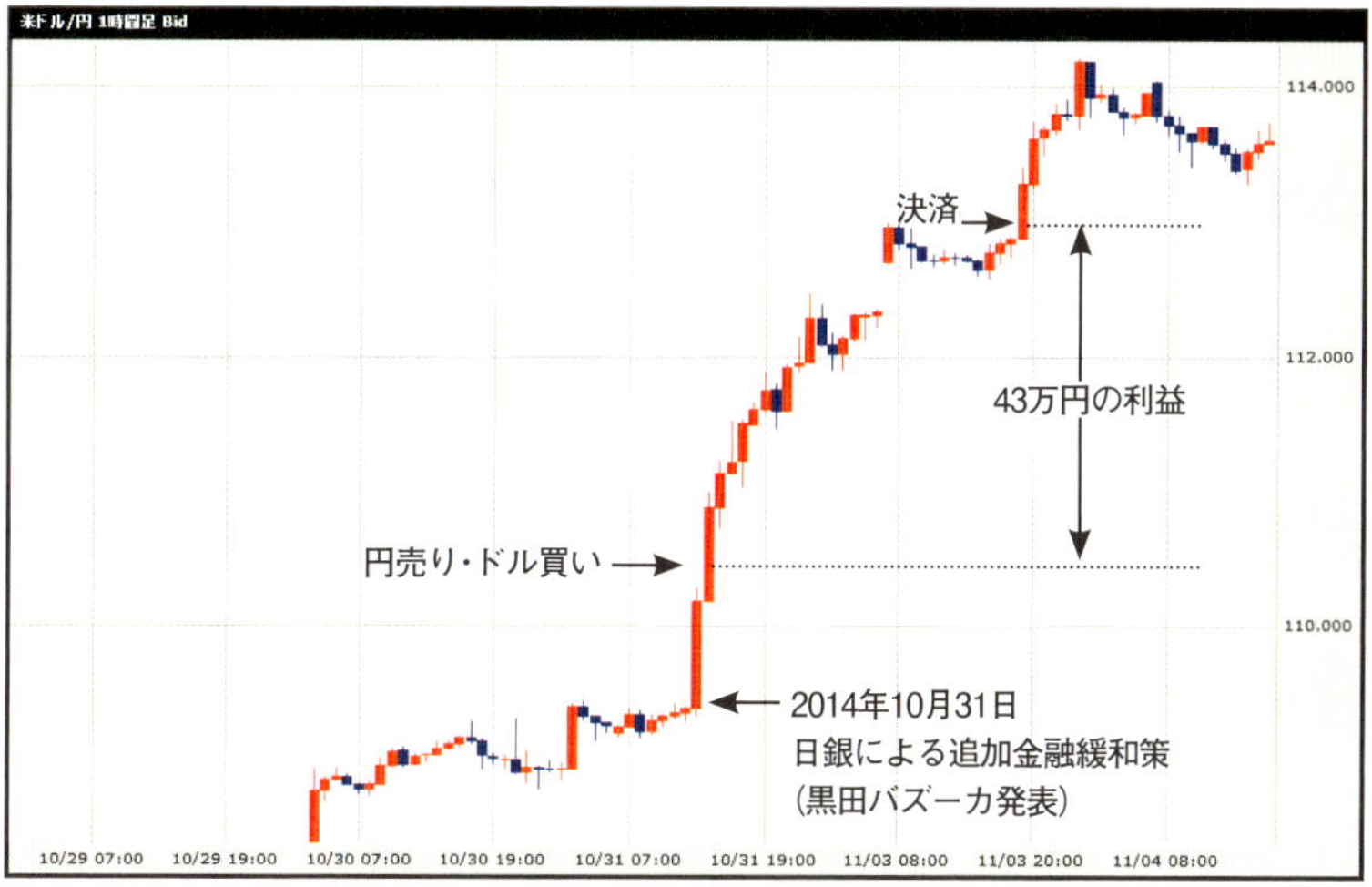

2014年10月31日、日銀の黒田総裁が追加金融緩和策（通称黒田バズーカ２）を発表。これを受けて「円」がドルに対して急落した。
茂木さんは、当初、黒田総裁の発表を知らなかったが為替の急変に気がついて、あわててチェック。
発表からしばらくして「円売りードル買い」を実施。前回の「金融緩和策」発表の経験から、その流れはしばらくつづくと読んだ。

ケーススタディ

茂木将太さん（仮名）の米ドル投資収支

1米ドル＝110.81円で20万ドルを購入

買 110.81(円) ×200,000(米ドル)=22,162,000(円)
売 112.96(円) ×200,000(米ドル)=22,592,000(円)

22,592,000(円) －22,162,000(円) ＝430,000(円)
（43万円の利益）

※スワップポイント分の利益は除いています。

39

成功から学ぶ②

「得意なパターン」が来るまで待つ

▼時間があれば売り買いして失敗

デイトレードとスキャルピングでコツコツと利益を積み上げている山辺幸雄さん（仮名・投資歴4年）。

今でこそ利益を出している山辺さんですが、取引を始めたころは苦戦つづき。

「自営業なので日中でも時間があるときはトレードしていました。なのに、戦績は芳しくありませんでした」。

山辺さんが使うツールは、ローソク足が中心。日足から1時間足、10分足と多様でした。

「なぜ勝てないかを冷静に分析したところ、**勝つときは、明確なシグナルがチャートにあらわれるときでした。**それまでは時間があれば売り買いを繰り返していましたが、これ以降、じっくりと明確なシグナルが出るまで、観察する時間を多く取るようにしたのです」。

▼得意の「足型」が出たらすぐ参戦！

そのなかでも、**自分が得意とするパターン**があるといいます。

「強い上昇トレンドで小さなコマがあらわれたとき、なかでも長い上ヒゲが出たときは、その後、下落する確率が高いことに気づきました。次に出てくる足型を見て、そこから売りで〝参戦〟するパターンが多いです。それと逆のパターン。強い下降トレンドのあと、長い下ヒゲがあらわれたときは、上昇に転じる確率が高いと見ています」。

ワンポイント テクニカルで儲けるコツ

テクニカル指標でも、「強いシグナル」と「弱いシグナル」がある。複数のシグナルの組み合わせで、「勝率が高い」と見込んだときだけ参入する。あるいは資金を多めに、レバレッジを高めに設定すれば利益は増える。

テクニカルを使って見事に成功

ケーススタディ

山辺幸雄さん（仮名）の米ドル投資収支

1米ドル＝121.20円で20万ドルを購入

1米ドル＝121.16円で20万ドルを追加購入

買 121.20(円) ×200,000(米ドル) =24,240,000(円)

買 121.16(円) ×200,000(米ドル) =24,232,000(円)

売 121.28(円) ×400,000(米ドル) =48,512,000(円)

48,512,000(円) −24,240,000(円) −24,232,000(円) ＝40,000(円)

（4万円の利益）

FXによく出てくる！

用語解説

キャピタルゲイン／インカムゲイン

キャピタルゲインは、ＦＸ取引においては**為替差によって得られる利益**を指します。為替差益の逆は為替差損、すなわちキャピタルロスです。

インカムゲインは為替差益以外の利益をおもに指します。ＦＸ取引では、**スワップポイント**がインカムゲインとなります。

高金利の通貨を売り、低金利の通貨を買えば、金利分を支払わなければなりません。つまりマイナスのスワップポイントが発生し、これをインカムロスといいます。

スワップポイント／スワップ金利

スワップポイント（スワップ金利）は、「金利差調整分」とも呼ばれています。**二国間の金利差から得られる利益**を意味します。

日本のような低金利国の通貨を売って、南アフリカ・ランドのような金利の高い通貨を買うと、その金利差分の利子が得られるわけです。たとえば日本円の金利が０・１％で、南アフリカ・ランドの金利が６・０％だと、日本円を売って、ランドを買うと、差額の５・９％の金利がもらえるわけです。

スワップポイントは、少額でも毎日受け取れます。ただし、ポジションが日付をまたいだ取引のケースで発生します。

レバレッジ

ＦＸでは「レバレッジ」という言葉がよく使われます。日本語に訳すと「てこ」という意味です。

その意味するところは「小さな力で大きな物を持ち上げる」。つまり、**少額の資金で大きな投資を行なう**ことを意味します。

かつては50倍や１００倍といったレバレッジも可能でしたが、金融庁の規制で、個人投資家は25倍が上限となっています。

たとえば、通常の外貨預金であれば、１ドル＝１２０円のとき、１万ドル投資しようとしたら１２０万円必要です。ところが、ＦＸならレバレッジ20倍にすれば、６万円で投資できるのです（６万円×20＝１２０万円）。

証《しょう》拠《こ》金《きん》

ＦＸ取引を行なう前にＦＸ取引業者にお金を預けなければなりません。

この**預けたお金**が証拠金です。証拠金とはもともと先物取引で使われていた言葉で、担保金のことです。

ＦＸの証拠金には大きく2種類あります。一つは「現金残高」や「資産」といわれる、取引業者に預けた総額のことです。もう一つは、ポジションを持つときに必要な「必要証拠金」「取引保証金」（呼称は取引業者によってさまざま）です。この額によって取引の上限が決まります。

必要証拠金には、取引をするために必要な最低額が決まっています。これを「必要最低証拠金」といい、その額は取引業者によって異なります。

追《おい》証《しょう》

証拠金残高が日々の相場の変動により、自己の建玉《たてぎょく》（44ページ参照）を維持するのに必要な金額を下回った場合、**追加して差し入れなければならない証拠金（担保）**のことです。「追加証拠金」を略してこう呼んでいます。

取引業者によってレバレッジの上限が決まっており、そのレバレッジ内で取引するには、一定額の担保金が必要です。

ポジションを維持するには、証拠金維持率（46ページ参照）内に収まる金額の証拠金が必要です。この証拠金維持率も取引業者によって異なります。

損失が広がり、ポジションが証拠金維持率を超えれば、そのオーバーした分だけ、追証が必要になります。

ロスカット

レバレッジを利かせたＦＸ取引では、投資家の思惑どおりに相場が動けば利益が膨らみますが、思惑と違う動きをすれば、損失が際限なく広がります。

そこで投資家の資産を守るため、ある一定の損失額が発生した際に、**自動的に取引を終了させる**ルールが定められています。これがロスカット（強制決済）です。

ポジションの時価総額に加え、口座内の資産額が必要証拠金の水準を下回ってしまえば自動的にすべての建玉（未決済分）が決済されてしまいます。損失を限定させるためです。

これを防ぐには自ら決済するか、追証を入れるしかありません。

スプレッド

ＦＸの取引画面を見ると、通貨の価格には売値（Ａｓｋ）と買値（Ｂｉｄ）の二つの価格が表示されています。投資家が通貨を買おうとすれば「売値」の価格で、通貨を売ろうとすれば「買値」の価格で取引することになります。

価格は、売値のほうが高くなっています。この**売値と買値の差額**をスプレッドといいます。

では、業者はどこで利益を得ているかというと、このスプレッドで稼いでいます。

たいていのＦＸ業者は、口座開設や取引ごとの手数料を取りません。

つまり、このスプレッドが取引業者の手数料になるわけです。

ファンダメンタルズ分析／テクニカル分析

株式投資やＦＸ取引の手法は「ファンダメンタルズ分析」と「テクニカル分析」の二つに分かれます。

ファンダメンタルズとは、日本語では「経済の基礎的諸条件」と訳されます。よってファンダメンタルズ分析では、経済成長率、消費者物価指数、貿易収支などの**経済的な要因から**今後の動きを予測します。

テクニカル分析は、為替レートの**過去の値動きから**今後の動きを予測する手法です。チャート分析とも呼ばれます。使用される指標は、トレンド系とオシレーター系に分かれます。

この二つの分析に優劣はなく、状況によって使い分けます。

ポジション

ＦＸ取引で、取引に参入したあと、**そのまま維持している状況**をポジションといいます。「建玉」も同様のことを指します。

「買い」で入れば、そのまま売らずに保有している状況です。

買いから入れば「買いポジション」、売りから入れば「売りポジション」となります。

日本円とドルとの取引なら、たとえば「1万ドルの買いポジションがある」というのは、日本円を売ってドルを1万ドル買って、そのまま決済せずに1万ドルを保有している状態です。

あるいは買いを「ロング」、売りを「ショート」ということもあります。

スキャルピング

スキャルピングとは「はがす」という意味。ＦＸの取引手法の一つで、超短期売買のやり方です。**数分から数十分**で「売り」と「買い」、「買い」と「売り」を繰り返します。売買回数を多くすることで、小さな利益を積み重ねていきます。

超短期売買なので、使うチャートもリアルタイムで価格の動きがわかるティック・チャートや1分足、10分足といった短い足型を使うことになります。

この場合、ファンダメンタルズ分析よりテクニカル分析が大きなウエイトを占めます。

その日のうちに決済してしまうので、スワップポイントはつきません。

デイトレード

その日のうちに決済してしまう短期売買のことをいいます。スキャルピングよりは長いポジションになりますが、スキャルピングそのものをデイトレードとするケースもあります。

日をまたぐポジションを持たない取引です。よってこの取引も、10分足や1時間足といった短い足型のチャートを使います。

基本はテクニカル分析が中心ですが、大きな指標の発表があるときは、その発表によってはトレンドが大きく変わることもあるので、ファンダメンタルズも無視できないケースが出てきます。

その日のうちに決済してしまうので、スワップポイントはつきません。

スイングトレード

スキャルピングやデイトレードよりも、少し期間が長い取引方法です。**数日間ポジションすること**で、スキャルピングやデイトレードよりも、大きな利幅をねらいます。

日中は取引がなかなかできないサラリーマンや主婦などが多く参加しています。

使うチャートも、週足や日足といった比較的長めの足型が使われます。

オーバーナイトポジションなので、急激な相場の変動に対応するためにも、自動売買システムを使いたいところです。

スワップポイントはつきますが、数日間のポジションでは少額なので、キャピタルゲインが目的になります。

成行《なりゆき》注文

「成行注文」とは、**レート（価格）を指定せず、**市場の動向を見ながら「今、すぐに買いたい」というときに出す売買注文です。

後述する指値注文よりもスピーディに売買が成立するメリットがあります。

相場の流れにのって取引する「順張り」に向いた方法といえます。

一方で、値動きが激しいときは、タイムラグで、自分が想定した価格と違った数値で約定（売買成立）するというデメリットもあります。ただ、瞬時にかつ確実に約定する注文方法です。「注文数」と「売」か「買」かを指定して「成行」をクリックすれば注文は完了します。

指値《さしね》注文

「指値注文」が成行注文と異なるのは、通貨の価格を指定する点です。

たとえばドルを買いたいと思ったとき、1ドル＝１２０円50銭〜55銭の水準だったとします。この価格では買いたくないが、1ドル＝１１９円50銭まで下がったら買ってもいいという判断をしたとします。

このときに「指値＝１１９円50銭」で注文するのです。

注文の有効期限内に１１９円50銭で指値注文を出し、ドルがその価格まで下がれば、買い付けることができます。

このように、**「この価格より安くなったら買う（高くなったら売る）」**という注文方法です。

逆指値《ぎゃくさしね》注文

指値注文は「この価格より安くなったら買う」「この価格より高くなったら売る」という注文方法です。この「逆指値注文」は文字どおり、指値注文の逆。つまり**「この価格より高くなったら買う」「この価格より安くなったら売る」**というものです。

なぜ、今より価格が上がったら買い、下がったら売るという、一見、損をするような注文方法があるのでしょうか。

それは、為替相場は一方向に動き始めたら、しばらくはそのトレンドがつづくという傾向があるからです。高くなったらそのトレンドにのり、安くなったら利益確定・損切りを確定させるのです。

トレンド

「トレンド」とは**相場の流れ**を意味します。たとえば相場が上向きなら「上昇トレンド」、下向きなら「下降トレンド」といいます。

ローソク足を使うと、この「トレンド」が一目瞭然です。相場では一度流れが生まれると、ある程度の間は、同じ流れがつづく傾向にあります。この「トレンド」にのれば、利益をゲットできます。

トレンドは、大きく分けて三つあります。ローソク足で基本的に陽線がつづいてあらわれるときは「上昇トレンド」、陰線がつづいてあらわれるときは「下降トレンド」と見ることもできます。上にも下に行かないトレンドは「横ばい」といいます。

トレンドライン／節目《ふしめ》

トレンドを読むには、トレンドラインを引いてみることです。

上昇トレンドであれば、ローソク足のおもな安値（「谷」の底）と安値を結んでみます。右肩上がりのラインがあらわれます。これがトレンドライン（下値支持線）です。

一方、**下降トレンドなら、ローソク足のおもな高値（「山」の頂点）と高値**を結ぶと、右肩下がりのラインがあらわれます。これがトレンドライン（上値抵抗線）になります。

ただし同じトレンドはいつまでもつづきません。上昇トレンドならいつか、下値支持線を下に突き抜けるときがきます。これが節目で、トレンド転換になります。

順張り／逆張り

投資スタイルには「順張り」と「逆張り」という分け方もあります。

順張りは文字どおり、トレンドの流れに沿って売買します。上昇しつづけている通貨を買う方法です。

逆張りは、たとえば下がりつづけている通貨を、「そろそろ底値確認。これから上昇する」と判断したときに買い向かいます。

順張りは、どちらかといえば短期売買になりやすく、ねらう利幅も小さくなりがちです。

逆張りは、やや長いスタンスでポジションを持つことになりますが、その分、ねらえる利幅は大きくなります。

売買のタイミングはチャートでチェックします。

高値……98・99
たくり線……107
タスキ……110
建玉……44・56・153
ダブル・トップ……127
ダブル・ボトム……115
短期移動平均線（短期線）……136
地政学リスク……74・88
チャート……96
注文方法……48
長期移動平均線（長期線）……136
通貨供給量……78
通貨単位……47
通貨ペア……30
月足……98
ティック・チャート……98
デイトレード……34・155
テクニカル分析……96・154
デッドクロス……136・137
デモ取引……140
トウバ……102
取引業者……36
取引コスト……42
取引単位……47
トレンド……50・72・130・157
トレンド系……138
トレンド転換……132
トレンドライン……130・157
トンカチ……102

【ナ】

仲値……45
成行注文……48・156
日銀短観……78・81
ネックライン……114・115・126・127

【ハ】

バーチャル取引……140
始値……98・99
柱……100
はらみ線……104・105
はらみ寄せ線……120
日足……98
ヒゲ……100
引け値……98
非農業部門雇用者数……84・85
ファンダメンタルズ分析……72・96・154
節目……157
プラザ合意……88
ブレイクアップ……133
ブレイクダウン……133
ベージュブック……87
ヘッド・アンド・ショルダー……126
変動相場制……16
貿易赤字……78
貿易黒字……78
貿易収支……74・78
ポジション……154

【マ】

マージンコール……26
マイナー通貨……92・93
マド……113
マド埋め……113
マネーサプライ……78・84
マネタリーベース……82
メジャー通貨……90・91

【ヤ】

約定……48
やぐら底……108
安値……98・99
有効求人倍率……80
陽線……99・100
陽の陰はらみ……104・105
陽の大引け坊主……102
陽のカラカサ……103
陽のコマ……103
陽のトンカチ……103
陽の丸坊主……102
陽の陽はらみ……104・105
陽の寄り付き坊主……102
横ばい……130・131・157
預託保証金……45・46
預託保証金率……46
寄り切り線……121
寄り付き……98・99
寄り付き同時線……112

【ラ】

リーマンショック……83・144
利益確定……58・62・66
レジスタンスライン……131
レバレッジ……18・152
ローソク足……98
ロスカット……26・27・153

【アルファベット・数字】

Ask……42
Bid……42
FFレート……84
FOMC（連邦公開市場委員会）……84
FRB（連邦準備制度理事会）……84
FX（外国為替証拠金取引）……14
GDP……74・78・79・86
GDPデフレーター……86
IFD注文……42・58
IFO注文……42・58・66
ISM製造業景況指数……84・85
NFP……84・85
OCO注文……42・58・62
RSI……138
V字形……117
1時間足……98
1分足……98
2wayプライス……43
5日足……98
5分足……98

Index

【ア】
悪徳業者……36
足型……100
足長同時線……102
行き詰まり線……123
一本線……102
移動平均線……134
インカムゲイン……14・152
インカムロス……152
陰線……99・100
インターバンク市場……28
陰の陰はらみ……104・105
陰の大引け坊主……102
陰のカラカサ……103
陰のコマ……103
陰のトンカチ……103
陰の丸坊主……102
陰の陽はらみ……104・105
陰の寄り切り線……121
陰の寄り付き坊主……102
インフレ……76
上影陰線……103
上影陽線……103
売値……42
上放れ……110
上放れ陰線……124
上放れ十字線……125
上放れタスキ……110
上値抵抗線……130・131
上ヒゲ……100・101
円高……16
円安……16
追証……26・153
オシレーター系……138・154
終値……98・99
【カ】
外貨預金……14
外国為替市場……29
外国為替取引……14
買値……42
下降トレンド……130・131・157
カブセ……111
カブセ線……111・119
為替差益……14・30
為替水準……104
為替変動……17
為替レート……16
完全失業率……81
基軸通貨……31
逆指値注文……50・156
逆襲線……109
逆張り……157
逆V字形……129
逆ヘッド・アンド・ショルダー……114
キャピタルゲイン……14・152
キャピタルロス……152
強制決済……26・27・153
金融緩和……82
金融政策……78
黒田バズーカ２……149
景気ウォッチャー調査……80
景気動向……72
景気動向指数……78・79
経済指標……78
決済注文……56・57
下落相場……100
交換レート……14
鉱工業指数……78・80
鉱工業生産指数……84・86
口座開設……38
ゴールデンクロス……136・137
国内総生産……74・78・79
固定相場制……16
【サ】
差金決済……18
下げ足の寄せ線……122
指値注文……48・156
サブプライムローン危機……83
サブプライムローン問題……144・145
サポートライン……131
三手大陰線……106
三羽ガラス……118
資源国通貨……31
下影陰線……103
下影陽線……103
下放れ……109・125
下値支持線……130・131
下ヒゲ……100・101
自動売買注文……58
週足……98
十字線……100・101・102
住宅着工件数……84・86
順張り……157
上位の上放れ陰線……124
小陰線……100・101
証拠金……18・153
証拠金維持率……46
上昇相場……100
上昇トレンド 130・131・157
消費者物価指数……81・87
小陽線……100・101
スイングトレード……34・155
スキャルピング……34・155
ストップ注文……50
スプレッド……42・154
スワップ金利……24・152
スワップポイント……24・152
全国企業短期経済観測調査……78・81
ソーサー・トップ……128
ソーサー・ボトム……116
損切り……70
【タ】
大陰線……100・101
大陽線……100・101

著者

安恒理　やすつね おさむ

1959年福岡県生まれ。慶應義塾大学文学部卒業後、出版社勤務。月刊誌の編集に携わったあと、ライターとして独立する。マネー誌への執筆など、投資からビジネス、スポーツ、サブカルチャーなど幅広い分野で活躍。株式投資歴は、87年のブラックマンデー以降30年におよぶ。

〈著書〉

『いちばんカンタン!　株の超入門書　改訂版』『いちばんカンタン!　株の超入門書　銘柄選びと売買の見極め方』（高橋書店）、『図でわかる株のチャート入門』（フォレスト出版）、『はじめての人のアジア株基礎知識＆儲けのルール』『ＦＸで毎日を給料日にする！』（すばる舎）、『安心して始める中国株』『暴落相場こそ買い！　株でヘタ打つな　株でゼニを産み出す名言集』（廣済堂出版）など多数。


いちばんカンタン!

FXの超入門書

著　者　安恒　理
発行者　高橋秀雄
編集者　原田幸雄
発行所　株式会社 高橋書店
〒112-0013　東京都文京区音羽1-26-1
電話　03-3943-4525

ISBN978-4-471-21077-9　©YASUTSUNE Osamu　Printed in Japan

定価はカバーに表示してあります。


本書の内容についてのご質問は「書名、質問事項（ページ、内容）、お客様のご連絡先」を明記のうえ、郵送、FAX、ホームページお問い合わせフォームから小社へお送りください。

回答にはお時間をいただく場合がございます。また、電話によるお問い合わせ、本書の内容を超えたご質問にはお答えできませんので、ご了承ください。本書に関する正誤等の情報は、小社ホームページもご参照ください。

【内容についての問い合わせ先】
書　面　〒112-0013　東京都文京区音羽1-26-1　高橋書店編集部
ＦＡＸ　03-3943-4047
メール　小社ホームページお問い合わせフォームから　（http://www.takahashishoten.co.jp/）

【不良品についての問い合わせ先】

ページの順序間違い・抜けなど物理的欠陥がございましたら、電話03-3943-4529へお問い合わせください。

ただし、古書店等で購入・入手された商品の交換には一切応じられません。